LÉGISLATION ET ADMINISTRATION

DE

LA MARINE.

Cet Ouvrage se trouve chez l'Auteur, à Rochefort (Ch^{te}-Inf^{re}), rue Saint-Jacques, 98.

PRIX : 3 F. 50 C.

1 franc de plus par la poste.

LÉGISLATION ET ADMINISTRATION
DE
LA MARINE,

OU

RÉSOLUTION DES QUESTIONS PRÉSENTÉES, SOUS LE TITRE V
DU PROGRAMME D'EXAMEN, EN DATE DU 21 MAI 1850,

POUR L'ADMISSION AU GRADE

D'AIDE-COMMISSAIRE DE LA MARINE.

Ouvrage dédié

A. M. PAGEOT DES NOUTIÈRES,

COMMISSAIRE-GÉNÉRAL DE LA MARINE, OFFICIER DE LA LÉGION-D'HONNEUR,

PAR

EUGÈNE PRUGNAUD,

S.-Commissaire de la Marine.

Tome 2e. — INSCRIPTION MARITIME. — (ORGANISATION, CLASSEMENT, LEVÉES; POLICE DE LA NAVIGATION; PÊCHES MARITIMES; BRIS ET NAUFRAGES; ÉTABLISSEMENT DES INVALIDES DE LA MARINE; PENSIONS.)

PRIX : 3 F. 50 C.

ROCHEFORT,
IMPRIMERIE H. LOUSTAU, RUE DES FONDERIES, 72.

1851.

AVERTISSEMENT.

Je n'ai pas cru devoir comprendre, dans ce 2e volume, la partie du programme qui correspond au 2e chapitre : JUSTICE MARITIME, attendu qu'une commission nommée au mois de mars 1850, par le Ministre de la marine, a été chargée de réviser les divers décrets relatifs à la justice maritime, et de composer un *Code pénal de la marine militaire*.

Le projet de la commission a été remis au Ministre de la marine au mois de juin 1851 ; il contient, dans 386 articles, tout ce qui concerne l'instruction et la répression des délits maritimes, et il doit être prochainement présenté à l'Assemblée nationale, après examen du conseil d'Etat.

L'état *actuel* de la législation, en ce qui concerne la justice maritime, a du reste été clairement expliqué dans une brochure publiée en 1850 par M. le commissaire de marine Guichon de Grandpont.

La 1re section du chapitre 3, du titre V du programme, n'a pas été, non plus, insérée ici, afin de n'avoir à parler que de ce qui se rattache spécialement au service des commissaires de l'Inscription Maritime.

Les attributions du Commissaire-Général, dont il a déjà été parlé sommairement dans le 1er volume, seront placées à la fin du dernier, lorsque les opérations qui constituent les fonctions des chefs des divers détails du corps du Commissariat auront été successivement présentées.

NOTA. Les matières contenues dans ce volume ont été tenues aussi à jour que possible ; les modifications qui n'ont pu être faites pendant le cours de l'impression ont été indiquées dans le supplément placé après la table alphabétique.

TABLE GÉNÉRALE

ÉTABLIE DANS L'ORDRE DU PROGRAMME D'EXAMEN.

§ 1. Organisation, Classement, Levées.

§ 2. Police de la navigation.

Pages

Armements en course.

Navigation intérieure.

Désarmement administratif des bâtiments du commerce.

Récompenses honorifiques.

§ 3. Pêches maritimes.

Pêche du poisson frais ou petite pêche.

Pêche des moules et des huîtres.

Pêche du hareng, du maquereau et de la sardine.

Pêche de la Morue.

Pêche de la baleine et du cachalot.

§ 4. Bris et naufrages.

Sauvetage et emmagasinement.

Pages

§ 5. Établissement des Invalides de la Marine.

Caisse des prises.

Caisse des gens de mer.

Caisse des Invalides.

Pages

§ 6. Des Pensions.

Pensions dites demi-solde.

Pensions de retraite.

Pensions pour cause de blessures ou d'infirmités.

Pensions des veuves et orphelins.

Dispositions générales.

Pages

Pensions de réforme.

Pensions des employés de l'administration centrale.

FIN DE LA TABLE GÉNÉRALE.

TITRE V.

LÉGISLATION ET ADMINISTRATION DE LA MARINE.

CHAPITRE 3. SERVICE DU COMMISSARIAT.

DEUXIÈME SECTION. — INSCRIPTION MARITIME.

§ 1er. ORGANISATION. — CLASSEMENT. — LEVÉES.

ORIGINE DE L'INSCRIPTION MARITIME.

C'est en l'an 1444, sous Charles VII dit le *Victorieux*, que, pour la première fois, on établit en France une armée permanente recrutée en vertu de règlements spéciaux, et au paiement et à l'entretien de laquelle il fut pourvu au moyen d'une taille perpétuelle; mais alors, et longtemps après encore, aucun acte n'était venu statuer, d'une manière précise, sur un mode régulier d'organisation du personnel destiné à composer les équipages des navires de guerre.

Cependant, si quelques mois sont nécessaires pour former un soldat d'infanterie; des années pour avoir de bons cavaliers, il faut plus encore pour obtenir de bons marins : il faut une pratique continue de la navigation depuis la plus tendre enfance. Ces conditions ne peuvent être réunies que chez les habitants du littoral maritime; et comme cette population est très-limitée, que la nature de ses travaux entraîne au loin ses membres les plus actifs, il était nécessaire que l'Etat put arriver à avoir sans cesse sous la main, avec cette seule partie de la population, les ressources indispensables pour former de bons équipages.

Ce n'est pourtant qu'en 1665 qu'on vit paraître une ordonnance royale qui, par des dispositions nouvelles, mit fin à un régime des plus arbitraires en usage jusqu'alors et connu sous le nom de *la presse*. Son effet était d'arrêter les expéditions commerciales-maritimes et de s'emparer subitement, sans tenir compte de l'âge ou des services antérieurs, des habitants du littoral maritime que leurs professions de marins ou d'ouvriers propres aux travaux de construction de navires, rendaient nécessaires dans les arsenaux et sur les bâtiments de l'Etat.

L'ordonnance de 1665 (17 décembre), qui ne fut appliquée qu'à titre d'essai dans les provinces d'Aunis, de Poitou et de Saintonge, fut suivie de celle du 22 septembre 1668 où se trouve exprimée la pensée de rendre applicable à toutes les villes et communautés des côtes maritimes du royaume de France, le système d'enrôlement des matelots, prescrit par l'ordonnance de 1665. Cette application générale, quoique entourée de difficultés, eut lieu néanmoins quelques années après, ainsi qu'il résulte d'un règlement arrêté par le roi le 6 octobre 1674.

Enfin, depuis lors, l'ordonnance du 15 avril 1689 et celle du 31 octobre 1784, ainsi que le décret du 31 décembre 1790, sanctionné le 7 janvier 1791, sont les actes les plus saillants qui ont statué sur l'organisation des classes, jusqu'à la publication de la loi du 3 brumaire an IV qui, sous le titre d'*Inscription Maritime*, a tracé les règles qui régissent aujourd'hui encore cette matière. (*)

But de l'inscription maritime.

J'ai déjà dit, en parlant du recrutement de l'armée de mer, que les équipages de la flotte étaient formés, principalement, au moyen des ressources offertes par l'Inscription Maritime, et, aussi, par la voie du recrutement proprement dit, commune à tous les autres corps organisés tant de l'armée de mer que de l'armée de terre.

Nous pouvons donc ajouter ici, en renversant une partie de la phrase que je viens de citer, et pour répondre à la présente question, que l'Inscription Maritime a pour but le recrutement des équipages de la flotte.

C'est là, en effet, le but unique; car comment s'écoule généralement la vie d'un marin de l'Inscription Maritime? En s'engageant, moyennant salaire, sur quelque navire

(*) Un décret du 3 mai 1838 a rendu applicables aux colonies les lois et règlements qui régissent en France l'inscription Maritime. Une circulaire du 15 novembre 1848 a déterminé les premières dispositions à prendre pour assurer l'application du décret du 3 mai.

faisant la pêche, le cabotage ou les voyages de long cours (c'est ce qui constitue son industrie), ou bien en servant sur les navires de l'Etat, le plus souvent lorsqu'il en est requis.

En quoi se résument, d'un autre côté, les attributions des fonctionnaires préposés au service de l'Inscription Maritime ?

1° A veiller à ce qu'aucun marin n'échappe aux obligations qui lui sont imposées envers l'Etat;

2° A recueillir avec soin toutes les justifications des services tant à l'Etat qu'au commerce, qui peuvent assurer, plus tard, une rémunération aux gens de mer.

Or, si le gouvernement ne s'était pas réservé le droit de disposer à son gré des hommes dont la navigation est souvent la seule ressource, il n'y aurait plus lieu d'en suivre les mouvements, comme on le fait aujourd'hui, afin de les réclamer partout où ils se trouvent lorsque les besoins du service nécessitent leur concours; si, de l'exercice de la profession de marin, ne découlaient pas des charges exceptionnelles, cette profession devenant, dès lors, libre comme toutes les autres professions, ne serait pas l'objet de rémunérations exceptionnelles aussi.

Indè, plus d'écritures spéciales ni pour l'inscription des mouvements des gens de mer, ni pour la centralisation de leurs services au commerce.

Ainsi, c'est donc pour connaître d'une manière précise l'effectif des marins, pour en suivre tous les mouvements, afin de les trouver au moment des besoins, que le régime des classes, appelé plus tard *Inscription Maritime*, a été institué.

En résumé le but de l'Inscription Maritime est de mettre l'Etat à même de pourvoir, d'une manière prompte et sûre, à la formation des équipages des navires de guerre.

Organisation de l'inscription maritime.

L'organisation de l'Inscription Maritime, réglée tout d'abord par l'ordonnance de 1665, a subi des modifications déterminées par les ordonnances des mois de septembre 1668 et août 1673.

L'ordonnance du 15 avril 1689, résumant toutes les dispositions notifiées par les ordonnances antérieures, a donné, dans son livre huitième, tout ce qui servait alors de règle pour l'enrôlement des matelots, en y apportant cependant quelques changements dont le plus sensible est une nouvelle répartition des classes de marins. Ainsi, jusqu'alors 3 classes seulement avaient été établies, afin que les marins pussent servir alternativement une année sur les vaisseaux de l'Etat et les deux années suivantes sur les navires marchands; mais l'ordonnance de 1689, rompant cette règle uniforme disait :

« Les officiers-mariniers et matelots seront divisés par » classes; savoir :

« Dans les provinces de Guyenne, Bretagne, Normandie, « Picardie, pays conquis et reconquis, en quatre classes;

« Dans celles de Poitou, Saintonge, pays d'Aunis, Iles-de-« Ré et d'Oleron, rivière de Charente, Languedoc et Provence, « en trois classes.

« Chaque classe servira alternativement de trois ou quatre « années l'une, suivant la division qui en a été faite, et le « service commencera au 1er janvier de chaque année. »

Les divisions établies en 1689, furent maintenues jusqu'à l'apparition de l'ordonnance du 31 octobre 1784; cette ordonnance qui forme un code complet concernant les classes, supprima les divisions établies précédemment, et ne reconnut que deux catégories de marins :

1° Les chefs ou soutiens de famille ;

2° Les garçons non soutiens de famille.

Ces derniers devaient donner au service un tiers de temps de plus que ceux de la première catégorie.

L'ordonnance de 1784 eut, surtout, deux points saillants relativement à l'intérêt des hommes classés; c'est qu'elle reconnut le droit de renoncer à la navigation et qu'elle limita un âge à partir duquel les marins ne pouvaient plus être requis pour le service de l'Etat. Six ans et demi plus tard, le décret du 7 janvier 1791 apporta de nouvelles améliorations dans le sort des matelots, et simplifia certains rouages administratifs.

Enfin parut la loi du 3 brumaire an IV qui vint régir, sous le nouveau titre d'Inscription Maritime, le classement des gens de mer.

Quatre classes distinctes de marins furent établies et composées comme suit :

1re classe. — Célibataires;
2e classe. — Veufs sans enfants;
3e classe. — Hommes mariés, sans enfants;
4e classe. — Pères de famille.

La deuxième classe ne devait être appelée au service qu'après épuisement de la première, et ainsi de suite, jusqu'à la quatrième.

La loi du 3 brumaire an IV fut suivie de l'arrêté du 21 Ventôse même année, qui en régla la mise à exécution, et du décret impérial du 19 mars 1808, qui réduisit aux quatre professions de charpentier, de perceur, de calfat et de voilier, les ouvriers compris dans l'Inscription Maritime, en même temps qu'il détermina les conditions imposées aux apprentis desdites professions pour passer ouvriers.

Division du territoire.

Nous avons déjà vu, lorsque j'ai parlé dans le chapitre 1er de l'organisation générale des arsenaux et établissements de la marine, que le territoire maritime de la France était divisé en arrondissements et en sous-arrondissements.

Ces divisions ont été conservées pour le service particulier de l'Inscription Maritime, et on y a ajouté des subdivisions dont la première idée se trouve dans l'ordonnance du 31 octobre 1784; ainsi :

Les sous-arrondissements ont été divisés en quartiers;
Des quartiers ont été divisés en sous-quartiers;
Les quartiers et les sous-quartiers ont été divisés en syndicats;
Les syndicats comprennent chacun une ou plusieurs communes.

L'état établi le plus récemment et présentant le nom de chacune des localités comprises dans ces divisions et subdivisions, a été publié, par ordre du ministre de la marine, dans le mois de septembre 1846; mais chaque jour encore, par suite de nouvelles délimitations de communes, quelques modifications sont apportées à cet état général des arrondissements, sous-arrondissements, quartiers, sous-quartiers, syndicats et communes de l'Inscription Maritime.

PERSONNEL ADMINISTRATIF.

Le personnel administratif préposé au service de l'Inscription Maritime d'une manière permanente, a varié bien fréquemment depuis l'institution des classes.

Les commissaires chargés de la direction de ce service et qui, tout d'abord, faisaient partie du corps de l'administration employée dans les arsenaux, en furent distraits par l'ordonnance du 27 septembre 1776 qui créa, en même temps, des syndics des classes remplissant les fonctions de commissaires dans les localités d'une moindre importance. Mais ces dispositions n'eurent qu'une durée de 8 années, après lesquelles l'ordonnance du 31 octobre 1784 vint rattacher le personnel des commissaires des classes à celui des arsenaux, et réduire les attributions des syndics des gens de mer à celles qu'ils ont conservées depuis.

Cependant l'ordonnance de 1784 qui venait de prescrire les dispositions indiquées ci-dessus, apportait, en même temps, une bien grande perturbation dans l'organisation du personnel des quartiers.

D'abord dirigé, depuis son origine, seulement par des commissaires subordonnés aux intendants des arsenaux, le service des classes se trouva alors placé, tout à la fois, dans les attributions de chefs des classes (anciens officiers de vaisseau) et de commissaires des classes. Les premiers relevaient de l'autorité d'autres officiers de vaisseau, appelés inspecteurs; les commissaires des classes relevaient de l'autorité de ces mêmes inspecteurs pour tout ce qui concernait le classement, les levées et les revues, et de celle des intendants ou ordonnateurs pour tout ce qui concernait la comptabilité. Un inspecteur-général, choisi parmi les officiers-généraux de la marine, était chargé de veiller à l'exécution des prescriptions relatives au service des classes.

La loi du 3 brumaire an IV, en supprimant les inspecteurs et les chefs des classes, a fait cesser la position fâcheuse et difficile des commissaires des classes dans les attributions desquels a été replacée la direction entière des quartiers de l'Inscription Maritime.

Le personnel administratif, dans chacun des quartiers, comprend aujourd'hui :

commissaire de l'Inscription Maritime;
syndics des gens de mer;
Des gardes-maritimes.

On pourrait ajouter, aussi :

Un ou plusieurs gendarmes, attendu que ces derniers agents ont des attributions qui offrent certains points de ressemblance avec celles des gardes-maritimes; mais l'action des gendarmes dans les quartiers, étant la conséquence de la position qui leur est faite, d'une manière générale, par les actes constitutifs de leur corps, et notamment par l'ordonnance du 29 octobre 1820, il n'est pas nécessaire d'en faire l'objet de développements spéciaux.

C'est dans cette pensée, sans doute, qu'il n'en a pas été fait mention dans le programme des aides-commissaires. Il suffit de dire que les gendarmes représentent la force publique chargée de prêter un concours direct et continu aux commissaires de l'Inscription Maritime; qu'ils sont placés, dans les quartiers autres que ceux des chefs-lieux d'arrondissement, sous les ordres de ces fonctionnaires, et qu'ils ont aussi mission de dresser des procès-verbaux contre tout contrevenant aux règlements en matière de police de l'Inscription Maritime et de la navigation, ainsi que d'accompagner sur les points de la côte où ont lieu des naufrages, les commissaires de l'Inscription Maritime chargés de diriger les opérations de sauvetage.

COMMISSAIRES DE L'INSCRIPTION MARITIME.

Bien que la loi du 3 brumaire an IV eut remplacé la désignation des classes par celle d'Inscription Maritime, les administrateurs préposés à la direction du service dans les quartiers conservèrent jusqu'en 1836 le titre de commissaires des classes, auquel une circulaire ministérielle du 29 février de cette année (1836) prescrivit de substituer celui de *Commissaires de l'Inscription Maritime.*

Les commissaires de l'Inscription Maritime sont choisis dans le corps du commissariat, et ils sont placés sous l'autorité directe des commissaires-généraux des chefs-lieux d'arrondissement, ou des chefs du service maritime dans les sous-arrondissements; leur grade est en raison de l'importance du service dont la direction leur est confiée. Ainsi des officiers supérieurs sont placés dans les quartiers que les mouvements commerciaux ou de nombreux armements pour les grandes pêches rendent l'objet de plus de surveillance;

des sous-commissaires sont placés dans les autres quartiers et, enfin, des aides-commissaires dans les sous-quartiers.

En outre, un ou plusieurs écrivains, payés sur des fonds spéciaux, sont généralement adjoints aux commissaires de l'Inscription Maritime pour les seconder dans leur service; dans les quartiers importants, des commis entretenus sont aussi mis à la disposition des commissaires de l'Inscription Maritime.

Les attributions des commissaires de l'Inscription Maritime ont été formées de celles qui, dans l'ordonnance du 31 octobre 1784, étaient dévolues, tout à la fois, aux commissaires des classes et aux chefs des classes supprimés par le décret de janvier 1791; et, en outre, d'une portion des attributions qui appartenaient, antérieurement au mois d'août 1791, aux tribunaux d'amirauté. Elles peuvent aujourd'hui être résumées comme suit :

Tenue des matricules comprenant tout le personnel des marins ou des ouvriers de professions maritimes, et des novices ou apprentis de ces diverses catégories;

Indication, sur ces matricules, de tous les mouvements qui peuvent mettre à même de trouver facilement les marins ou les ouvriers, lorsque l'armement des navires de l'Etat ou les travaux des arsenaux réclament leur concours; et inscription de tous les services qui peuvent ouvrir, plus tard, un titre à un avancement en grade ou en classe, à une pension ou à des secours;

Exécution des ordres de levées, donnés par l'intermédiaire de l'autorité des chefs-lieux d'arrondissements ou de sous-arrondissements;

Recherche des déserteurs et police des quartiers, en tout ce qui se rattache au service direct de l'Inscription Maritime (*) et, surtout, en ce qui a pour but d'accroître, dans les limites de la loi, les ressources de ce service;

Tenue des matricules des bâtiments de commerce;

Armements et désarmements administratifs desdits navires;

Police de la navigation;

Surveillance du service des pêches maritimes;

Administration des bris, naufrages et épaves;

Formation des mémoires de proposition pour pensions ou secours en faveur des marins, des ouvriers, de leurs veuves ou de leurs orphelins;

Administration et surveillance de la caisse des invalides et de celles des prises et des gens de mer; c'est-à-dire expédition de tous les mandats de recette ou de dépense de ces trois services, et vérification de la comptabilité tenue, pour chacun d'eux, par les trésoriers des invalides.

Ces attributions diverses des commissaires de l'Inscription Maritime vont être bientôt l'objet d'un examen détaillé.

SYNDICS DES GENS DE MER. (**)

Les syndics des gens de mer sont placés dans chacune des subdivisions du territoire maritime appelées syndicats.

Ils sont chargés, sous l'autorité directe des commissaires

(*) Le titre XI de l'ordonnance du 31 octobre 1784 détermine les circonstances dans lesquelles des permis d'absence peuvent être accordés aux marins; mais, aux termes des circulaires des 31 mars 1846 et 13 avril 1837, les commissaires de l'Inscription Maritime ne peuvent délivrer qu'en cas de nécessité bien constatée des permis pour Paris et autres villes de l'intérieur. (Circulaire du 26 octobre 1848.)

(**) Il est indispensable de voir ce qui a été dit de l'origine, de l'organisation et des attributions générales des syndics des gens de mer, au f° 211 du 1er volume, publié au mois de mars 1851.

de l'Inscription Maritime, de mettre tous leurs soins à bien connaître le personnel des marins et des ouvriers de profession maritime de leur syndicat.

Ils tiennent, en ce qui concerne l'étendue de leur surveillance, un double des matricules du chef-lieu du quartier. Ils y portent toutes les indications dont la centralisation est opérée par les commissaires de l'Inscription Maritime ; c'est-à-dire : 1° Les mouvements qui tendent à bien faire connaître la position des hommes, pour les trouver quand on en a besoin; 2° Leurs services, afin de réclamer en leur faveur les récompenses qu'ils pourraient avoir acquises.

Ils doivent signaler au commissaire de leur quartier les marins qui se livrent à la pêche ou à la navigation sans s'être fait inscrire préalablement sur les registres de l'Inscription Maritime, et ceux qui s'absentent plus de huit jours sans permission. (Ordonnance du 31 octobre 1784, titre 2, article 1er.

Ils doivent surtout assurer, par tous les moyens en leur pouvoir, la prompte formation du contingent assigné à leur syndicat lorsque des levées sont ordonnées.

Enfin, les attributions des syndics, qui ressortent des termes ou de l'esprit de l'ordonnance du 31 octobre 1784 (titre 8), du décret du 7 janvier 1791, de la loi du 3 brumaire an IV et de l'article 128 du règlement du 17 juillet 1816, peuvent se résumer comme il est dit ci-après :

Placés entre la population maritime à laquelle ils doivent conseils et protection, et la loi dont ils doivent assurer l'exécution, les syndics des gens de mer ont pour mission :

1° De veiller à ce qu'aucun individu pratiquant la navigation ou exerçant une profession maritime, ne puisse échapper aux charges qui sont la conséquence légale de cette pratique ou de cet exercice ;

2° De recueillir tous les renseignements ou documents qui peuvent constituer, en faveur des gens de mer, des droits à des rémunérations.

Ils doivent aussi, conformément aux dispositions de la circulaire ministérielle du 12 février 1836, se tenir au courant des moindres évènements de mer ; en rendre compte, sur le champ, au commissaire de l'Inscription Maritime de leur quartier, et, en cas de bris, de naufrage ou d'échouement, donner les premiers soins jusqu'à l'arrivée du commissaire, ainsi que le prescrit l'article 24 du règlement du 17 juillet 1816.

Le Ministre de la Marine, par dépêche du 2 juillet 1845, a conféré aux préfets maritimes, dans les ports militaires, et aux chefs du service de la marine, dans les sous-arrondissements, l'autorisation de nommer des suppléants syndics chargés de remplacer, provisoirement, les syndics titulaires.

Gardes-Maritimes.

La création des Gardes-Maritimes est toute récente ; elle remonte au 6 décembre 1844.

J'ai donné, sur ces agents (f° 212 du 1er volume), des indications détaillées concernant leur organisation et leurs fonctions. J'ai dit que, relevant de l'autorité supérieure des commissaires de l'Inscription Maritime, ils étaient placés sous les ordres directs des syndics des gens de mer.

Ils ont pour mission spéciale de veiller à l'exécution rigoureuse des lois qui régissent l'Inscription Maritime et la police de la navigation.

Ils portent à la connaissance des syndics des gens de mer ou des commissaires de l'Inscription Maritime, tous les faits qui sont de nature à intéresser le service; ils dressent des procès-verbaux contre tout contrevenant aux lois dont ils doivent assurer l'exécution.

En cas d'évènement de mer parvenu à leur connaissance, ils doivent en informer l'autorité compétente et, jusqu'à l'arrivée de cette autorité, agir dans l'intérêt du salut des personnes et des choses.

DES GENS DE MER.

On entend par *Gens de mer*, les personnes qui s'adonnent spécialement à la navigation ou à la pêche. (Loi du 3 brumaire an IV.)

La navigation a lieu soit sur les bâtiments de l'Etat et sur les navires du commerce, soit sur les pataches, allèges, bateaux et chaloupes dans les rades et dans les rivières jusqu'où se fait sentir la marée; et pour celles où il n'y a pas de marée, jusqu'à l'endroit où les bâtiments de mer peuvent remonter.

La pêche de mer a lieu sur les côtes ou dans les rivières jusqu'aux limites ci-dessus indiquées.

Aux termes d'une circulaire en date du 9 avril 1832,

la pêche avec filets, même sans embarcation, mais toujours dans les limites déterminées, rend passible de l'Inscription.

La dénomination générique de gens de mer se modifie à raison de l'âge, du temps de navigation et des connaissances justifiées dans des examens publics. De là, les désignations suivantes qui donnent lieu à la tenue de neuf matricules spéciales ; savoir :

Matricule des mousses ;
Matricule des novices ;
Matricule des matelots et officiers-mariniers ;
Matricule des pilotes-lamaneurs et aspirants pilotes ;
Matricule des maîtres au cabotage ;
Matricule des capitaines au long-cours ;
Matricule des apprentis ;
Matricule des ouvriers des quatre professions maritimes ;
Matricule des hors de service.

Ces diverses matricules donnent les renseignements ci-après :

Date de l'inscription ;

Indication (s'il y a lieu) de la provenance d'une autre matricule ou d'un autre quartier ;

Désignation des grades antérieurs et du grade actuel, avec la date de la nomination dans chacun d'eux ;

Numéro (s'il y a lieu) obtenu au tirage au sort et compris dans le contingent d'une classe ;

Fonctions temporaires, actions d'éclat, récompenses honorifiques ;

Nom et prénoms, date et lieu de naissance, filiation et signalement ;

Renseignements sur la position de famille, (les matricules

des mousses, des novices, des apprentis et des hors de service ne comprennent que la filiation);

Services antérieurs;

Blessures ou infirmités;

Enfin indication détaillée, avec décompte en années, en mois et en jours, des services depuis l'inscription sur la matricule.

Les matricules ont été renouvelées, le plus récemment, dans le cours de l'année 1850, conformément aux prescriptions de la circulaire ministérielle du 29 mai 1849 sur laquelle est transcrit le modèle de matricule où j'ai puisé les renseignements que je viens de donner.

Mousses.

On est mousse, au commerce, de 10 à 15 ans (article 3 de la loi du 3 brumaire an IV), et à l'Etat de 13 à 16 ans (article 24 de l'ordonnance du 11 octobre 1836, sur les équipages de ligne.)

Les formalités dont l'accomplissement est nécessaire pour l'inscription d'un enfant sur la matricule des mousses, sont la production du consentement des parents et d'un acte de naissance.

On ne peut être rayé de la matricule des mousses que lorsqu'on renonce à la navigation, ou lorsqu'on a accompli l'âge de 15 ans, exigé pour passer novice.

Novices.

L'article 3 de la loi du 3 brumaire an IV a fixé à 15 ans accomplis, l'âge auquel on doit être porté sur la matricule des novices ; c'est à partir de cet âge qu'on peut servir, en cette qualité, sur les bâtiments du commerce.

Sur les bâtiments de l'Etat, on ne reçoit la solde et le titre de novice qu'à 16 ans, conformément aux prescriptions des articles 28 et 66 de l'ordonnance du 11 octobre 1836 et des circulaires ministérielles des 20 août 1837 et 20 juillet 1840.

On est inscrit sur la matricule des novices :

1° Lorsque, figurant déjà sur la matricule des mousses, on a accompli sa 15e année et qu'on désire continuer la navigation;

2° Ou bien lorsque, se présentant pour la première fois dans le but de naviguer, on est âgé d'au moins 15 ans.

Les conditions d'inscription, dans ce dernier cas, sont les mêmes que pour les mousses ; c'est-à-dire la production de leur acte de naissance, et du consentement des parents si le novice n'est pas encore majeur.

Les novices cessent d'être compris dans l'effectif des marins de cette catégorie sur leur simple déclaration de renonciation à la navigation, ou lorsqu'ayant accompli 18 ans d'âge, au moins, ils réunissent les autres conditions exigées pour passer matelots.

MATELOTS.

La loi du 3 brumaire an IV sert encore de règle pour l'indication des conditions à remplir afin d'être inscrit sur la matricule des matelots.

Sera compris dans l'Inscription Maritime, dit l'article 5 de cette loi, tout citoyen âgé de 18 ans révolus qui, ayant rempli une des trois conditions suivantes, voudra continuer la navigation ou la pêche : (*)

1° Avoir fait deux voyages au long cours ;

2° Avoir fait la navigation pendant dix-huit mois ; (**)

3° Avoir fait la petite pêche pendant deux ans. (***)

A cet effet, il se présentera, accompagné de son père ou de deux de ses plus proches parents ou voisins, au bureau de l'inscription de son quartier, où il lui sera donné connaissance des lois et règlements qui déterminent les obligations et les droits des marins inscrits.

Sont encore compris comme matelots sur les registres de l'Inscription Maritime :

1° Les élèves de l'école navale qui, n'ayant pas satisfait à l'examen de sortie, sont admis comme aspirants auxiliaires ; il faut toutefois, pour qu'ils soient inscrits sur les matricules d'un quartier, qu'ils aient accompli l'âge de 18 ans. (Article 12 de l'ordonnance du 26 septembre 1839.)

2° Les marins étrangers résidant en France, qui ont épousé

(*) Une quatrième condition, celle de 2 ans de service comme apprenti-marin, existe dans la loi du 3 brumaire an IV; mais elle est depuis longtemps tombée en désuétude et on n'en fait plus l'application.

(**) Les apprentis-marins provenant du recrutement ou de l'enrôlement volontaire, sont portés à la 3e classe des matelots, dans le corps des équipages de ligne, après un an d'embarquement sur les bâtiments de l'État (article 231 de l'ordonnance du 11 octobre 1836); mais cet avancement en grade n'entraîne nullement leur inscription sur les matricules d'aucun quartier. Ce n'est qu'après avoir accompli le temps de service imposé par la loi du recrutement qu'ils peuvent, en continuant la navigation, être définitivement inscrits. (§ 4, article 70, ordonnance du 11 octobre 1836) Si, étant en congé provisoire avant la libération de leur classe, les hommes provenant du recrutement veulent se livrer à l'exercice des professions maritimes, ils ne sont portés que pour mémoire sur les matricules. (circulaire du 26 avril 1849)

(***) C'est-à-dire avoir été porté sur le rôle d'équipage d'un bateau de pêche, pendant 24 mois effectifs.

une femme française, et navigué sur les bâtiments du commerce français le temps prescrit par la loi du 3 brumaire an IV. (Arrêté du 14 fructidor an VIII. — *1er Septembre 1800.*) (*)

OFFICIERS-MARINIERS.

Les officiers-mariniers sont portés sur la même matricule que les matelots; ils continuent aussi à figurer dans la case qu'ils avaient comme matelots, lorsque, par suite d'avancement obtenu sur les bâtiments de l'Etat, ils entrent en possession du grade d'officier-marinier. Une colonne spéciale, ainsi que je l'ai fait connaître, est destinée à recevoir l'indication de ces changements de position.

Une fois portés sur la matricule des matelots et officiers-mariniers, les gens de mer sont inscrits définitivement, et ils ne peuvent obtenir leur radiation qu'en remplissant certaines conditions que nous examinerons plus loin, sous le titre de *Renonciation aux professions maritimes.*

Cependant, sans cesser d'appartenir à l'Inscription Maritime, ils peuvent passer sur une autre matricule; c'est lorsqu'ils ont obtenu le titre de pilote-lamaneur, de maître au cabotage ou de capitaine au long cours, ou bien encore, lorsque, par suite d'infirmités, de blessures ou de leur âge avancé, ils sont déclarés hors de service.

PILOTES-LAMANEURS.

Les pilotes-lamaneurs forment une des catégories précieuses des gens de mer. Destinés à diriger la conduite des

(*) Les maires doivent porter les mariages entre marins étrangers et femmes françaises, à la connaissance des commissaires de l'Inscription Maritime. (Article 5, arrêté du 14 fructidor an VIII.)

bâtiments tant de la marine militaire que de la marine du commerce, à leur entrée dans les rades et dans les ports ainsi qu'à leur sortie, une grande responsabilité pèse sur eux, en même temps que l'obligation d'aller au-devant des navires, principalement lors des plus mauvais temps, les expose à des dangers continuels.

Et disons-le encore, les pilotes se livrant généralement à l'exercice de la pêche, forment, sous leur direction et à la meilleure des écoles de mousses, de jeunes enfants d'où provient plus tard l'élite des matelots.

Le service des pilotes-lamaneurs, indépendamment des dispositions spéciales à chaque arrondissement maritime et à chaque station de pilotage, est réglementé d'une manière générale, par un décret en date du 12 décembre 1806.

Je vais donner une analyse de ce décret qui indiquera, d'une manière succinte, tout ce qu'il faut connaître sur cette matière.

Le nombre des pilotes-lamaneurs est déterminé, dans chaque localité, par le ministre de la marine, sur la proposition des commissaires-généraux des ports militaires, et d'après l'avis des chambres de commerce.

Les conditions pour être pilote, sont celles-ci :

Avoir 24 ans d'âge ;

Avoir six ans de navigation, dont six mois, au moins, à l'Etat ;

Avoir satisfait à un examen sur la manœuvre, la connaissance des marées, des bancs, courants, écueils et autres empêchements qui peuvent rendre difficiles l'entrée et la sortie des rivières, ports et hâvres du lieu de leur établissement.

L'examen est fait, en présence du commissaire de l'Inscription Maritime du quartier dans lequel existe la vacance qui donne lieu à l'examen, par un officier de vaisseau ou de port, deux anciens pilotes-lamaneurs et deux capitaines du commerce, désignés par l'officier commandant du port.

Le titre de nomination des pilotes-lamaneurs consiste dans une lettre d'admission expédiée par le ministre de la marine et enregistrée sur la matricule des pilotes, tenue au bureau de l'Inscription Maritime ; une ancre en argent de 50 millimètres doit être portée par eux, à la boutonnière de leur habit ou de leur gilet, comme marque distinctive.

Les pilotes sont dispensés des réquisitions pour tout service de l'Etat autre que celui qui constitue leur spécialité, le pilotage des bâtiments.

Il existe, en outre, des aspirants pilotes dont le nombre ne peut excéder le quart des pilotes-lamaneurs, et qui doivent avoir subi le même examen que ces derniers.

Ils sont destinés à seconder les pilotes que leur grand âge ou leurs infirmités mettent hors d'état de remplir complètement leur service, (*) et à les remplacer lorsqu'une vacance existe par suite de mort ou de démission.

CAPITAINES AU LONG-COURS.

Les capitaines au long-cours sont les officiers de la marine du commerce ayant le droit de commander les navires marchands qui font des voyages aux Indes Orientales et

---

(*) L'aspirant adjoint à un pilote doit donner à ce dernier le tiers du produit de ses pilotages. (article 9 du réglement du 12 décembre 1806.)

Occidentales, à la mer Pacifique, au Canada et sur tous les autres points, au-delà des détroits de Gibraltar et du Sund, déterminés par l'article 377 du code de commerce.

Les conditions imposées pour l'obtention de ce grade sont fixées comme suit, par l'ordonnance du 7 août 1825 :

Être âgé de 24 ans accomplis avant le 1er juillet de l'année du concours ; (dépêche du 13 septembre 1848.)

Avoir 60 mois de navigation dont 12, au moins, sur les bâtiments de l'Etat autres que les stationnaires, le vaisseau école et les bâtiments de servitude ; (dépêches des 24 mai 1848 et 26 février 1850.) (*)

Avoir satisfait à un examen :

1° Sur la pratique de la navigation, comprenant: le gréement, la manœuvre des bâtiments et des embarcations, ainsi que le canonnage ;

2° Sur la théorie comprenant : l'arithmétique démontrée, la géométrie élémentaire, les deux trigonométries, la théorie de la navigation et l'usage des instruments, ainsi que le calcul des observations..

Pour être admis à subir ces examens, les candidats

(*) Il est fait exception à la condition de douze mois de navigation à l'Etat :

1° En faveur des marins qui, ayant 60 mois de navigation, ont subi une détention de plus de deux années dans les prisons de l'ennemi, et de ceux qui ont été jugés impropres au service de la marine militaire. (Ordonnance du 7 août 1825, article 21, § 4.)

2° En temps de paix, en faveur des marins qui justifient de trois campagnes, au moins, à la pêche de la baleine ; (article 6 de la loi du 22 avril 1832, relative à l'encouragement de ladite pêche.)

Le temps d'embarquement acquis par les ouvriers mécaniciens et chauffeurs sur les bâtiments à vapeur autres que les bâtiments de servitude, les rend aptes à se présenter aux examens de capitaines au long-cours, ou de maîtres au cabotage. (Circulaire du 14 juin 1850.)

doivent se faire inscrire au secrétariat du Commissaire-Général, ou du chef du service de la Marine dans les localités autres que les chefs-lieux d'arrondissement, et produire à cet effet :

1° Leur acte de naissance;

2° L'état de leurs services;

3° Un certificat de bonne conduite délivré par le maire de leur domicile et visé par le commissaire de leur quartier; (*)

4° Les certificats d'aptitude et de bonne conduite délivrés par les capitaines des bâtiments à bord desquels ils ont navigué, et visés par les commissaires de l'Inscription Maritime des ports de retour des dits bâtiments; (*)

5° La déclaration du professeur de l'école d'hydrographie ou du professeur particulier dont ils ont suivi les cours, et, enfin, la déclaration du quartier dans lequel ils désirent être immatriculés.

Les capitaines au long-cours reçoivent un brevet signé du Ministre de la Marine et enregistré sur la matricule des capitaines au long-cours du quartier qu'ils ont choisi.

Ils ne peuvent plus, dès lors, être requis pour le service de l'Etat qu'en qualité d'enseignes de vaisseau auxiliaires. (Article 11 de la loi du 3 brumaire an IV.)

Maitres au cabotage.

Les marins pourvus de ce grade ont la faculté de commander les navires du commerce qui font la navigation de cap en cap, de port en port, sur les côtes de France, et, en outre, ceux qui vont aussi en Angleterre, en Ecosse, en Irlande, en Danemark, à Hambourg et autres îles et

(**) Circulaire du 28 février 1849. (Bulletin officiel, page 100.)

terres en deçà du détroit de Gibraltar. (Ordonnance du 12 février 1815.)

Les conditions imposées pour obtenir le grade de maître au cabotage, sont aussi déterminées par l'ordonnance du 7 août 1825, et elles ne diffèrent de celles imposées aux capitaines au long-cours, qu'en ce qui concerne les connaissances exigées en pratique et en théorie de la navigation; les conditions d'âge et de temps de service sont les mêmes.

Ainsi, pour les maîtres au cabotage :

L'examen pratique porte sur le gréement, la manœuvre des bâtiments et des embarcations, les sondes, la connaissance des fonds, le gisement des terres et écueils, les courants et les marées dans les limites assignées au cabotage.

L'examen théorique porte sur l'usage de la boussole, de la carte, des instruments nautiques et sur la pratique des calculs.

Les maîtres au cabotage reçoivent aussi un brevet signé du Ministre et enregistré sur la matricule des maîtres au cabotage du quartier dont ils ont fait choix. (*)

(*) Après une année de commandement, les maîtres au cabotage peuvent être employés à bord des bâtiments de l'Etat en qualité de *pilotes-côtiers*. Les fonctions de pilote-côtier sont temporaires; les salaires auxquels elles donnent droit sont déterminés à raison du rang du bâtiment, et certain temps de navigation sur les bâtiments de rang inférieur est exigé pour remplir les fonctions de pilote-côtier sur les vaisseaux et les frégates. (Voyez l'ordonnance du 1er juillet 1814 portant réglement sur la composition et la solde des équipages des bâtiments de l'Etat.)

Ce n'est qu'en vertu d'une décision spéciale du Ministre ou du Préfet Maritime, est-il dit dans une circulaire du 7 septembre 1848, que des marins peuvent être appelés à remplir temporairement les fonctions de pilote côtier, quand les circonstances l'exigent impérieusement. En principe, il n'en revient plus aux bâtiments de guerre. (Bulletin officiel de 1848, 2e semestre, page 158.)

Ils ne peuvent plus être levés pour le service qu'avec le grade de quartiers-maîtres de 2e classe, et même de première lorsqu'ils ont commandé pendant une année dans la qualité de maître au cabotage. (Loi du 21 juin 1836.) (*)

Apprentis-Ouvriers.

Les apprentis-ouvriers sont aux ouvriers des professions maritimes, ce que sont les mousses et les novices aux marins de l'inscription ; ce sont des enfants ou des jeunes gens qui ont à remplir des conditions d'âge et de temps de service ou de capacité, pour obtenir d'être portés d'une manière définitive sur les matricules de l'Inscription Maritime.

Jusqu'à ce qu'ils aient réuni ces conditions, ils sont libres de se faire rayer de la matricule des apprentis, par le seul fait de leur renonciation aux professions maritimes.

L'âge auquel un enfant peut débuter comme apprenti-ouvrier est fixé à 12 ans par l'arrêté du 22 septembre 1848, spécial au service des arsenaux de la Marine. Mais sur les chantiers du commerce, rien de précis n'indiquant de limite d'âge, ils peuvent, sans doute, être employés aussitôt que leur force leur permet de pouvoir rendre quelques services.

Ouvriers des professions maritimes.

Les ouvriers des professions comprises dans l'Inscription

(*) La distinction entre le grand et le petit cabotage existant toujours aux colonies, il n'y a que les maîtres au grand cabotage qui jouissent de la faculté de ne pouvoir être levés qu'en qualité de quartiers-maîtres. (Dépêche ministérielle du 5 juillet 1841.)

Une ordonnance du 31 août 1828 a déterminé les conditions exigées et les formalités à observer pour la réception des maîtres au cabotage aux colonies. Ils reçoivent leur lettre de nomination du gouverneur.

Maritime sont : les charpentiers, les perceurs, les calfats et les voiliers. (Décret impérial du 19 mars 1808.)

Aux termes du décret précité, les conditions d'inscription, comme ouvrier de l'une de ces quatre professions, sont :

Avoir atteint l'âge de 17 ans, et justifier d'une année d'apprentissage ;

Ou avoir servi dans les ports militaires.

Dans le premier cas, on indique deux conditions : l'âge de 17 ans et une année d'apprentissage, sans doute sur les chantiers du commerce.

Dans le second cas, il n'est question ni de limite d'âge ni de temps de service ; on doit alors se reporter aux termes de l'arrêté déjà cité du 22 septembre 1848, où il est dit que les apprentis, dans les arsenaux de la marine, peuvent passer ouvriers, de 18 à 20 ans, (*) lorsqu'ils sont reconnus capables, sans obligation d'un temps limité d'apprentissage, excepté pour les ouvriers charpentiers qui doivent justifier de six mois d'apprentissage dans cette profession.

Une fois portés sur les matricules de l'Inscription Maritime en qualité d'ouvriers, les charpentiers, les perceurs, les calfats et les voiliers, sont à la disposition de l'Etat comme les matelots, et ils ne peuvent obtenir leur radiation que sous des conditions identiques. (**)

(*) De 18 à 20 ans, parce qu'on ne les lève pas avant 18 ans ; c'est ce que recommande une dépêche du 28 novembre 1839, en faisant remarquer que, bien qu'inscrits à 17 ans aux termes du décret du 19 mars 1808, comme à cet âge ils ne présentent point ordinairement les garanties de force physique désirables, on ajourne d'une année leur appel au service.

(**) Si, même, un ouvrier, par suite de navigation, venait à remplir les conditions de classement exigées pour un matelot, il serait immédiatement porté sur la matricule des matelots et officiers-mariniers. (Ordonnance du 31 Octobre 1784, titre X.)

Mais avant d'inscrire définitivement un ouvrier, les commissaires des quartiers doivent remplir une formalité prescrite, pour les marins, par la loi du 3 brumaire an IV; c'est de s'assurer du consentement de l'ouvrier lui-même après lui avoir donné, en présence de son père ou de deux de ses plus proches parents, connaissance des lois et règlements qui déterminent les obligations et les droits des gens de mer.

Hors de service.

La matricule des hors de service comprend tous les marins et ouvriers de l'Inscription Maritime qui sont rentrés dans la règle du droit commun; c'est-à-dire qui, tout en conservant la faculté d'exercer leur profession sur les navires ou sur les chantiers du commerce, et même de naviguer sur les bâtiments de guerre ou de travailler dans les arsenaux de l'Etat, s'ils sont jugés avoir encore l'aptitude nécessaire, ne peuvent plus être requis d'office pour le service.

Ainsi que j'ai eu occasion de le dire plus haut, en parlant de l'organisation de l'Inscription Maritime, c'est dans l'ordonnance du 31 octobre 1784 qu'on trouve, pour la première fois, le principe reconnu d'une limite d'âge au-dessus de laquelle les marins n'étaient plus soumis au régime des classes. Cette limite a été fixée d'abord à 60 ans, puis à 56 par le décret du 7 janvier 1791, et, enfin, la loi du 3 brumaire an IV l'a abaissée à 50 ans, telle qu'elle existe encore.

Cependant, il faut le reconnaître, cette limite n'est même plus atteinte depuis la mise en pratique de la levée permanente ; on peut dire, aujourd'hui, qu'en fait les matelots ne sont levés que jusqu'à 40 ans, et les officiers-mariniers jusqu'à 45 ans. Mais, en droit, la loi du 3 brumaire an IV subsiste, et ce n'est qu'après l'âge de 50 ans accomplis que les marins sont portés sur la matricule des hors de service, à moins que des infirmités constatées lors des revues d'inspection, ne les rendent invalides avant cette époque.

Chaque année, les hommes qui ont atteint l'âge de 50 ans sont signalés au ministre (dépêche du 12 mars 1821), et ce n'est qu'après approbation de leur déclassement, qu'ils sont portés sur le registre des hors de service. (Instruction ministérielle du 22 février 1826)

Conditions de classement.

Cette question n'a plus besoin de développement ; il suffit de se reporter au titre de chacune des catégories des gens de mer, pour lesquelles j'ai donné tous les détails nécessaires sur les conditions d'inscription provisoire des mousses, des novices et des apprentis-ouvriers, et sur les conditions de classement définitif des marins et ouvriers.

Inscription d'office.

Après avoir prévu le cas où un marin est inscrit de son propre gré, sur sa déclaration de vouloir continuer la navigation, la loi du 3 brumaire an IV ajoute encore (article 6) : « Celui qui, ayant atteint l'âge et rempli les conditions

« exigées, continue la navigation ou la pêche sans se faire « inscrire, sera compris d'office dans l'Inscription Maritime, étant censé y avoir consenti par le fait seul qu'il « continue à naviguer. »

Il en serait de même d'un ouvrier de profession maritime qui, par le fait seul de la continuation de l'exercice de sa profession, devrait être considéré comme ayant consenti à son inscription sur les matricules.

C'est aux syndics des gens de mer et, particulièrement, aux gardes-maritimes, qu'il appartient de procurer aux commissaires des quartiers tous les renseignements qui peuvent mettre ces derniers à même de remplir les prescriptions de l'article 6 précité de la loi du 3 brumaire an IV.

Renonciation aux professions maritimes.

La faculté de renoncer aux professions maritimes est mise, dans la loi du 3 brumaire an IV, au nombre des avantages attachés à l'état des gens de mer.

Cet avantage serait, à plus juste titre, appelé un droit. Mais, quoiqu'il en soit, la faculté de renoncer aux professions maritimes a été, pour la première fois, concédée aux marins et aux ouvriers par l'article 16 du titre X de l'ordonnance du 31 octobre 1784 ; reconnue, depuis lors, par le décret du 7 janvier 1791, elle a été consacrée en dernier lieu par la loi du 3 brumaire an IV, où il est dit, à l'article 25, que si un marin, quelque soit son âge, veut renoncer à la navigation et à la pêche, il sera rayé de l'Inscription Maritime par le fait seul de sa déclaration et renonciation, un an après les avoir faites, (*) et que, dès lors, il ne jouira plus d'aucun des avantages résultant de cette inscription.

Ces déclarations et renonciations ne sont pas admises en temps de guerre, et demeurent même sans effet, si la guerre a lieu avant l'expiration d'une année à compter du jour où elles ont été faites.

Si, après s'être fait rayer, un marin se détermine à reprendre la navigation ou la pêche, il est réinscrit au grade et à la paie qu'il avait lors de sa radiation.

LEVÉES.

Les levées de marins ou d'ouvriers, effectuées dans les quartiers de l'Inscription Maritime, sont toujours nécessitées par les besoins du service, soit pour la construction des navires, soit pour leur armement.

Nous avons vu, au commencement de cette section, combien le mode de répartition des marins, en classes ou en catégories, a varié depuis la première organisation de ce service. De 1668 à 1689 l'appel des marins, pour le service de l'Etat, consistait dans des levées en masse par classes alternativement commandées; l'ordonnance de 1784 et celle de 1791 prescrivirent des levées partielles et successives à tour de rôle ou de service, et, enfin, la loi du 3 brumaire an IV est venue baser le système d'appel sur des levées combinées avec une répartition des gens de mer en

(*) Il est bien évident que cette même faculté est accordée à l'ouvrier de profession maritime dont la position, dans ce cas, offre une analogie complète avec celle des marins.

quatre classes (célibataires, veufs sans enfants, mariés sans enfants et pères de famille), la deuxième ne devant être mise en réquisition qu'après épuisement de la première, et ainsi de suite jusqu'à la quatrième.

Ce dernier mode qui serait suivi aujourd'hui encore, si des besoins pressants nécessitaient quelque levée extraordinaire, ne trouve plus son application en temps ordinaire, depuis qu'un autre mode appelé levée permanente a été mis en vigueur.

Levée permanente.

La levée permanente a été instituée pour remédier aux vices qu'offrait l'organisation du 3 brumaire an IV, dont la juste application était souvent difficile et qui offrait, dans tous les cas, l'inconvénient de n'envoyer les hommes au service que lorsque des levées étaient ordonnées ; d'où il résultait qu'à ces époques les meilleurs matelots, ceux qui naviguent presque continuellement sur les bâtiments du commerce, étaient absents, et alors les charges portaient toujours sur les mêmes hommes adonnés à la petite pêche et retenus habituellement dans leur quartier par leurs goûts ou par des intérêts de famille. De là, des charges réparties inégalement sur la population maritime, et de moins bons marins pour l'armement des bâtiments de l'Etat.

La levée permanente dont la mise en application a été prescrite, pour la première fois, par une circulaire ministérielle en date du 9 avril 1835, a pour but d'envoyer les hommes au service, comme l'indique son nom, d'une manière permanente ; c'est-à-dire qu'au fur et à mesure que les marins atteignent l'âge déterminé par la circulaire précitée et par une autre explicative en date du 28 du même mois (20 ans), ils sont dirigés sur un port militaire.

La date de la naissance des marins, portée sur les permis de navigation et reportée sur les rôles d'armement des navires du commerce, permet aux commissaires de l'Inscription Maritime de saisir, au moment de leur retour en France, les marins qui ont accompli leur vingtième année dans le cours d'un voyage, et de les diriger sur le port indiqué à l'avance par l'autorité supérieure.

Par là, tous les marins paient successivement la dette qu'ils ont contractée en embrassant la carrière de la navigation, et si la marine militaire a quelquefois de mauvais serviteurs, elle obtient, en compensation, les services des meilleurs matelots.

Mode d'appel des marins et des ouvriers au service de l'Etat.

C'était, peut-être, sous ce titre qu'eussent dû être placées les définitions que je viens de donner sous le titre : *Levées;* mais ces définitions étaient théoriques, et j'ai réservé pour ici l'indication des opérations pratiques.

Lorsqu'une levée de marins ou d'ouvriers doit être effectuée en vertu de la loi du 3 brumaire an IV, elle n'a lieu que d'après les ordres du ministre, qui sont, eux-mêmes, provoqués par le plus ou moins grand nombre de constructions ou d'armements qui doivent s'effectuer dans les arsenaux. Ces ordres sont expédiés aux Préfets maritimes qui, sur le vu des états dressés par le Commissaire-Général et présentant l'effectif des marins de tout l'arrondissement maritime, indiquent, à chaque chef du service administratif, le chiffre des marins à lever dans le sous-arrondissement qu'il administre.

Ces chefs d'administration font, entre les quartiers placés sous leur surveillance, une répartition de l'effectif affecté à leur sous-arrondissement, et les commissaires de l'Inscription Maritime opèrent une sous-répartition entre leurs syndicats, en adressant, pour chaque individu à envoyer au service, un ordre de levée qui doit être remis par les soins des syndics.

Sur le vu de cet ordre, les marins ou ouvriers commandés doivent se présenter devant le commissaire de leur quartier qui, après les avoir fait visiter, (*) délivre une feuille de route pour le port d'armement indiqué par l'autorité supérieure, à tous ceux qui n'ont pas fait valoir de justes motifs pour être autorisés à rester dans leurs foyers.

A leur arrivée dans le port d'armement auquel ils sont destinés, les marins se présentent devant le commandant de la division des équipages de ligne qui, après les avoir reconnus propres à être incorporés, les fait conduire devant le commissaire aux armements chargé de constater la date de leur arrivée; les ouvriers se présentent, selon leur pro-

(*) Dans une circulaire du 26 juillet 1850, le ministre rappelle les dispositions de celles des 17 août et 16 septembre 1837 qui prescrivent de faire visiter tout homme levé pour le service; à défaut de l'accomplissement de cette formalité, les commissaires de l'Inscription Maritime deviennent responsables des frais de conduite inutilement payés.

fession, devant le directeur des constructions navales ou le directeur des mouvements du port qui les renvoie devant le commissaire aux travaux, pour faire constater, aussi, la date de leur arrivée. (*)

La marche que je viens de rappeler dans les deux derniers paragraphes est d'usage dans tous les cas; mais les formalités indiquées aux paragraphes qui précèdent ces deux derniers, s'appliquent plus spécialement aux levées extraordinaires et aux levées d'ouvriers. Quant aux matelots, tant que les ressources de la levée permanente peuvent suffire, il n'est pas besoin de faire de répartition par sous-arrondissement, ni par quartier; la plus juste répartition est l'accomplissement de la vingtième année à laquelle arrive successivement chaque matelot.

INDIVIDUS SOUMIS AUX LEVÉES.

En principe, tout marin de l'inscription, âgé de 18 à 50 ans, est soumis au régime des levées. (**) La loi du 3 brumaire an IV a divisé les marins de cet âge en quatre catégories dont la première, ainsi qu'il a été déjà dit plus haut, doit marcher tout d'abord, et les autres successivement, au fur et à mesure de l'épuisement de la précédente.

Généralement, aujourd'hui, les ouvriers sont seuls envoyés au service par suite d'ordres spéciaux de levées; mais les marins étant soumis à la levée permanente, voici les conditions de leur envoi au service :

(*) Ces questions ne sont traitées ici qu'au point de vue du service de l'Inscription Maritime; dans le 3e volume, plus de développements seront donnés en parlant des détails des armements et des travaux.

(**) Les marins inscrits, de toute taille, doivent être compris dans les levées. (Circ. 12 février 1849.)

Aux termes de la circulaire du 9 avril 1835 qui a institué la levée permanente, et de celles des 28 du même mois, 14 décembre 1837, 16 janvier et 13 août 1838, etc., etc., sont requis les marins âgés de 20 à 40 ans, sans service à l'Etat ou ayant moins de trois années de service, ainsi que les officiers-mariniers âgés de 20 à 45 ans, qui ne justifient pas de trois années d'emploi dans cette qualité ou de six années en totalité, c'est-à-dire tant comme officiers-mariniers que comme matelots.

Mais chaque fois que les ressources de la levée permanente, appliquée dans ces limites, ne suffisent pas, le ministre ordonne d'y comprendre les matelots ayant un plus grand nombre d'années de service, sauf à ramener les conditions dans les premières limites lorsque l'état des armements de la flotte le permet. (*)

En outre, le Ministre détermine aussi, à raison des besoins de la flotte, le temps que chaque homme compris dans la levée permanente doit rester au service. Ce temps fixé à trois années consécutives par une dépêche du 7 janvier 1833, est quelquefois augmenté quand la nécessité de conserver un effectif nombreux est reconnu; il est réduit lorsque l'ordre de désarmer un certain nombre de navires permet de diminuer l'effectif des marins des équipages de ligne.

Marins exempts de la levée.

Il résulte des termes de la loi fondamentale du 3 brumaire an IV, que tout marin âgé de 50 ans accomplis

(*) Dans ce moment la levée permanente est suspendue. (Circulaire du 26 septembre 1850.)

est exempt des réquisitions pour le service de l'Etat, sans perdre, néanmoins, la faculté de naviguer soit au commerce, soit même sur les bâtiments de l'Etat, s'il se présente de son propre gré et s'il est capable de rendre de bons services.

Les hommes reconnus impropres au service lors des inspections générales des quartiers, sont aussi dispensés de levées et portés sur la matricule des hors de service.

Il existe trois autres catégories spéciales de marins, dont une n'est levée dans aucun cas, et dont les deux autres ne le sont que sous certaines conditions; savoir :

Les pilotes-lamaneurs qui, aux termes de l'article 7 du règlement du 12 décembre 1806, sont exempts d'être levés et commandés pour le service de l'Etat et pour toute autre service personnel;

Les capitaines au long-cours qui ne peuvent être levés qu'en qualité d'enseignes de vaisseau auxiliaires (Loi du 3 brumaire an IV);

Les maîtres au cabotage qui ne peuvent être requis qu'en qualité de quartier-maître de 2e classe, et même de 1re s'ils ont déjà exercé un commandement pendant un an, au moins, depuis qu'ils sont pourvus du titre de maître au cabotage. (Loi du 21 juin 1836)

Les marins de ces deux dernières catégories peuvent, néanmoins, être admis d'après leur demande à servir sur les bâtiments de l'Etat dans un grade inférieur à celui qui leur est garanti par les dispositions citées ci-dessus.

Le Ministre de la Marine, dans une lettre du 15 octobre 1838, rappelant à l'exécution de la loi du 22 avril 1832 relative à l'encouragement de la pêche de la baleine, dit que les marins engagés pour cette sorte de pêche et qui y ont déjà justifié de leur aptitude dans une campagne précédente, sont exempts des levées pour le service de l'Etat, même six mois avant le départ du navire sur lequel ils doivent embarquer.

Enfin, une circulaire du 15 mars 1845, interprétative de l'article 70 de l'ordonnance du 11 octobre 1836 sur les équipages de ligne, prescrit de ne pas comprendre dans les levées ordinaires les hommes qui se livrent à la navigation ou à la pêche, après avoir été libérés d'un corps quelconque de l'armée de terre ou de mer.

L'arrêté du 21 ventôse an IV comprenait encore une autre catégorie d'exempts de levées; c'étaient les maîtres de bateaux. Mais cette faculté d'exemption que rien n'a abrogée textuellement est cependant tombée en désuétude, et ne fait plus l'objet d'une distinction spéciale parmi les marins inscrits sur les matricules des quartiers.

De la levée des marins et ouvriers maritimes, dans ses rapports avec la loi sur le recrutement.

Dans un mémoire précieux, écrit par M. Marec sur plusieurs questions concernant l'Inscription Maritime, il est dit que malgré l'état de disponibilité de 32 ans (de 18 à 50 ans), pendant lequel le gouvernement se réserve le droit de requérir les gens de mer, ces derniers ne donnent pas, en moyenne, plus de 6 ou 7 années au service des bâtiments de guerre et que, pendant ces 6 ou 7 années qui sont divisées en 2 ou 3 périodes de 2 ou 3 ans chacune, les marins acquièrent des qualités propres à leur profession;

tandis que les hommes compris dans le contingent d'une classe du recrutement abandonnent leur famille pendant une période de 7 années consécutives, et perdent, pendant cet espace de temps, l'habitude du travail ou tout au moins les connaissances qu'ils avaient acquises dans quelque profession industrielle dont l'apprentissage est souvent long et onéreux.

Cette opinion si juste de M. Marec, est développée par lui en vue de combattre les tendances de certains esprits à provoquer le renversement du système de l'Inscription Maritime. Aussi, sans pénétrer plus loin dans une matière où des hommes éminents peuvent seuls s'engager, je vais répondre d'une manière plus directe à la question ci-dessus.

La loi sur le recrutement comprend, en principe, tous les Français âgés de 20 ans ; à ce titre, les marins et ouvriers maritimes sont soumis à la loi commune. Mais il fallait bien que le gouvernement tint compte aux gens de mer classés, de la position exceptionnelle qui leur est faite, et ils ont en conséquence été l'objet d'une disposition de la loi du 21 mars 1832 que nous avons citée sous le titre : *Recrutement de l'armée de mer*, où il est dit, à l'article 14:

« Seront considérés comme ayant satisfait à l'appel, et » comptés numériquement en déduction du contingent à former, les jeunes gens désignés par leur numéro pour faire » partie du dit contingent, qui se trouveront dans l'un des cas » suivants :

» . . . .

« 2° Les jeunes marins portés sur les registres matricules » de l'Inscription Maritime, conformément aux règles prescrites par les articles 1, 2, 3, 4 et 5 de la loi du 25 octobre

» 1795 (3 brumaire an IV), et les charpentiers de navires, » perceurs, voiliers et calfats, immatriculés conformément à » l'article 44 de la dite loi. »

Une instruction du ministre de la guerre, du 18 mai 1840, que nous avons aussi rapportée précédemment, décide que, jusqu'à l'époque de la libération de la classe du contingent de laquelle ils ont été déduits, les marins de l'Inscription Maritime confèrent à leurs frères le droit à l'exemption du service militaire.

Ainsi il résulte de ces dispositions que les gens de mer, comme tous les jeunes Français, sont soumis à l'obligation du tirage au sort ; mais qu'à raison de leur qualité d'inscrits maritimes, ils jouissent de toutes les prérogatives d'un militaire qui, par l'effet d'un engagement volontaire, se trouverait sous les drapeaux à l'époque à laquelle il serait appelé, par son âge, à concourir à la formation d'un contingent. (*)

EFFETS DES CONDAMNATIONS JUDICIAIRES PRONONCÉES CONTRE LES GENS DE MER.

L'article 2 de la loi du 21 mars 1832 sur le recrutement de l'armée, prescrit l'exclusion du service militaire :

1° Des individus qui ont été condamnés à une peine afflictive ou infamante ;

2° De ceux condamnés à une peine correctionnelle de deux ans au moins d'emprisonnement et qui, en outre, ont été placés par le jugement de condamnation sous la surveillance de la haute police et interdits des droits civiques, civils et de famille.

(*) Voir une circulaire du 19 septembre 1839, insérée aux Annales maritimes de la même année, page 941, faisant connaître les pièces à produire par les jeunes gens qui réclament l'exemption comme frères d'inscrits maritimes.

Ces dispositions sont, sans aucun doute, applicables aux gens de mer; mais si, d'un côté, leur position d'hommes soumis à des réquisitions pour le service des équipages de ligne leur rend applicables certaines lois militaires, d'un autre côté cette exclusion du service ne pourrait pas les priver de la faculté de continuer, sur les navires du commerce, l'exercice de la profession de marin, seule ressource des gens de mer.

Le Ministre, dans une circulaire en date du 9 septembre 1841, a défini d'une manière précise la position qui doit être faite aux marins qu'une des condamnations indiquées ci-dessus aurait rendus indignes de servir sur les bâtiments de guerre.

Ils seront maintenus sur les matricules des gens de mer, dit le ministre, mais ils n'y figureront que pour mémoire.

ROLES DE LEVÉE.

Les gens de mer étant soumis à l'obligation de servir l'Etat lorsqu'ils en sont requis, il a bien fallu que l'administration prît les mesures nécessaires pour s'assurer que le marin qui a reçu une feuille de route est arrivé à sa destination dans le délai déterminé à raison de la distance qu'il avait à parcourir.

A cet effet, un contrôle signalétique ou *Rôle de levée* est adressé, par les commissaires de l'Inscription Maritime, au commissaire aux armements du port de destination, pour les marins, et au commissaire aux travaux pour les ouvriers.

Leur forme.

La forme des rôles de levée est aussi simple que possible; mais il a fallu cependant y comprendre, quoique succinctement, beaucoup d'indications que nous allons donner et qui ont toutes un but très-utile.

Ainsi les unes mettent l'autorité des ports à même de signaler, dans les quartiers, les hommes qui ne sont pas parvenus dans les délais prescrits; d'autres permettent d'inscrire le marin ou l'ouvrier sur les matricules, les contrôles ou les rôles tenus dans les divers services; d'autres, enfin, fournissent, sur les services antérieurs, des justifications utiles pour constater les droits à l'avancement.

Un rôle de levée peut ne comprendre qu'un seul homme; mais, le plus souvent, on y inscrit plusieurs marins ou plusieurs ouvriers lorsqu'ils ont été levés le même jour ou à peu de jours de distance.

Renseignements qu'ils doivent contenir.

Afin d'atteindre les différents buts que je viens d'indiquer, les rôles de levée comprennent :

Le quartier auquel les marins appartiennent ;

Le port de destination ;

La date du départ ;

La date présumée de l'arrivée ;

Le nom, les prénoms, la filiation et le signalement;

Le folio et le numéro d'inscription, et le dernier grade au service de l'Etat;

Les délégations qui ont été consenties par les marins, avant leur départ, et les sommes dont ils sont débiteurs envers l'Etat ;

Le nombre d'années, de mois et de jours de services acquis à l'État, au jour de la levée, ainsi que ceux qui ont été acquis au commerce.

Les rôles de levée sont établis en deux expéditions; l'une reste au port de destination, à l'appui des matricules, et l'autre est renvoyée dans le quartier d'inscription, annotée de la date de l'arrivée des hommes et de la destination qui leur a été donnée.

PRINCIPAUX ÉTATS PÉRIODIQUES A FOURNIR AU MINISTRE EN CE QUI CONCERNE LES GENS DE MER.

Les ordres généraux de levée, ainsi que l'extension donnée à la levée permanente ou les restrictions qui y sont apportées, émanant toujours du Ministre, il est indispensable de le tenir au courant des mouvements du personnel des quartiers, qui tendent à accroître ou à réduire les ressources de l'Inscription Maritime.

A cet effet, les commissaires de l'Inscription Maritime établissent, périodiquement, les états que nous allons indiquer; mais afin de donner une étendue aussi utile que possible à la question qui fait l'objet du présent titre, je vais établir la nomenclature de tous les états concernant le personnel, tant administratif qu'administré, des quartiers de l'Inscription Maritime.

J'indiquerai, aussi, ceux de ces états qui sont transmis directement au Ministre; les autres sont adressés au chef-lieu d'arrondissement ou de sous-arrondissement maritime pour y être conservés ou envoyés au Ministre après enregistrement ou vérification.

PAR MOIS.

Etats de solde du personnel administratif du quartier. *(Pour être annexés aux mandats expédiés par le détail des revues.)*

Etat des mouvements survenus parmi les administrateurs syndics et gardes-maritimes. *(Destiné aussi au détail des revues pour la tenue des contrôles et matricules de ce personnel.)*

Etat de revue du gendarme détaché dans le quartier. *(Pour la tenue des contrôles des revues.)*

Etat des extinctions survenues parmi les légionnaires appartenant au département de la Marine. *(Le commissaire aux revues forme un état général pour Paris. Dépêches du 30 novembre 1841 et 18 juillet 1842.)*

Etat de levée permanente. *(Une expédition directement au Ministre; une autre au port chef-lieu d'arrondissement maritime qui forme un état général pour le Ministère. Dépêches des 9 avril 1835, 9 mars 1837 et 25 août 1840.)*.

Etat des ouvriers charpentiers susceptibles d'être levés pour le service. *(Le bureau central forme un état général pour tout l'arrondissement.)*

Etat des sommes payées pour conduite aux marins ou aux ouvriers envoyés au service, ou rentrés dans leurs quartiers. *(Deux expéditions adressées au chef-lieu du sous-arrondissement et destinées au détail des armements, pour les marins, et au détail des travaux pour les ouvriers. L'une des expéditions, émargée, est annexée aux mandats de remboursement du compte: Avances à la marine; l'autre, non émargée, est conservée dans les détails des armements ou des travaux.)*

Etat des mutations ouvrant vacance, éprouvées par les officiers-mariniers naviguant au commerce, à terre dans leurs foyers ou employés dans les arsenaux en dehors des équipages de ligne. (*) *(Cet état est destiné à mettre le bureau central placé près du commissaire-général du chef-lieu d'arrondissement maritime, à même de tenir un contrôle général des maîtres et des seconds-maîtres du dit arrondissement maritime, et de fournir trimestriellement au ministre un Etat général de toutes les mutations, accompagné d'une situation numérique.— Circulaire du 19 mai 1851. Bulletin officiel, Page 417.)*

PAR TRIMESTRE.

Etats de revue des syndics et des gardes-maritimes. *(Le port chef-lieu de sous-arrondissement forme un état général qui est transmis à Paris. Dépêches des 21 novembre 1833 et 6 juillet 1837.)*

Notes sur le gendarme détaché du quartier. *(Pour le commandant de la gendarmerie. Dépêches du 1er septembre 1836.)*

Situation des gens de mer *(2 expéditions au bureau central du port chef-lieu qui, après vérification, en renvoie une au quartier chargé d'en faire directement l'envoi*

(*) Le Commissaire aux armements, pour les officiers-mariniers embarqués, et les commandants des divisions pour les officiers-mariniers à terre ou en congé, adressent de semblables états au bureau central. (Circulaire du 19 mai 1851.)

à Paris, et conserve l'autre pour former un état général du sous-arrondissement destiné au ministère. Circulaires des 8 avril 1835, 17 septembre 1849 et 17 juin 1851.)

Etat des mouvements des capitaines au long-cours et des maîtres au cabotage. *(Une expédition directement au Ministre; une au bureau central qui forme, pour tout l'arrondissement, un état général transmis à Paris. Depêches des 1er juillet 1827 et 20 décembre 1836. Voyez aussi une circulaire du 4 janvier 1850. Bulletin officiel, page 1re.)*

Etat des renonciataires à la navigation et aux professions maritimes. *(Deux expéditions sont adressées au port chef-lieu du sous-arrondissement qui les transmet à Paris; l'une d'elles est renvoyée un an plus tard, revêtue de l'approbation du Ministre. Dépêches des 21 août 1826 et 9 septembre 1841.)*

Etat des extinctions survenues parmi les pensionnaires. *(Une expédition au Ministre; une au port chef-lieu de caisse des invalides, pour servir à apostiller la matricule tenue au bureau de l'inscription maritime de ce chef-lieu et à former un état général destiné au Ministre. Loi du 13 mai 1791, article 3; dépêches du 6 avril 1832 et 13 novembre 1838.)*

Dette flottante. *(Notification à Paris des nouvelles inscriptions, et des remboursements effectués par des marins ou des ouvriers débiteurs. Art. 13 du règlement du 3 juin 1838.)* (*)

(*) Le Ministre rappelle qu'aux termes d'une circulaire du 16 juin 1836, toute dette inférieure à la somme de un franc doit être portée immédiatement aux débets définitifs. (Circulaire du 23 mai 1851. Bulletin officiel.)

PAR AN.

Etat des marins qui ont accompli leur 50me année. (*Deux expéditions adressées à Paris, par l'intermédiaire du chef-lieu du sous-arrondissement; l'une d'elles est renvoyée revêtue de la sanction ministérielle. Dépêche du 14 décembre* 1818.)

Dette flottante. Etat général des débiteurs au 1er janvier. (*Règlement du* 13 *juin* 1833.)

EVENTUELLEMENT.

Etat des marins ou ouvriers renonciataires compris dans le contingent d'une classe de recrutement non encore libérée. (*Cet état doit être adressé, aussitôt après la déclaration de renonciation, au Préfet maritime qui le transmet au Ministre. Circulaires des* 14 *août* 1834 *et* 30 *septembre* 1846.)

Dette flottante. Etats de proposition de dégrèvement en faveur de marins débiteurs. (*Article* 16 *du règlement du* 3 *juin* 1833.)

ÉCOLES D'HYDROGRAPHIE.

EXAMINATEURS ET PROFESSEURS.

Nous avons vu dans le chapitre 1er, au paragraphe 5 : *Constitution et organisation des divers corps de la marine*, quelle était l'origine des écoles d'hydrographie, et comment était organisé et recruté le personnel chargé de diriger et de répandre l'instruction dans les dites écoles.

Nous avons vu, enfin, qu'il y avait une école d'hydrographie dans les principales localités maritimes; que l'instruction y était donnée par des professeurs divisés en quatre classes, et que deux examinateurs étaient chargés de la haute direction de l'enseignement ainsi que de l'examen des marins qui veulent acquérir le grade de capitaine au long-cours ou de maître au cabotage.

Toutes ces dispositions sont déterminées par le titre 1er de l'ordonnance du 7 août 1825.

Mode d'enseignement.

La surveillance supérieure de l'enseignement, dans les écoles d'hydrographie, est exercée par les Majors-Généraux de la marine. (Article 21 de l'ordonnance du 14 juin 1844.)

L'instruction est donnée d'une manière uniforme dans toutes les écoles, ce qui entraîne l'obligation, pour les professeurs, de se conformer au mode d'enseignement qui leur est prescrit et de ne faire suivre à leurs élèves que les auteurs adoptés.

Les cours ont lieu 5 fois par semaine, les jours de fête exceptés; ils doivent être divisés en deux parties de 2 heures chacune. L'une des parties est consacrée aux commençants; l'autre aux élèves plus avancés.

Les heures des cours sont concertées, dans chaque localité, entre l'officier d'administration chargé du service de l'inscription maritime et le professeur qui ne peut, même en dehors de ces heures, donner des leçons particulières dans le local de l'école. Le Major-Général, dans les ports chefs-lieux d'arrondissements maritimes, et le Préfet maritime ou le chef du service de la marine, pour les ports de commerce, statuent en dernier lieu sur la fixation de ces heures. (Circulaire ministérielle du 17 août 1848.)

Admission des élèves.

Les jeunes gens qui désirent suivre les cours d'une école d'hydrographie doivent justifier :

1° Qu'ils sont âgés d'au moins 13 ans ;

2° Qu'ils savent lire et écrire ;

3° Qu'ils connaissent les quatre premières règles de l'arithmétique ;

4° Qu'ils ont été vaccinés ou qu'ils ont eu la petite vérole ;

5° Qu'ils sont portés sur les registres ou matricules de l'inscription maritime.

L'ordre d'admission à l'école émane du commissaire de l'inscription maritime ; les jeunes gens admis sont inscrits, par le professeur, sur un registre où, chaque mois, la conduite et l'application de chaque élève sont indiquées.

L'article 15 de l'ordonnance du 7 août 1825 ajoute :
« Tout élève qui, ayant atteint l'âge de dix-huit ans, ne
« consentirait pas à se faire inscrire définitivement, ne sera
« plus admis à l'école. »

Police des écoles.

L'administration et la police générale des écoles d'hydrographie sont dans les attributions des commissaires-généraux, des chefs de service de la marine et des commissaires de l'Inscription Maritime.

Les professeurs ont la police intérieure de leur école ; ils veillent au maintien du bon ordre et peuvent faire sortir les élèves qui le troubleraient. Cependant l'interdiction de l'entrée ne peut être prononcée pour plus de trois jours par le professeur ; au-delà de ce terme, et jusqu'à concurrence d'un mois, la peine est appliquée par le commissaire de l'Inscription Maritime.

Lorsque la faute commise est assez grave pour entraîner une interdiction supérieure à un mois ou l'exclusion définitive, l'intervention du Commissaire-Général ou du chef du service de la marine est nécessaire.

Les professeurs jouissent, chaque année, de deux mois de vacances qui datent du lendemain de la clôture des examens annuels dans chaque port.

En dehors de ce temps, ils ne peuvent s'absenter qu'avec l'autorisation du Ministre et après avoir fait agréer, par le Major-Général de la Marine, un remplaçant temporaire.

EXAMENS.

Ainsi que nous l'avons vu au f° 39, lorsque nous avons parlé des conditions de réception des capitaines au long-cours et des maîtres au cabotage, les examens qu'ont à subir ces capitaines et maîtres de la marine du commerce se divisent en deux parties : *Pratique et Théorie.*

Les examens sur la pratique sont confiés à deux examinateurs spéciaux choisis, par le Ministre, parmi les officiers supérieurs de la marine ; l'un d'eux est chargé de la tournée du nord ; et l'autre de la tournée du midi. *Ils précèdent, de dix jours au moins, les examinateurs hydrographes.*

Les examens de théorie sont faits par les deux examinateurs hydrographes qui se partagent aussi le *littoral maritime* suivant l'ordre du ministre : l'un fait la tournée du nord ; l'autre celle du midi.

Les examens sont annoncés par le Ministre quatre mois à l'avance, et ils ont lieu dans l'ordre ci-après :

Tournée du Nord: Dunkerque, le Hâvre, Cherbourg, Saint-Mâlo, Brest, Lorient et Nantes.

Tournée du Midi: Toulon, Marseille, Cette, Bayonne, Bordeaux, Rochefort.

FORME DANS LAQUELLE IL EST PROCÉDÉ AUX EXAMENS.

Les examens sur la pratique de la navigation doivent commencer, ainsi que nous venons de le voir, dix jours au moins avant ceux de théorie, c'est-à-dire assez tôt pour qu'ils soient terminés lors de l'arrivée des examinateurs hydrographes.

Les uns et les autres sont publics; l'ouverture en est faite par l'officier du commissariat le plus élevé en grade du port, qui remet à chacun des examinateurs une liste nominative des candidats.

Des capitaines et maîtres du commerce, des pilotes et maîtres d'équipage et de canonnage peuvent être appelés pour interroger les candidats sur la pratique (*), et des officiers de vaisseau, les membres du tribunal et de la chambre de commerce et les officiers de port sont invités à assister aux examens de théorie.

Les examinateurs appellent et interrogent successivement tous les candidats, jusqu'à épuisement des listes; après

(*) Un maître au cabotage ayant demandé une indemnité pour avoir assisté l'examinateur de pratique dans l'interrogatoire des candidats au grade de maître au cabotage, le Ministre de la Marine, par dépêche du 19 avril 1851 (Bulletin officiel, page 349), a fait connaître qu'aucune indemnité n'est due dans les cas de cette nature aux capitaines du commerce, pilotes ou officiers-mariniers.

quoi, l'examen est clos et procès-verbal est immédiatement dressé.

Une liste particulière contenant l'opinion émise sur les capacités des candidats, sur leur admissibilité ou non admissibilité, est établie par chaque examinateur; celle de l'examinateur de pratique est remise, avec le procès-verbal, à l'officier du commissariat qui a assisté à l'ouverture des examens, afin qu'il puisse en prendre connaissance lors de l'arrivée de l'examinateur hydrographe, et prononcer l'exclusion des candidats déclarés inadmissibles en pratique. Ces derniers ne sont pas admis à l'examen de théorie; ils ne peuvent se représenter qu'après une année d'intervalle.

Les procès-verbaux contenant les résultats des examens sont remis à l'officier du commissariat qui en fait l'envoi au Ministre. Les listes particulières sont adressées directement au Ministre, par les examinateurs hydrographes.

§. 2.

POLICE DE LA NAVIGATION.

La police de la navigation constitue, de la part des commissaires de l'Inscription Maritime, secondés par les syndics des gens de mer, les gardes-maritimes et les gendarmes maritimes, une surveillance active tant sur le personnel que sur le matériel affecté à la navigation dans les quartiers qu'ils administrent. Ils doivent veiller à la complète exécution de toutes les prescriptions réglementaires.

BATIMENTS DU COMMERCE.

MATRICULES DES BATIMENTS DU COMMERCE; DÉTAILS QU'ELLES DOIVENT PRÉSENTER; LEUR CONCORDANCE AVEC LE RÔLE D'ÉQUIPAGE

Pour suivre les mouvements du personnel des gens de mer, les matricules dont nous avons parlé f° 32 fournissent toutes des éléments précis, puisqu'elles ont pour effet de prendre le marin au début de sa carrière, lorsqu'il ne fait encore, pour ainsi dire, que l'essai ou l'apprentissage de son métier, jusqu'au moment où ses forces épuisées par l'âge ou les infirmités le mettent dans la catégorie des invalides.

Des matricules destinées à fournir des indications également précises sur la situation du matériel, existent aussi dans les quartiers de l'Inscription Maritime. Les bâtiments y sont portés depuis le jour où leur construction étant complètement achevée, on se dispose à leur faire entreprendre une première course maritime, jusqu'au moment où leur état de vétusté oblige à les démolir.

Ces matricules présentent tous les détails qui peuvent faire reconnaître l'identité des navires; tels sont : le nom et l'espèce du bâtiment ; la date et le lieu de la construction ; le tonnage et le tirant d'eau ; le nom et la demeure des propriétaires ; la date et le lieu de la francisation. Diverses colonnes sont destinées à recevoir successivement l'indication des mouvements d'armement ou de désarmement ; de changement de propriétaire ou de capitaine ; enfin la date de la démolition, de la prise ou de la perte.

Ces renseignements doivent être en parfaite concordance avec ceux qui sont portés sur le rôle d'équipage; ainsi tout ce qui se rapporte au nom du bâtiment ou à celui du propriétaire, à la date et au lieu de la construction, est reproduit en tête des rôles d'équipage.

La date de l'armement ou du désarmement du dit rôle doit, aussi, se trouver exactement représentée dans l'une des colonnes de la matricule intitulées : *Mouvements*.

Dans chaque quartier de l'Inscription Maritime il est tenu une matricule des bâtiments appartenant au dit quartier; un double de cette matricule existe au ministère, à la direction des invalides, et, afin de donner à cette direction l'assurance que les droits de la caisse des invalides sont régulièrement perçus, c'est-à-dire que les rôles à l'armement ont été déchargés par les rôles au désarmement, les mouvements d'armement et de désarmement sont portés à sa connaissance au moyen d'états trimestriels établis par les commissaires de l'Inscription Maritime. (Circulaires ministérielles des 18 février et 20 août 1839.)

Les bâtiments et les embarcations employés à la navigation intérieure font l'objet d'une matricule spéciale dans chaque quartier ; et comme ils ne donnent lieu à aucun prélèvement en faveur de la caisse des invalides, les mouvements d'armement ou de désarmement ne sont pas notifiés à Paris.

DES PROPRIÉTAIRES DE NAVIRES ; LEUR RESPONSABILITÉ; COMMENT ELLE CESSE.

Le propriétaire d'un navire, dit M. Beaussant dans son Code maritime, est celui qui, l'ayant fait construire ou l'ayant acheté, a le droit d'en user et abuser en se conformant aux lois. Il peut le charger de marchandises pour son compte, ou recevoir les marchandises d'autrui et les faire transporter sur le navire, ou le louer désarmé.

Le code de commerce a déterminé au titre 3 la responsabilité des propriétaires de navires. Il y est dit, à l'article 216 modifié par la loi du 14 juin 1841 :

« Tout propriétaire de navire est civilement responsable des » faits du capitaine, et tenu des engagements contractés par ce » dernier, pour ce qui est relatif au navire et à l'expédition.

» Il peut, dans ce cas, s'affranchir des obligations ci-dessus » par l'abandon du navire et du frêt. Toutefois la faculté de » faire abandon n'est point accordée à celui qui est en même

» temps capitaine et propriétaire ou copropriétaire du navire. » Lorsque le capitaine ne sera que co-propriétaire, il ne sera » responsable des engagements contractés par lui, pour ce » qui est relatif au navire et à l'expédition, que dans la pro- » portion de son intérêt. »

Le code de commerce prévoit encore le cas où les navires peuvent être équipés en guerre. Il est bien de se reporter au titre 3 que je viens de citer.

PART D'INTÉRÊT QUE PEUVENT AVOIR LES ÉTRANGERS DANS LES NAVIRES FRANÇAIS.

Les étrangers, aux termes des décrets des 21 septembre 1793 et 27 Vendémiaire an II, ne pouvaient avoir aucune part d'intérêt dans les navires français; mais la loi du 9 juin 1845, modificative des dispositions précédentes, a laissé aux étrangers la faculté de posséder jusqu'à concurrence de la valeur de la moitié des dits navires.

DU CAPITAINE; SA RESPONSABILITÉ; SES OBLIGATIONS ENVERS LA MARINE ET LA DOUANE.

Le capitaine d'un navire du commerce est, selon le genre de navigation, un capitaine au long-cours ou un maître au cabotage; quelquefois propriétaire du navire qu'il monte, souvent aussi il est choisi par l'armateur. (*)

Sa responsabilité est déterminée par le code de commerce

(*) Le titre de capitaine n'est donné que pour le commandement des bâtiments qui font de grands voyages. Les petits caboteurs sont généralement appelés maîtres ou patrons; et ce dernier titre est toujours donné aux marins, la plupart du temps simples matelots, qui commandent les bateaux employés à la pêche côtière.

où il est dit qu'il est garant de ses fautes, même légères, dans l'exercice de ses fonctions. Il est responsable, sauf les cas de force majeure, des marchandises dont il se charge et dont il fournit une reconnaissance nommée connaissement.

Ceci est la responsabilité au point de vue commercial; il répond des marchandises qu'il embarque à son bord, comme les commissionnaires et les voituriers à terre répondent de celles qui leur sont confiées.

Au point de vue administratif, d'autres obligations sont imposées aux capitaines des navires du commerce envers l'administration de la douane et celle de la marine. Nous allons les examiner successivement et en détail, après avoir donné la nomenclature des papiers de mer que les capitaines sont tenus d'avoir à bord.

Nous pouvons dire, cependant, déjà, qu'à l'exception des droits perçus en faveur de la caisse des invalides, les attributions de l'administration de la marine se bornent à des opérations d'ordre et de police, l'administration des douanes étant seule chargée de tout ce qui concerne le fisc

Papiers de mer qu'un capitaine est tenu d'avoir a bord

Tout capitaine d'un navire du commerce est tenu, aux termes de l'article 226 du code de commerce, d'avoir à son bord :

L'acte de propriété du navire; (*C'est à tort que le code de commerce comprend l'acte de propriété; cet acte qui est généralement représenté par un certificat du constructeur et une prestation de serment devant le juge-de-paix, ou bien encore par un acte de vente, reste annexé au dossier du navire tenu au bureau de la douane.)*

L'acte de francisation, *auquel est annexé un inventaire des embarcations et du matériel d'armement* ;

Le congé ; *(Loi du 21 septembre 1793.)*

Les procès-verbaux de visite; *(Article 225 du code de commerce.)*

Un manifeste ; *(Loi du 4 germinal an 2.)*

Le rôle d'équipage ;

En outre, s'il a à bord un chargement :

Les connaissements ; *(Ce sont les titres qui établissent la responsabilité du capitaine à l'égard des chargeurs ; ils indiquent la nature, la quantité, les espèces ou qualités des objets chargés.)*

Les chartes-parties ; (*) *(Ce sont les contrats indiquant les conditions de location du navire. Les chargements faits sur les navires du petit cabotage sont constatés, généralement, par une simple note ou facture remise au capitaine ou patron.)*

Les acquits de paiement ou à caution des douanes, ou les passavants. *(Les premiers sont les quittances justificatives du paiement des droits auxquels sont soumises les marchandises ; les seconds sont des certificats constatant que des personnes solvables garantissent que le bâtiment ne suivra pas une destination autre que celle pour laquelle il a été expédié ; les passavants sont délivrés pour des objets qui ne sont sujets à aucun droit ou dont les droits sont plus faibles que ceux pour lesquels on délivre des acquits à caution.)*

Enfin, dans tous les cas, le registre-journal dont la tenue est prescrite par l'article 224 du code de commerce.

(*) Si le capitaine était propriétaire du chargement, la charte-partie ne pourrait exister ; mais une note énonciative des effets chargés est toujours nécessaire.

RÉDACTION DES ACTES DE NAISSANCE ET DE DÉCÈS SURVENUS A BORD.

La connaissance complète de cette question ne peut-être acquise que par l'étude de l'instruction publiée par le département de la Marine, sous la date du 2 juillet 1828, et insérée aux Annales maritimes de 1830, tome 1er, page 241.

Je vais donc donner seulement une analyse sommaire qui ne devra pas dispenser de l'étude attentive de l'instruction précitée et des chapitres 2 et 4 du titre 2, livre 1er du code civil. (Articles 59 à 61 et 86 à 87.)

Les actes de naissance et les actes de décès sont rédigés, à bord des navires du commerce, par le capitaine, maître ou patron, ou par ceux qui les remplacent dans l'ordre hiérarchique, en présence de deux témoins pris parmi les officiers ou les matelots de l'équipage. Si le père d'un enfant né en mer est présent, il assiste à la rédaction de l'acte de naissance.

Ces actes sont rédigés dans les vingt-quatre heures qui suivent l'évènement, et inscrits à la suite du rôle d'équipage.

Deux expéditions en sont déposées au premier port de *relâche*, entre les mains du commissaire de l'Inscription Maritime ou du consul qui conserve l'une d'elles et transmet l'autre au Ministre de la Marine chargé d'en adresser une copie à l'officier de l'Etat-Civil du domicile du père ou de la mère de l'enfant né, ou à celui du dernier domicile de la personne décédée.

La durée de la compétence des capitaines, maîtres ou

patrons pour la rédaction des actes de l'Etat-Civil, est déterminée avec beaucoup de précision dans l'instruction précitée du 2 juillet 1828. On peut dire, au reste, que la compétence dure tant qu'il y a impossibilité à bord d'un navire de communiquer avec les autorités chargées à terre de la rédaction de ces sortes d'actes, et que la compétence cesse aussitôt que la communication est possible ou même probable dans un délai appréciable.

Il me paraît utile, aussi, de faire mention de deux circulaires ministérielles :

L'une, datée du 23 mai 1843, rappelle à l'exécution rigoureuse des prescriptions de l'article 87 du code civil qui veut que le commissaire de l'Inscription Maritime du port de *désarmement* du navire, adresse une expédition des actes de décès à l'officier de l'Etat-Civil du dernier domicile de la personne décédée ; l'article 61 du même code prescrit une semblable formalité pour les actes de naissance, c'est-à-dire l'envoi d'une expédition au domicile du père ou de la mère de l'enfant ;

L'autre circulaire ministérielle, en date du 13 septembre 1843, recommande aux commissaires de l'Inscription Maritime de porter sur les rôles d'équipage des navires du commerce expédiés pour un voyage, l'annotation suivante :

« Muni, au départ, de l'instruction du 2 juillet 1828 et » des imprimés y relatifs. »

Enfin l'instruction ministérielle du 2 juillet 1828 appelle, dans certains cas, les commis d'administration des bâtiments de guerre à exercer une certaine surveillance sur les actes de l'Etat-Civil dressés à bord des bâtiments du commerce ; c'est lorsque ces derniers sont rencontrés à la mer par les premiers, et qu'il y a possibilité de communiquer sans inconvénient.

TESTAMENTS ; FORMALITÉS A REMPLIR ; INSTRUCTIONS A CE SUJET.

La définition des divers testaments qui peuvent être faits en mer et des formalités à remplir pour rendre ces actes valides a été donnée, aussi, dans l'instruction déjà citée du 2 juillet 1828. Que les jeunes gens auxquels je m'adresse veuillent bien s'y reporter, et ils y trouveront des indications claires et précises qu'une simple analyse ne pourrait suppléer.

J'ajouterai seulement qu'il ne peut être fait que deux espèces de testaments à bord des navires à la mer : des testaments *olographes*, ou des testaments *par acte public*.

Les premiers doivent être écrits, datés et signés de la main du testateur, et les seconds sont reçus par l'écrivain du bâtiment ou par celui qui en fait les fonctions, conjointement avec le capitaine, maître ou patron, ou, à leur défaut, par ceux qui les remplacent. Les testaments de la seconde catégorie doivent en outre, être reçus en présence de deux témoins et signés, au moins, par l'un des deux, ainsi que par les personnes qui les ont reçus et, s'il est possible, par le testateur.

Les testaments sont faits en deux originaux destinés à être

adressés, par l'intermédiaire des consuls ou des commissaires de l'inscription maritime, au Ministre de la marine qui en fait faire le dépôt au greffe de la justice de paix du lieu du domicile du testateur. Mention est faite, sur le rôle d'équipage, de l'autorité consulaire ou maritime à laquelle remise a été faite des testaments.

Les questions qui font l'objet du présent titre et du précédent se rattachent autant au code civil qu'à la police de la navigation, et mon intention étant seulement d'éviter des recherches quelquefois pénibles, je dois ici renvoyer à des guides faciles à trouver : *l'instruction déjà citée de* 1828 *et le code civil* (*articles* 59 *à* 61 *et* 86 *à* 87 *pour les actes de naissance et de décès, et* 988 *à* 1001 *pour les testaments.*)

Francisation des navires ; conditions auxquelles la francisation est acquise; acte qui en est délivré par la douane.

La francisation est aux navires, ce que la naturalisation est aux hommes étrangers à la nation française. (*). C'est un acte qui a pour but d'admettre, sous certaines conditions essentielles, les navires à la jouissance des privilèges inhérents aux navires français.

(*) De même qu'un Français peut perdre cette qualité, de même un navire français peut, dans certains cas, devenir étranger; c'est lorsqu'il a subi à l'étranger des réparations pour une valeur supérieure à 6 francs par tonneau, à moins que la nécessité de frais plus considérables ne soit justifiée. (Loi du 27 vendémiaire An 2, article 8.)

La qualité de navire français se perd encore par la vente totale du dit navire à des étrangers; cette vente est autorisée par l'article 2 de la loi du 21 avril 1818, moyennant un droit de 2 francs par tonneau.

Les conditions prescrites pour la francisation sont celles ci-après, indiquées dans la loi du 21 septembre 1793 :

1° Il faut que le navire ait été construit en France, ou dans les colonies ou possessions françaises. *L'origine est justifiée par le certifical du constructeur énonçant les dimensions et la contenance du bâtiment ;*

Ou déclaré de bonne prise faite sur l'ennemi *par un bâtiment français*. (Décision administrative des douanes du 31 mai 1843.) *On doit produire le jugement qui a déclaré la prise valable, et l'acte de l'adjudication faite à un Français ;*

Ou confisqué pour contravention aux lois de douanes. (Décision du ministre des finances du 11 février 1835.) *La pièce justificative est une expédition du jugement de confiscation ;*

Ou qu'il ait été jeté sur les côtes de la France ou des possessions françaises, par suite de naufrage ou d'échouement, et qu'il ait subi des réparations dont le montant soit le quadruple du prix de vente avant la réparation. (Loi du 27 vendémiaire an 2.) *Les pièces justificatives sont : une expédition du procès-verbal constatant le naufrage, et les comptes justificatifs des réparations ;*

Ou trouvé à l'état d'épave ; c'est-à-dire abandonné en pleine mer, et vendu par la marine à défaut de réclamation valable. (Décision ministérielle des finances, du 1er juin 1832) ;

2° Il faut qu'il appartienne pour moitié, au moins, à des Français ; (Loi du 9 juin 1845, article 11.)

3° Il faut enfin que les officiers et les 3/4 au moins de l'équipage soient Français. (Article 2 du décret du 21 septembre 1793. — Dépêche du 16 novembre 1816.) *Les navires armés pour la pêche de la baleine peuvent avoir, dans la composition de leur équipage, 2/3 d'étrangers. (Décret du 9 nivôse, an X.) Pour la course on peut comprendre 2/5 d'étrangers. (Arrêté du 2 prairial, an XI.)*

Tout propriétaire d'un navire récemment construit, après

s'être muni d'un certificat délivré par le constructeur, doit se présenter devant le juge de paix de sa résidence. Il prête entre ses mains un serment dont la formule est déterminée par l'article 13 du décret du 27 vendémiaire, An 2, et qui a pour objet de déclarer authentiquement le nom et l'espèce du navire, le lieu et l'époque de sa construction, enfin toutes les indications que nous avons déjà dit être portées sur les matricules des bâtiments, tenues dans les quartiers de l'Inscription Maritime.

Le certificat du constructeur et l'acte constatant la prestation de serment constituent les titres de propriété pour un bâtiment nouvellement construit ; pour les autres cas de francisation, j'ai indiqué plus haut quels étaient, indépendamment de la prestation de serment, les titres à produire par les propriétaires.

Ces titres de propriété sont remis au receveur de la douane du lieu où l'acte de francisation doit être délivré, pour rester annexés au dossier du navire. Ce fonctionnaire envoie alors, à bord du dit navire, un préposé chargé de vérifier la description et le tonnage; après quoi le propriétaire se soumet, dans un acte pour la garantie de l'exécution duquel il donne une caution, à ne faire de son navire que l'usage autorisé par les lois et, en cas de perte ou de vente, à rapporter l'acte de francisation au bureau d'Inscription, dans les délais déterminés par l'article 16 du décret du 27 vendémiaire, an 2.

Ce cautionnement est ainsi déterminé par l'article 11 du décret précité:

20 francs par tonneau, pour les navires au-dessous de 200 tonneaux;

30 francs par tonneau, pour les navires de 200 à 400 tonneaux;

40 francs par tonneau, pour les navires au-dessus de 400 tonneaux.

Après l'accomplissement de toutes les formalités que je viens d'indiquer, l'administration de la douane délivre un acte de francisation qui est soumis au Ministre des finances, et qui donne sur le navire tous les renseignements propres à en constater la parfaite identité. C'est, si je peux me servir de cette expression, *l'acte de l'Etat-Civil* du navire, de même que le congé, dont nous allons parler, en est le *passeport*.

Dans le cas où un navire devrait entreprendre un voyage avant que le Ministre n'eut renvoyé l'acte de francisation, il serait délivré un acte provisoire pour en tenir lieu jusqu'à la réception du titre définitif. (Arrêté du ministre des finances du 30 juin 1829.)

Il est bon de dire que certains bateaux qui ne vont jamais au-delà de l'embouchure des rivières, ou qui ne jaugent pas plus de deux tonneaux et ne font jamais de voyages maritimes proprement dits (c'est-à-dire, par exemple, qui se livrent seulement à la pêche du poisson que l'on vend frais), n'ont pas d'acte de francisation; mais on leur délivre, comme moyen de police, un congé renouvelable annuellement. (Circulaire de l'administration des douanes, portant exception à l'article 22 de la loi du 27 Vendémiaire an II.)

CONGÉ DE MER.

Les congés de mer sont, ainsi que je viens de le dire, de véritables passe-ports. Aucun navire ne peut être dispensé d'en prendre (article 22 du décret du 27 Vendémiaire an II) ; même ceux qui n'ont pas d'acte de francisation.

Ils présentent les mêmes indications que celles de l'acte de francisation et, en outre, la date des sorties successives qui y est portée par la douane. (Décision du ministre des finances du 12 mai 1841.)

La loi du 6 mai 1841 a appliqué, par son article 20, *à tous les navires*, la disposition de l'article 5 de la loi du 27 Vendémiaire an II, qui fixait à *une année* la durée des congés seulement des navires de moins de 30 tonneaux.

RÔLE D'ÉQUIPAGE.

Le rôle d'équipage est une des pièces les plus importantes dont doive être muni le capitaine d'un navire. Indépendamment des renseignements extraits de l'acte de francisation ou du congé, et qui se rapportent au nom, à l'espèce et au propriétaire du navire, il contient, sur le personnel entier présent à bord, les renseignements les plus précieux pour les marins eux-mêmes et, souvent aussi, pour leurs familles.

Le rôle d'équipage est, tout à la fois, pour le présent, la constatation des conditions faites entre l'armateur ou le capitaine et les gens de l'équipage (article 250 du code de commerce), et, pour l'avenir, il reste la preuve authentique des services dont les hommes auront à se prévaloir pour justifier de leurs droits à une pension ou à des secours.

Considéré au point de vue de l'intérêt de la caisse des invalides, il sert de base au décompte des prestations à prélever en faveur de cette caisse ; il fait mention des avances reçues, des à-comptes payés. (Ordonnance du 31 octobre 1784, titre 14, article 10.)

Il y a trois espèces de formules de rôles d'équipage ; savoir :

1° Les rôles pour les armements au long-cours, au cabotage, à la pêche de la baleine et de la morue ;

2° Les rôles pour les armements à la pêche du poisson frais;

3° Les rôles désignés sous le titre de *permis de navigation intérieure* et qui ne sont délivrés qu'aux bâtiments ou embarcations qui ne dépassent pas l'embouchure des rivières.

Les premiers, indépendamment des renseignements généraux que je viens de faire connaître, contiennent des indications complètes sur la filiation et le signalement de chacun des membres de l'équipage. Dans des voyages, en effet, où le navire peut perdre, pendant un long temps, toute communication avec la terre, il a bien fallu que les renseignements propres à rédiger les actes de l'Etat-Civil, en cas de mort, fussent consignés sur un des documents confiés au capitaine, et le rôle d'équipage, contenant le nom des hommes, était le plus propre à recevoir ce complément d'indications. Le signalement est utile, enfin, pour mettre sur la trace des marins qui déserteraient soit en pays étranger, soit dans nos colonies, soit même dans un port de France autre que celui de leur quartier d'inscription.

Ces rôles doivent contenir aussi le nom des passagers,

sous peine de 60 francs d'amende de la part du capitaine (ordonnance du 18 décembre 1728); l'inscription est faite sur le vu d'un passe-port. (*)

Les rôles pour les armements à la pêche du poisson frais ne contiennent ni filiation, ni signalement. Les bâtiments destinés à ce genre de navigation n'entreprennent que de courtes expéditions; ils sont presque toujours à proximité des côtes et, par cela seul, les capitaines ne peuvent se trouver dans le cas de rédiger d'actes de l'Etat-Civil.

Les marins qui montent ces bâtiments ou embarcations appartiennent en outre, généralement, au quartier dans lequel ils naviguent, et les commissaires de l'Inscription Maritime trouvent sur les matricules tous les renseignements dont ils peuvent avoir besoin.

Les deux formules de rôles que je viens de définir contiennent aussi l'engagement du capitaine de remplir certains devoirs qui lui sont imposés dans l'intérêt de la police de la navigation et de la caisse des invalides tels que : le dépôt, dans les 24 heures de l'arrivée à un port de relâche ou de destination, entre les mains du commissaire de l'Inscription Maritime en France, ou du consul en pays étranger, du rôle d'équipage et d'une déclaration du jour du départ et de celui de l'arrivée; le paiement en présence de l'autorité maritime, des salaires de l'équipage, ainsi que le versement

(*) Voyez, au sujet de l'obligation imposée aux capitaines des navires du commerce de faire porter sur leur rôle d'équipage tous les mouvements d'embarquement et de débarquement, tant des hommes de l'équipage que des passagers, un jugement très-bien motivé et rendu par le tribunal de Coutances, le 22 février 1851. (Bulletin officiel, numéro 11, page 328.)

au trésorier des invalides des droits de la caisse des invalides, et à la caisse des gens de mer, de la solde des marins morts ou absents.

Enfin le permis de navigation à l'intérieur ne contient ni filiation, ni signalement, et il est seulement revêtu de la signature du commissaire de l'Inscription Maritime qui en effectue la délivrance en invitant le patron à se conformer aux lois et aux réglements en vigueur.

La durée du rôle d'équipage est déterminée par la nature de la navigation; ainsi, pour les bâtiments qui font le cabotage et qui, par conséquent, se trouvent fréquemment dans les ports de France, le renouvellement du rôle a lieu après une année de durée. A plus forte raison, il en est de même pour les bâtiments qui font la pêche du poisson frais et pour ceux qui naviguent à l'intérieur.

Quant aux navires qui font des voyages de long-cours ou qui vont à la pêche de la baleine et de la morue, le renouvellement du rôle d'équipage a lieu après chaque voyage.

Les rôles d'équipage donnent lieu, dans les bureaux des commissaires de l'Inscription Maritime, à la tenue de deux registres, l'un pour les rôles d'armement et l'autre pour les rôles de désarmement. Les bâtiments y sont inscrits dans l'ordre de leur armement ou de leur désarmement, et il est formé, sur chacun des registres, une série unique de numéros pour quelque genre de navigation que ce soit, (*) qui se renouvelle le 1er janvier de chaque année.

(*) Les permis de navigation à l'intérieur sont seuls exceptés; ils ne sont pas compris sur ces registres.

Jaugeage des navires ; comment sont prises les dimensions pour arriver a l'expression du tonnage légal.

Le jaugeage d'un navire est une opération dont le but est de connaître la capacité du dit navire, afin de le soumettre, d'après une base légalement déterminée, au paiement des frais qui incombent aux navires du commerce à raison de leur contenance, c'est-à-dire du nombre de tonneaux de marchandises qu'ils peuvent transporter. L'opération du jaugeage est confiée à l'administration de la douane.

La loi du 12 Nivôse an II avait déterminé les diverses dimensions qu'on doit prendre à bord d'un navire pour en reconnaître la capacité; le dernier produit obtenu était divisé par le nombre fixe 94.

Ce mode resta en usage, sans modification, pendant quarante et quelques années; mais alors, à la suite des réclamations adressées par le commerce qui se plaignait que le système suivi en France était plus désavantageux que celui adopté chez les autres nations maritimes, une ordonnance du 18 novembre 1837 prescrivit d'adopter le chiffre 110 (ou 3,80) pour remplacer 94 comme diviseur du produit obtenu avec les autres dimensions déterminées par la loi du 12 Nivôse an II.

Ces dimensions étant conservées, voici comment, aujourd'hui, on procède pour reconnaître le tonnage légal d'un *navire à voiles* :

On ajoute la longueur du pont, prise de tête en tête, à celle de l'étrave à l'étambot, et on déduit la moitié de la somme obtenue; on multiplie le reste par la plus grande largeur du navire prise au maître-bau, on multiplie encore le produit obtenu par la hauteur de la cale et de l'entrepont et on divise par 3,80. Si le bâtiment n'a qu'un pont, on prend la plus grande longueur du bâtiment, qu'on multiplie par la plus grande largeur au maître-bau, et le produit est multiplié par la plus grande hauteur; ce nouveau produit est divisé par 3,80.

RÈGLES SPÉCIALES AUX BATIMENTS A VAPEUR.

Pour les bateaux à vapeur une ordonnance du 18 août 1839 a prescrit d'adopter le mode déterminé par l'ordonnance du 18 novembre 1837, sauf les modifications suivantes :

1° La plus grande largeur sera mesurée au-dessous du pont, dans la chambre des machines, sur le vaigrage, auprès de l'arbre des roues;

2° Le produit des trois dimensions sera divisé par 3,80, et les 60/100 du quotient exprimeront le tonnage légal du bâtiment.

En outre, des dispositions d'ordre prescrites pour les navires à voiles, par l'ordonnance du 18 novembre 1837, ont été rendues applicables aux bateaux à vapeur par l'ordonnance du 18 août 1839.

Ainsi le nombre de tonneaux obtenu doit être gravé au ciseau sur les faces avant et arrière du maître-bau; et, afin de faciliter les vérifications de la douane, des marques fixes sont appliquées ou gravées, par les soins de cette administration, sur les points du bâtiment où sont prises les dimensions principales d'après lesquelles le tonnage est calculé.

NEUTRALISATION DES NAVIRES.

La neutralisation d'un navire est l'acte administratif qui a pour but de donner à ce navire la faculté de circuler librement, en temps de guerre, sur tous les points de la mer que fréquentent des parties belligérantes.

Le règlement du 13 prairial an XI a tracé, sur cet objet, des règles dont je vais présenter l'analyse.

CAUTIONNEMENTS A FOURNIR ; SOLVABILITÉ DE L'ARMATEUR.

Le Ministre de la Marine seul peut autoriser un négociant français à faire naviguer un navire sous pavillon neutre, pendant la durée d'une guerre maritime ; il est délivré, à cet effet, une permission spéciale.

L'armateur reconnu solvable promet, dans une soumission, de faire ramener son navire, à l'époque de la paix, dans un port de France et de le faire réintégrer sous le pavillon national, ou de justifier, par des certificats authentiques, de l'impossibilité du retour en France. Il s'engage, en outre, en cas d'inexécution de ses promesses, à verser dans la caisse des douanes une somme égale à la valeur du navire, déterminée préalablement par voie d'estimation.

Une caution, destinée à garantir la solvabilité de l'armateur, est choisie par ce dernier et agréée par l'administration ; elle déclare, dans une autre soumission, se rendre garant solidaire de l'exécution des engagements pris par l'armateur.

Le modèle de ces deux soumissions est donné sous le titre de *Formules de cautionnement*, à la suite du règlement précité de l'an XI.

Après que ces actes de cautionnement ont été enregistrés au contrôle et qu'une copie en a été remise au directeur des douanes de l'arrondissement, la demande de neutralisation est transmise par l'administration de la Marine au Ministre de ce département, qui adresse alors, s'il y a lieu, une permission spéciale. Cette permission est inscrite sur un registre *ad hoc* tenu au bureau du contrôle dans chaque chef-lieu de Préfecture Maritime, et qui ne peut jamais être communiqué qu'aux armateurs et cautions ou à leurs fondés de pouvoirs, et seulement pour la partie qui les concerne.

L'inscription a lieu par ordre de date en suivant une série de numéros. Elle comprend toutes les indications habituelles propres à constater l'identité du navire, le nom et la demeure de la caution, la valeur du navire, la date de l'acte de cautionnement, la date de la permission de neutraliser, le pavillon neutre sous lequel l'armateur a déclaré que le navire doit naviguer.

Dans le mois qui suit la paix maritime, les armateurs sont tenus de faire connaître au Préfet Maritime le lieu où se trouve leur navire neutralisé comme il est dit ci-dessus, le pavillon sous lequel il navigue, et l'époque présumée de son retour en France.

Les cas d'impossibilité majeure de ramener le navire en France, par suite de capture, de confiscation, de naufrage, d'échouement avec perte, de condamnation pour vétusté ou d'avaries, doivent être certifiés au moyen de documents authentiques délivrés par des officiers publics.

Les armateurs adressent au Préfet Maritime toutes les pièces nécessaires pour obtenir la décharge de leur cautionnement; ces pièces sont ensuite communiquées aux tribunaux de commerce et aux directeurs des douanes dont les avis sont soumis à l'examen du conseil d'administration de la marine qui émet son opinion sur l'opportunité de l'annulation ou du versement du montant du cautionnement.

Copie de la délibération du conseil d'administration est adressée au directeur des douanes, qui prend les ordres du ministre du commerce dont la décision devient définitive et est notifiée aux parties intéressées par le directeur de la douane chargé de faire procéder aux poursuites, s'il y a lieu. (Circulaire ministérielle du 26 novembre 1812.)

Inscription du navire certifiée.

Si, à l'époque de la paix, les armateurs veulent obtenir un acte de francisation et un congé pour les navires qu'ils ont été autorisés à faire naviguer sous pavillon neutre, ils doivent représenter un extrait certifié du registre tenu au contrôle de la marine et constatant la permission précédemment accordée pour la neutralisation. L'administration des douanes fait connaître, en même temps, l'identité du navire.

VISITE DES NAVIRES.

Comment faites.

Les visites des navires sont ordonnées dans l'intérêt non

seulement des propriétaires intéressés à l'arrivée à bon port du navire lui-même et des marchandises qui sont placées à bord, mais encore, et principalement, dans l'intérêt de la sûreté des hommes formant l'équipage. Les administrations dont le concours est réclamé pour légaliser le départ d'un navire, en délivrant au capitaine les pièces dont il doit être nanti, ont le devoir de s'assurer, préalablement à ces délivrances, que les visites ordonnées ont été exécutées.

Le commissaire de l'Inscription Maritime doit donc, avant de remettre au capitaine d'un navire son rôle d'équipage, s'assurer que le dit navire a été visité. (Dépêche du 25 mai 1818.)

L'article 225 du code de commerce rend cette visite obligatoire; mais il faut se reporter à la loi du 13 août 1791, (*) pour connaître les dispositions relatives à la mise en application de cette prescription.

Epoques des visites.

Aux termes de la loi précitée de 1791, deux visites sont nécessaires; l'une lorsque le navire est vide de tous agrès pouvant cacher quelque partie de la coque, afin que les réparations nécessaires pour assurer la solidité du navire soient bien déterminées. La seconde visite a lieu lorsque le bâtiment, étant pourvu de ses agrès en service et de ceux de rechange, est prêt à prendre charge des marchandises à

(*) Voir aussi une circulaire ministérielle du 30 novembre 1827. (Annales maritimes 1828.)

transporter; cette seconde visite a pour but de s'assurer que le navire est bien pourvu de tout le matériel d'armement nécessaire pour effectuer le voyage qu'il doit entreprendre.

NOMINATION DES EXPERTS.

Les visites sont faites par deux experts (*) nommés par le tribunal de commerce et choisis parmi d'anciens navigateurs; dans les villes où il n'existe pas de tribunaux de commerce les experts sont choisis par les officiers municipaux. La nomination est faite pour une année, avec faculté de réélection des mêmes personnes.

Le procès-verbal de visite est déposé au greffe du tribunal civil de commerce; il en est délivré extrait au capitaine. Ceci est le texte du dernier paragraphe de l'article 225 du code de commerce; mais une ordonnance du 1er novembre 1826, prévoyant le cas où il n'y aurait pas de tribunal de commerce, dit que les procès-verbaux de visite seront alors remis au juge-de-paix du canton qui, après un délai de 24 heures pendant lequel le capitaine pourra en réclamer un extrait, en fera l'envoi au greffe du tribunal de commerce dans le ressort duquel il se trouve placé.

DISPOSITIONS SPÉCIALES POUR LES NAVIRES ARMÉS AU LONG-COURS ET AU CABOTAGE.

Les navires armés au long-cours sont les seuls pour lesquels la loi du 13 août 1791 prescrit des visites; cepen-

(*) L'article 4 de la loi du 13 août 1791 dit que les villes détermineront elles-mêmes le nombre d'experts; il semble y avoir contradiction avec l'article 12 qui fixe le nombre à deux.

dant, aux termes d'une dépêche du 19 novembre 1817, les bâtiments armés au cabotage sont soumis à des visites, non pas à chaque voyage comme les navires au long-cours, mais annuellement, bien que, par divers arrêts rapportés par M. Beaussant dans le 1er volume de son code maritime, il ait été décidé qu'ils ne devaient pas y être soumis. Quant aux navires qui font la pêche côtière ou la navigation intérieure, ils sont complètement dispensés de ces sortes de visites. (Dépêche du 22 mai 1816.)

VISITES DES BATIMENTS A VAPEUR DU COMMERCE, NAVIGUANT A LA MER.

Les bâtiments à vapeur appartenant à la marine du commerce et destinés à faire des voyages maritimes sont, comme les bâtiments à voiles, soumis aux visites que nous venons d'indiquer.

Mais le moteur des bâtiments à vapeur étant par lui-même un élément particulier de dangers, le gouvernement a voulu entourer son usage de toutes les garanties possibles de sécurité, et c'est dans ce but qu'une ordonnance royale en date du 17 janvier 1846 a été rendue. De plus, une lettre du ministre de la marine, en date du 21 octobre 1846, est venue énumérer les dispositions de cette ordonnance, à l'accomplissement desquelles l'administration de la marine est appelée à prendre part.

COMMISSION CHARGÉE DE LA VISITE; COMPOSITION; NOMINATION DES MEMBRES.

Une commission spéciale est chargée de la visite des bâtiments à vapeur du commerce. Elle est composée, conformément à l'article 47 de l'ordonnance précitée, d'ingénieurs des mines et d'ingénieurs des ponts et chaussées; d'officiers du génie maritime; du commissaire ou préposé (*) à l'inscription maritime, et de l'officier ou du maître de port. Cette commission est instituée par le Préfet du département dans lequel se trouve le port auquel appartiennent les bâtiments.

Epoques auxquelles doivent avoir lieu les visites. — Permis de navigation; par qui délivrés?

Tout propriétaire d'un navire à vapeur qui veut lui faire entreprendre un premier voyage, doit en demander l'autorisation au préfet du département du port d'armement. Cette demande indique le nom du navire; ses dimensions principales; son tirant d'eau; la force de son appareil; la forme de la chaudière; le service auquel le bateau sera affecté; le nombre des passagers qui pourront y être reçus. Un plan de la chaudière est joint à la demande.

Le préfet transmet ces pièces à la commission de surveillance qui visite le bateau et qui constate le résultat de sa visite dans un procès-verbal qui est adressé au Préfet.

Si le préfet reconnait que le navire réunit toutes les conditions voulues pour faire un bon service, il délivre alors au propriétaire un permis dont une copie est adressée au Ministre des travaux publics, et dans lequel se trouvent établies

(*) Dans les ports où il n'y a pas de commissaire de l'inscription Maritime, ce serait le syndic.

toutes les indications nécessaires sur l'état de la machine. Le préfet y porte, en outre, des prescriptions d'ordre et de police locale.

Indépendamment de cette première visite, la commission de surveillance procède à des visites permanentes qui se renouvellent au moins tous les trois mois et toutes les fois que le préfet le juge convenable. Chaque visite est l'objet d'un procès-verbal adressé au préfet.

Les membres de la commission peuvent faire, de plus, des visites individuelles.

MESURES DE POLICE.

L'action de police des commissaires de l'Inscription Maritime s'exerce plutôt sur le personnel des navires du commerce que sur les navires mêmes qui sont particulièrement placés sous la surveillance de l'administration des douanes.

Cependant l'article 11 de l'ordonnance du 2 juillet 1843, disant que l'exécution des dispositions prescrites par la loi du 6 mai 1841 sera surveillée par les agents de l'administration de la marine qui dresseront des procès-verbaux à l'effet de constater les infractions, je vais faire connaître quelles sont les prescriptions relatives aux navires, à l'exécution desquelles on doit plus spécialement s'attacher.

NOM DU NAVIRE.

Ainsi le nom d'un navire ne peut, aux termes de la loi du 5 juillet 1836, être changé du moment où il est inscrit sur l'acte de francisation.

Une seule exception pourrait avoir lieu, si un nom était

reconnu contraire à l'ordre public et exprimait des sentiments révolutionnaires; le gouvernement en prescrirait directement la suppression.

COMMENT DOIVENT ÊTRE ÉCRITS ET PLACÉS LES NOMS DES EMBARCATIONS.

Aux termes de la loi du 6 mai 1841, les propriétaires des navires, bateaux, barques, chaloupes et généralement de toutes embarcations de commerce, employées à la navigation maritime, doivent faire inscrire sur les dites embarcations, le nom qui figure sur les papiers émanant de la douane.

Ce nom et le port d'attache doivent être inscrits, à la poupe, en lettres blanches d'un décimètre de hauteur, (*) sur un fond noir. Défense est également faite d'effacer, altérer, couvrir ou masquer les dites marques.

DISPOSITIONS PÉNALES.

Toute contravention aux prescriptions de la loi du 6 mai 1841 serait punie d'une amende de 500 francs, solidairement encourue par le propriétaire, l'agent ou le capitaine, et pour sûreté de laquelle le bâtiment pourrait être retenu.

Ces dispositions ne s'appliquent qu'aux embarcations qui vont à la mer et non à celles qui ne font pas la *navigation maritime* et qui sont dans la catégorie ci-après :

1° Employées à la navigation des fleuves et rivières ;

2° Appartenant à des administrations publiques ;

3° Embarcations de plaisance qui ne sont jamais employées à la pêche maritime ni à des opérations de commerce.

(Décision de l'administration des douanes du 8 juin 1841.)

(*) Si l'espace conservé à l'inscription est insuffisant, les lettres sont réduites en proportion. (Décision administrative des douanes du 28 août 1841.)

Pavillons d'arrondissement.

Indépendamment du pavillon national commun à tous les navires, tant de l'Etat que du commerce, ces derniers doivent avoir chacun un pavillon indiquant l'arrondissemnt maritime auquel ils appartiennent et qu'ils ne doivent hisser qu'en vue d'un port, ou qu'en cas de rencontre d'un bâtiment.

Le règlement du 3 décembre 1817 qui régit cette matière prescrit encore d'arborer le pavillon d'arrondissement les jours fériés, lors des revues d'armement, enfin dans toutes les circonstances qui intéressent le service, et sur l'ordre des autorités maritimes ou consulaires.

Le pavillon national doit toujours être arboré en même temps que le pavillon d'arrondissement (article 34, § 3 de l'ordonnance du 31 octobre 1827.)

Marques de reconnaissance employées par les armateurs.

Les capitaines peuvent, en outre, hisser telles marques de reconnaissance qu'ils jugent convenables (Ordonnance du 31 octobre 1827, article 34); mais ils ne peuvent faire usage de ces marques qu'après les avoir fait connaître au bureau de l'Inscription Maritime, et lorsqu'il en a été fait mention sur le rôle d'équipage.

Enfin, par suite de l'article 7 du règlement général des pêcheries, conclu le 23 juin 1843 entre la France et l'Angleterre, le Ministre de la Marine a arrêté, le 12 août 1847, un tableau des lettres qui doivent être portées sur les bateaux de pêche français.

Ces lettres, accompagnées d'un numéro d'ordre suivi dans chaque quartier, sont peintes sur chaque côté de la grande voile et de l'avant du bâteau.

Les navires du commerce ne peuvent habituellement porter de flamme nationale. Cette faculté n'est accordée que dans le cas prévu par le § 2 de l'article 23 de l'ordonnance du 31 octobre 1827; c'est-à-dire, en l'absence de bâtiments de guerre, au plus ancien des capitaines des navires du commerce réunis au même mouillage.

ARMEMENTS ET DÉSARMEMENTS.

DES VOYAGES AU LONG-COURS. — LIMITES DES VOYAGES AU CABOTAGE.

Sont réputés voyages de long-cours, aux termes de l'article 377 du code de commerce, ceux qui se font aux Indes, à la mer Pacifique, au Canada, à Terre-Neuve, au Groënland, et autres côtes et îles de l'Amérique; aux Açores, aux Canaries, à Madère, et dans tous les pays et côtes, situés sur l'Océan, au delà du détroit de Gibraltar et du Sund.

Les limites des voyages au cabotage sont alors tous les points situés en deçà du détroit de Gibraltar et du Sund. Le cabotage comprend deux divisions que n'a pas effacées la réunion en un seul titre (*Maître au cabotage*), des maîtres au grand et au petit cabotage. (Ordonnance du 25 novembre 1827) La division des voyages en grand et en petit cabotage est, en effet, nécessaire pour le jugement de certaines contestations en matière de commerce maritime.

(Circulaire ministérielle du 29 novembre 1827. Annales maritimes 1828, page 633.)

Les voyages de grand cabotage comprennent tous les ports étrangers situés dans la partie de l'Océan comprise entre le détroit de Gibraltar et du Sund ; le petit cabotage semble donc réduit aux voyages sur l'Océan, seulement d'un port français à un autre (*). Cependant l'ordonnance du 18 octobre 1740 ajoute, après avoir défini les voyages de grand cabotage : « Sera néanmoins réputée navigation au petit cabotage, celle qui se fera par les bâtiments expédiés des ports de Bretagne, Normandie, Picardie et Flandre, pour ceux d'Ostende, Bruges, Nieuport, Hollande, Angleterre, Ecosse et Irlande ; celle qui se fera par les bâtiments expédiés des ports de Guyenne, Saintonge, Aunis, Poitou et îles en dépendant, sera fixée depuis Bayonne jusqu'à Dunkerque inclusivement ; celle qui se fera pareillement par les bâtiments expédiés des ports de Bayonne et de Saint-Jean-de-Luz, à ceux de Saint-Sébastien, du passage et de la Corogne, et jusqu'à Dunkerque aussi inclusivement. »

D'après une ordonnance du 12 février 1815, tous les voyages sur la Méditerranée sont de cabotage ; le petit

(*) Le Ministre de la Marine, dans une circulaire du 27 mai 1851, recommande aux capitaines du commerce de ne pas conduire leurs navires dans un lieu autre que celui pour lequel ils sont expédiés d'après leur déclaration inscrite sur leur rôle d'équipage, afin d'éviter que des navires de cabotage ne fassent illicitement des voyages de long-cours. Le Ministre rappelle que le cap Spartel est considéré comme la limite du grand cabotage dans le sud. (Bulletin officiel de 1851, page 424.)

s'étend dans l'Est jusques et y compris le port de Malaga. Les voyages aux îles de Corse, de Sardaigne et îles Baléares sont aussi réputés de petit cabotage.

Le grand cabotage, dans la Méditerranée, comprend tous les voyages autres que ceux indiqués ci-dessus. Sont aussi, aux termes de la circulaire du 29 novembre 1827, réputés voyages de grand cabotage, ceux qui ont pour effet de passer de l'Océan dans la Méditerranée ou dans la Baltique.

Aux colonies, les limites du grand et du petit cabotage ont été conservées en entier, même pour la réception des capitaines du commerce; elles sont déterminées par l'ordonnacne du 31 août 1828.

ARMEMENTS DES NAVIRES POUR LE LONG-COURS (Y COMPRIS LES GRANDES PÊCHES), LE CABOTAGE ET LA PETITE PÊCHE. (*Au mois, au voyage, à la part ou au profit du frêt.*)

Le genre d'armement des navires, ou plutôt le mode de paiement des salaires des marins formant l'équipage des navires du commerce, diffère à raison de la nature du voyage.

Ainsi on distingue trois sortes d'armements :

Armements au mois. Le marin reçoit une somme déterminée pour chacun des mois de présence à bord du navire pendant tout le cours ou une partie commencée du voyage ;

Armements au voyage. Une somme fixe déterminée à l'avance est payée pour tout le voyage quelle qu'en soit la durée ;

Armements à la part ou au profit du frêt. Ici chacun des marins de l'équipage participe aux bénéfices du voyage dans une proportion déterminée à l'avance.

Les armements au mois sont généralement applicables à toute espèce de navigation, à l'exception de la pêche du poisson frais; rarement aussi on l'applique au petit cabotage.

Les armements au voyage sont plus spéciaux au long-cours.

Enfin les armements à la part ou au profit ont lieu, principalement, dans les expéditions maritimes dont les résultats sont tout-à-fait incertains; telles que les grandes pêches et la pêche du poisson frais. Ces sortes d'armements sont aussi en usage dans la navigation au petit cabotage et dans la navigation intérieure des fleuves ou rivières.

AVANCES FAITES AUX ÉQUIPAGES; MODE DE PAIEMENT.

Nous avons vu que tout capitaine d'un navire du commerce doit être porteur d'un rôle d'équipage.

Ce rôle est délivré, ainsi que nous l'avons également vu, soit à l'expiration d'une année de durée, soit au commencement de chaque nouveau voyage.

Deux expéditions sont établies par le commissaire de l'Inscription Maritime, lorsqu'il n'est pas payé d'avances à l'équipage; l'une des expéditions est remise au capitaine, l'autre reste déposée au bureau de l'Inscription Maritime.

Lorsque des avances sont payées, une troisième expédition spéciale (dépêche du 27 novembre 1838) est délivrée pour être jointe au mandat de recette invalides, pour droits à l'armement. (Chapitre : *Armements et désarmements*.) Cette troisième expédition et le mandat qui l'accompagne sont remis au trésorier des invalides chargé de recevoir du capitaine du navire, les 3 p. °/₀ du montant des avances payées à l'équipage.

Le commissaire de l'Inscription Maritime ne remet au capitaine l'expédition du rôle d'équipage dont il doit être nanti que lorsque l'acquittement des droits a été certifié par le trésorier. Une formule préparée au bas des rôles est destinée à recevoir cette certification.

Le capitaine d'un navire du commerce ne peut, aux termes du règlement du 8 mars 1722 dont le Bulletin officiel de la marine fait connaître chaque jour de fréquentes applications par les tribunaux ordinaires, (*) embarquer ou débarquer aucun marin de l'équipage ou même aucun passager sans en faire faire mention sur son rôle d'équipage par l'autorité maritime en France, ou consulaire en pays étranger, à peine de soixante francs d'amende pour chaque embarquement ou débarquement omis.

A plus forte raison, la possession à bord d'une expédition du rôle d'équipage est-elle obligatoire ; le règlement du 23 janvier 1727 qui se trouve, comme celui de 1722, inséré dans le premier volume de Valin, prononce une amende de cent francs contre le capitaine qui serait pris en contravention à cette obligation.

(*) Depuis quelques années, les tribunaux ordinaires ont prononcé un assez grand nombre de condamnations par application de cette partie de la législation maritime qui, bien qu'ancienne, n'a pas été abrogée. La lecture suivie du Bulletin officiel de la marine peut, mieux que la consultation d'aucun autre document, graver dans la mémoire les dispositions des lois et réglements sur lesquels est basée cette législation.

Voyez le bulletin officiel de 1851, 1er semestre, page 355 (Mousses et matelots non portés sur le rôle) ; de 1850, 2e semestre, page 117 (mousse porté sur le rôle et ne se trouvant pas à bord); de 1851, 1er semestre, page 47, (passagers non mentionnés sur le rôle.)

Cas de nullité.

De même, défense est faite au capitaine d'un navire du commerce de payer soit des avances, soit des à-comptes, soit un complément de solde à des marins de son équipage, sans l'intervention de l'autorité maritime ou consulaire chargée d'apostiller les dits paiements sur le rôle d'équipage (arrêté du 11 mars 1816, article 2); tout paiement effectué sans le concours de l'autorité précitée serait considéré comme nul.

Une seule exception est admise; c'est lorsqu'en pays étranger il n'existe aucun fonctionnaire de la marine ou des consulats. La signature du marin payé ou des principaux de l'équipage est alors exigée. (Circulaire du 16 septembre 1841.)

Composition des équipages; conditions d'age et de navigation a remplir par les officiers.

L'équipage d'un navire du commerce comprend généralement plusieurs catégories :

Le capitaine, choisi par l'armateur (articles 216 et 218 du code de commerce); il peut arriver cependant qu'un propriétaire de navire réunisse les conditions pour commander lui-même et qu'il use alors de cette faculté.

Les officiers-majors (*) comprenant :

Le second ;

(*) Il existe aussi à bord de quelques navires faisant d'importantes opérations commerciales, un agent désigné sous le nom de *subrécargue*, et chargé de représenter ou l'armateur ou les chargeurs; mais généralement il est étranger au personnel de l'Inscription Maritime. Le subrécargue occupe à bord, aux yeux de l'administration, plutôt la position de passager que celle de membre de l'équipage.

Le lieutenant, ou les lieutenants en premier et en second ;

Le chirurgien ; (*Il n'est embarqué que dans certains cas dont nous aurons à parler plus loin*) ;

Les officiers-mariniers, les matelots, les novices et les mousses qui forment l'équipage proprement dit.

Les conditions d'embarquement du capitaine sont déterminées à raison du genre de navigation auquel est affecté le navire, (*) ainsi :

Les capitaines au long-cours commandent spécialement, à l'exclusion de tous autres, les navires de long-cours ; ils peuvent, en outre, commander les navires compris dans les autres catégories désignées ci-après, mais qui ne leur sont pas exclusivement réservés ;

Les maîtres au cabotage peuvent commander les navires qui font le grand ou le petit cabotage (**) (ordonnance du 25 novembre 1827), et ceux qui sont expédiés pour *faire la pêche* de la morue à Terre-Neuve, aux îles Saint-Pierre et Miquelon et

---

(*) Par application de l'ordonnance de 1681 (article 2, titre 1er, livre 2) divers tribunaux ont condamné à 300 francs d'amende chacun des délinquants, dans diverses affaires où il avait été reconnu que le commandement de bâtiments du commerce avait été exercé de fait par des marins ne réunissant pas les titres légaux pour le dit commandement, tandis que le capitaine titulaire exerçait à bord des fonctions inférieures, et était seulement porteur d'expéditions. (Bulletin officiel de 1848, 1er semestre, page 317, et 2e semestre, page 381.) Un arrêt de la cour de cassation rendu en pareille matière, le 4 juin 1834, confirme cette législation ; il y est dit : « Le capitaine reçu, à qui le commandement d'un navire a été confié, » se trouvant responsable, soit des manœuvres, soit de l'observation des » lois et règlements, ne peut céder, par une convention privée, ce pou- » voir extraordinaire, qui est une délégation de l'autorité publique. »

(**) Il existe un genre de navigation, appelé *bornage*, qui n'est autre qu'un petit cabotage restreint dans d'étroites limites. Les marins qui commandent au bornage sont pourvus d'une lettre de nomination délivrée par le préfet maritime après justification de certaines conditions d'âge et de capacité ; ils doivent, principalement, produire un certificat de plusieurs maîtres au cabotage constatant leur refus de faire les voyages restreints dans d'aussi courtes limites. (Dépêche du 29 juin 1837.)

Une dépêche du 3 février 1840 a même prescrit de diminuer peu à peu, par voie d'extinction, ces sortes d'autorisations.

sur les côtes d'Islande, (loi du 21 juin 1836 et *dépêche du 10 mai 1843*); ils peuvent, à plus forte raison, commander les bateaux de pêche côtière ou ceux qui font la navigation intérieure;

Les marins qui ont fait cinq voyages, dont les deux derniers comme officiers, à la pêche de la morue sur les côtes d'Islande, peuvent, commander les navires expédiés pour ce genre de pêche; (lois du 22 avril 1832 et du 15 juin 1841)

Les marins âgés au moins de 24 ans qui ont fait cinq voyages à la pêche de la baleine, dont les deux derniers comme officiers, peuvent commander un navire baleinier; (lois des 22 avril 1832 et 15 juin 1841);

Les marins inscrits, quel que soit leur grade, peuvent commander tout navire ou embarcation faisant la pêche du poisson frais ou la navigation intérieure.

L'officier embarqué pour seconder le capitaine (le second), est choisi par le capitaine parmi les marins qui ont 48 mois de navigation, (article 37 de l'ordonnance du 1er janvier 1786.)

Le lieutenant doit être choisi parmi des marins âgés d'au moins 18 ans et justifiant de 12 mois de navigation; (article 44 de l'ordonnance du 1er janvier 1786.)

Les marins formant l'équipage sont également choisis par le capitaine (*); le soin que doit apporter le commissaire de l'Inscription Maritime est de s'assurer que tous les individus présentés appartiennent au service de l'Inscription Maritime en qualité d'officiers-mariniers, de matelots, de novices ou

(*) Le code de commerce, article 223, recommande au capitaine de se concerter avec les armateurs quand l'embarquement doit être effectué dans le lieu de résidence de ces derniers.

de mousses, et que ceux des deux premières catégories (officiers-mariniers et matelots) ne sont pas dans le cas d'être atteints prochainement par la levée permante.

De l'embarquement des mousses.

Le nombre des mousses est déterminé, pour chaque genre de navigation, par une décision ministérielle en date du 13 décembre 1827, modifiant les dispositions antérieures sur cet objet ; il y est dit :

1° Que sur tout navire ou bateau employé au petit cabotage, à la petite pêche *ou à la navigation intérieure*, il y aura un mousse, quel que soit le nombre de marins embarqués ; *(Dépêche du 6 juin 1835.)*

2° Qu'il y en aura également un sur tout navire expédié pour le long-cours ou le cabotage, et ayant trois hommes d'équipage;

3° Qu'un deuxième mousse ne sera nécessaire que quand l'équipage sera de plus de vingt hommes, le mousse non compris; un troisième, quand l'équipage sera de plus de trente hommes, les deux premiers mousses non compris, et ainsi de suite.

L'ordonnance du 4 juillet 1784 avait déjà rendu facultatif, pour les capitaines des navires du commerce, l'embarquement des novices, et, par une circulaire ministérielle du 6 juin 1835, il a été décidé que les armateurs des navires destinés pour le long-cours ou le *grand* cabotage pourraient, en remplacement de mousses, embarquer des novices de 15 à 18 ans qui, avant d'avoir accompli l'âge de 15 ans, auront fait deux années de navigation au moins. La même faculté a été accordée par la loi du 22 avril 1832, pour la pêche de la baleine.

CONDITIONS D'EMBARQUEMENT DES MARINS ÉTRANGERS

Ainsi que nous l'avons dit, en parlant des conditions sans lesquelles un navire ne peut obtenir d'acte de francisation, les marins étrangers ne peuvent être embarqués sur les navires de commerce français dans une proportion supérieure au quart de la totalité de l'équipage, et ils ne peuvent, en outre, y remplir les fonctions d'officiers. (Loi du 21 septembre 1793.)

Il est, néanmoins, fait exception à cette règle pour les navires qui font la pêche de la baleine ou du cachalot; la loi du 22 avril 1832 et celle du 25 juin 1841 autorisent à embarquer sur ces navires un nombre d'étrangers qui ne soit pas supérieur au tiers des officiers, harponneurs et patrons, sans que le nombre puisse s'élever à plus de 2 pour la pêche du Sud et de 5 pour la pêche du Nord.

Enfin l'arrêté du 2 prairial an XI autorise l'embarquement le 2/5 d'étrangers sur les navires armés en course.

Une circulaire ministérielle, en date du 16 novembre 816, basée sur ce que les marins étrangers avaient été utorisés à embarquer sur les navires du commerce, à une poque où les besoins de la guerre occupaient une grande artie de la population maritime, prescrit aux commissaires le l'Inscription Maritime de ne consentir à de semblables mbarquements que lorsqu'il y a urgence; quand, par xemple, le succès d'une opération maritime y est attaché.

DÉSERTION DES MARINS DU COMMERCE.

DURÉE DE L'ABSENCE CONSTITUANT LE FAIT DE DÉSERTION.

Du moment où un marin, présenté par le capitaine d'un

navire de commerce, a été inscrit de son propre gré sur le rôle du dit navire, par un commissaire de l'Inscription Maritime ou par un consul; qu'en outre les conditions auxquelles ce marin s'engage à servir ont été consignées sur ce même rôle, le contrat entre le capitaine et le marin devient définitif. L'autorisation expresse d'un commissaire de l'Inscription Maritime ou d'un consul pourrait seule, et pour des causes graves, justifier le débarquement dont il serait fait mention au rôle d'équipage. (Arrêté du 5 brumaire an XII, article 9.)

Hors ce cas, l'abandon du navire, sans autorisation du capitaine, et pendant trois jours consécutifs, a pour effet de placer le marin en état de désertion.

DÉLAI DANS LEQUEL LE CAPITAINE DOIT DÉNONCER LE DÉSERTEUR.

Dans le cours de ce délai de trois jours, le capitaine doit dénoncer le marin au commissaire de l'Inscription Maritime ou au consul, sous peine de payer à la caisse des invalides, de ses propres deniers, la moitié des sommes dues au moment de l'abandon du navire, et de perdre tout recours contre le déserteur, (articles 18 et 19, titre 18, de l'ordonnance du 31 octobre 1784) sans préjudice des peines plus graves déterminées par l'article 20 de la même ordonnance, en cas de complicité. La déclaration de désertion faite par le capitaine doit être certifiée par trois des principales personnes de l'équipage.

Les commissaires de l'Inscription Maritime doivent s'occuper de la recherche immédiate des déserteurs qui leur sont dénoncés. (*) Aussitôt après l'arrestation, ils dressent un rapport contenant l'exposé des faits, et l'accompagnent d'un extrait du rôle d'équipage et de toutes autres pièces propres à éclairer le conseil supérieur appelé à statuer sur la peine à infliger. Si le déserteur est arrêté dans un quartier autre que celui du chef-lieu d'arrondissement, le commissaire de l'Inscription Maritime de ce quartier transmet à son collègue du chef-lieu d'arrondissement les pièces mentionnées plus haut et il dirige l'inculpé sur ce dernier point.

Le commissaire de l'Inscription Maritime du chef-lieu d'arrondissement complète, s'il y a lieu, le dossier qui lui a été adressé, et il en fait la remise au Commissaire-Général qui le soumet à l'examen du *conseil supérieur*. (Décret du 22 août 1790, article 55 ; dépêche du 30 juin 1821.)

Dispositions pénales.

Le conseil supérieur, composé du Préfet Maritime, du Major-Général et du Commissaire-Général, et assisté du greffier des tribunaux maritimes, reconnaît, s'il y a lieu, la culpabilité, et prononce, dans ce cas, la peine d'une campagne extraordinaire sur les navires de l'Etat à la plus basse paie. (Article 55 de l'ordonnance du 22 août 1790.)

La condamnation à une campagne extraordinaire peut être prononcée pour trois mois ou pour six mois : pour trois

(*) Les commissaires de l'Inscription Maritime sont seuls aptes, aux termes de l'article 255 de l'ordonnance du 29 octobre 1820, sur la gendarmerie, à faire poursuivre et arrêter les marins du commerce pour des faits relatifs à la police des classes. Les armateurs ou capitaines n'ont jamais le droit de requérir directement la gendarmerie. (Circulaire du 9 avril 1850. — Bulletin officiel, page 259.)

mois si la désertion a eu lieu dans le port d'armement et si le marin a été arrêté après le départ du navire, ou si la désertion a eu lieu pendant le voyage, mais que le marin ait pu être ramené à bord ; pour six mois, si la désertion a eu lieu pendant le voyage et si le marin n'a été arrêté qu'après le départ du navire. (Ordonnance du 31 octobre 1784, articles 15 et 16.)

Par une dépêche ministérielle du 31 décembre 1845, il a été recommandé d'embarquer aussi promptement que possible les marins condamnés à une campagne extraordinaire, et de les congédier, à l'expiration de leur peine, s'ils sont dans un port de France, que leur conduite n'ait donné lieu à aucune plainte et qu'ils ne soient pas passibles de la levée permanente. (L'ordre de débarquement émane du Préfet Maritime dn port où se trouve le bâtiment; dans le cas de maintien au service, les marins rentrent dans la jouissance de leur solde primitive.)

La totalité des salaires acquis par le marin déserteur est saisie : moitié au profit de la caisse des invalides de la marine, et moitié au profit des armateurs pour tenir lieu de frais de remplacement. (Règlement du 17 juillet 1816, article 49.)

Indépendamment des peines prononcées par le conseil supérieur, les marins déserteurs sont justiciables des tribunaux ordinaires et peuvent être, pour ce fait, dénoncés au procureur de la République. La condamnation doit être alors graduée comme suit, conformément à l'ordonnance précitée de 1784 :

Si la désertion a eu lieu dans le port d'armement et que l'arrestation ait eu lieu avant le départ, les marins sont condamnés à faire le voyage auquel ils s'étaient engagés, mais avec réduction de la moitié de leurs salaires ; si l'arrestation n'a eu lieu qu'après le départ, ils sont condamnés à 8 jours de prison, à la restitution des avances, indépendamment des dommages-intérêts envers le capitaine, et ils sont remis à la disposition de l'autorité maritime pour la condamnation à une campagne extraordinaire ;

Si la désertion a lieu pendant le voyage, et que le marin puisse être ramené à bord, il continue le voyage à demi-salaire et est condamné, à l'expiration du dit voyage, à une campagne extraordinaire; si le marin déserteur n'est arrêté qu'après le départ du navire, il est condamné à 8 jours de prison, aux dommages envers le capitaine, s'il y a lieu, et à une campagne extraordinaire.

Aux termes d'une dépêche du 16 janvier 1841, les mousses ne peuvent être déclarés déserteurs; ils ne sont considérés que comme absents illégalement, et leur arrestation ne donne droit qu'aux frais d'arrestation déterminés par le tarif n° 9 annexé à l'ordonnance du 11 octobre 1836 pour les marins absents non encore déclarés déserteurs.

PASSAGERS.

Papiers nécessaires à leur embarquement.

Les passagers destinés à faire une longue traversée doivent être portés sur un rôle spécial annexé au rôle d'équipage, et avec toutes les indications nécessaires sur les nom, prénoms, filiation et signalement. Si le voyage doit être de courte durée, comme dans le petit cabotage, par exemple, il en est seulement fait mention sommairement. (*)

Les capitaines des paquebots à vapeur sont exempts de l'obligation de faire inscrire leurs passagers sur le rôle d'équipage. (Circulaire du 11 août 1846.)

Dans tous les cas d'embarquement de passagers, les capitaines ne peuvent les recevoir à bord ou les présenter devant le commissaire de l'Inscription Maritime, et ce dernier ne peut, à plus forte raison, les inscrire sur le rôle d'équipage, s'ils ne sont porteurs d'un passe-port régulier délivré par l'autorité compétente.

MARINS NAUFRAGÉS.

MODE DE RAPATRIEMENT; RÈGLES D'ALLOCATION D'INDEMNITÉS DE FRAIS DE RAPATRIEMENT ET DE FRAIS DE CONDUITE.

Dans aucun cas, dit l'article 270 du code de commerce, le capitaine ne peut congédier un matelot dans les pays étrangers. Cependant il peut arriver telles circonstances où, pour le maintien du bon ordre, la répression de quelque délit, ou aussi par mesures hygiéniques, un consul juge nécessaire d'opérer le débarquement d'un matelot.

Il est, en outre, des cas de force majeure par suite desquels des marins peuvent se trouver à terre, en pays étran-

(*) Dans une circulaire du 12 Février 1850, (Bulletin officiel, page 131) le Ministre rappelle les prescriptions formelles des articles 16, titre 1er, livre 2 de l'ordonnance de 1681; 3 du règlement du 8 mars 1722 et 7 de la déclaration du 18 Décembre 1728, en ce qui concerne l'inscription des passagers sur les rôles, à peine de 60 francs d'amende par chaque individu pour lequel cette formalité aurait été omise.

ger, sans moyens qui leur soient propres de revenir en France. Ce sont les naufrages ou les échouements avec bris; enfin toutes causes qui amènent la perte du navire sur lequel ils étaient embarqués.

L'ordonnance royale du 29 octobre 1833 (article 51, § 1er) impose aux capitaines des navires du commerce prêts à faire voile pour la France ou pour une colonie française, l'obligation de recevoir, sur la réquisition du consul, les matelots naufragés à rapatrier.

L'embarquement doit avoir lieu, autant que possible, à titre de remplacement d'autres marins morts, desertés ou absents au départ pour une cause quelconque.

Dans le cas où un semblable remplacement ne peut s'effectuer, l'embarquement est réglé à raison de deux hommes par cent tonneaux (circulaire du 17 octobre 1837), et d'après les conditions déterminées par l'article 3 de l'ordonnance du 12 mai 1836 ; savoir : (*)

Pour les capitaines commandant des navires expédiés pour le long-cours. . . . . 3 fr. par jour.

Pour les mêmes, provenant d'un navire armé pour le cabotage . . . . 2 fr. 50. idem.

Pour les seconds capitaines, lieutenants et chirurgiens, provenant d'un navire expédié au long-cours. 2 fr. idem.

Pour les mêmes et les maîtres au cabotage, provenant d'un navire armé au cabotage. . . . . . . 1 fr. 50. idem.

Pour tous les autres marins de l'équipage. 1 fr. idem.

(*) Dans ce cas, les allocations sont réputées dépenses du matériel, et, comme telles, exemptes de la prestation de 3 p. 0/0 au profit de la caisse des invalides. (Circulaire du 8 septembre 1849. Bulletin officiel, page 583.)

A défaut de bâtiments du commerce français, le rapatriement s'effectue, s'il est possible, sur des bâtiments de l'Etat ; le passage ne donne lieu, alors, à aucune demande en remboursement de frais, et il est réglé comme suit, par l'article 4 de l'ordonnance précitée de 1836 ; savoir :

Les capitaines provenant de la navigation au long-cours sont admis à la table de l'état-major ;

Les seconds, lieutenants, maîtres au cabotage et chirurgiens, à la table des élèves ou à celle des premiers maîtres.

Les matelots sont nourris à la ration, et ils sont même compris sur le rôle d'équipage dans le cas où il y a lieu à pourvoir à un remplacement de marins de l'équipage. (Règlement du 1er novembre 1784, article 82.)

Enfin, dans le cas d'impossibilité de rapatriement par des bâtiments français, l'embarquement peut avoir lieu sur des bâtiments étrangers prêts à faire voile pour France ou pour une colonie française. Le prix du passage est alors réglé entre le consul et le capitaine du navire étranger, et les conditions arrêtées font l'objet d'un contrat en double expédition ; l'une est remise au capitaine, l'autre est déposée à la chancellerie du consulat. (Ordonnance du 29 octobre 1833, article 37 ; circulaire du 13 avril 1832.)

Le retour des marins naufragés doit toujours, autant que possible, être effectué par la voie de mer ; dans le cas d'impossibilité, le retour a lieu par la voie de terre, et il est réglé d'après le tarif déterminé par l'article 8 de l'arrêté du 5 germinal an XII et l'article 2 de l'ordonnance du 12 mai 1836 ; savoir :

	f. c.
Aux capitaines au long-cours, par myriamètre . .	3 00
Aux seconds, lieutenants et chirurgiens.	2 00
Aux maîtres au cabotage et aux premiers maîtres de manœuvre dans les navires de long cours	1 50
Aux officiers-mariniers.	0 80
Aux matelots.	0 60
Aux volontaires, novices, mousses, coqs, surnuméraires.	0 50

Si les marins rapatriés par la voie de mer ne trouvaient pas d'emploi immédiat dans le port de débarquement, et s'ils demandaient à retourner dans leurs quartiers, il leur serait payé, à titre de frais de conduite, une indemnité déterminée par l'article 5 de l'ordonnance du 12 mai 1836, non pas, comme dans le cas précédent, d'après le grade, mais d'après les fonctions exercées à bord du dernier bâtiment du commerce sur lequel ils étaient embarqués; savoir: (*)

Aux capitaines provenant de navires expédiés au long cours, par myriamètre	3 00
Aux seconds, lieutenants et chirurgiens, provenant de la même navigation.	2 00
Aux capitaines provenant des navires armés au cabotage.	1 50
Aux maîtres d'équipage et aux autres hommes de la maistrance	0 80
Aux matelots, novices et autres.	0 60

(*) Dans le cas où il est pourvu par l'administration des ports au paiement des frais de conduite des marins provenant des bâtiments de commerce, pour leur donner les moyens de retourner dans leurs quartiers, ces frais de conduite, calculés d'après le tarif annexé au décret du 5 septembre 1840, (bulletin officiel, page 547), supportent la retenue de 3 p. % au profit de la caisse des invalides. Si le paiement est effectué par les armateurs, il est basé sur le tarif déterminé par l'article 5 de l'ordonnance du 12 mai 1836 et il ne donne lieu à aucune retenue. (Circulaire du 8 septembre 1849. Bulletin officiel, page 583.)

ADMINISTRATION ET GESTION DES SUCCESSIONS MARITIMES.

A QUI DÉVOLUES?

L'administration et la gestion des successions maritimes sont dévolues aux commissaires de l'Inscription Maritime.

Chargés de suivre tous les mouvements du personnel des gens de mer, afin de les trouver lorsque leurs services sont réclamés par l'Etat, ces fonctionnaires ont aussi pour mission de veiller à leurs intérêts pendant leur absence, à ceux de leur famille après leur mort.

C'est à ce titre d'humanité et de bienveillance que la gestion de l'avoir des marins décédés dans le cours d'un voyage, par suite de mort naturelle ou accidentelle, est confiée aux commissaires de l'Inscription Maritime. (*)

Ces fonctionnaires doivent donc recueillir avec soin les effets des marins décédés, remis par les capitaines des navires, ou trouvés sur les cadavres rejetés par les flots; ces effets sont conservés (s'il n'y a pas crainte d'une détérioration qui en rende la vente urgente) pendant une année, après laquelle, à défaut de réclamations, la vente est effectuée, et le produit versé à la caisse des gens de mer. (Règlement du 17 juillet 1816; articles 21, 22 et 23.) (**)

(*) L'apposition des scellés à bord d'un navire du commerce, sur les effets des marins ou des *passagers* morts à bord du dit navire, est de la compétence exclusive de l'administration de la marine, ainsi qu'il résulte des dispositions de l'ordonnance de 1681, livre 3, titre 2, des édits et règlements de décembre 1712, juillet 1720, août 1739 et juillet 1816. (Décision du ministre de la Justice du 26 avril 1849. Bulletin officiel de 1850, page 479; 1er semestre.)

(**) Voir une circulaire ministérielle du 16 mai 1857 relative aux autorisations de paiement données dans l'intérêt des familles maritimes, lorsqu'il y a *preuve administrative* du décès, et qu'on ne pourrait cependant rapporter un acte de décès en forme.

Les sommes acquises en cours de campagne et les espèces monnayées sont aussi versées à la caisse des gens de mer. (Même règlement. Articles 16 et 22.)

Les bijoux, billets de banque, etc., sont déposés dans la caisse de sûreté du trésorier des invalides, pour y rester déposés pendant une année, à la suite de laquelle, s'il n'y a pas eu de réclamations fondées, la vente en est effectuée et le produit déposé dans la caisse des gens de mer. (Circulaire du 7 août 1829, invalides.)

Les divers produits de successions que nous venons d'indiquer, restent déposés à la caisse des gens de mer pendant deux années, avant d'être versés dans la caisse des invalides, et les commissaires de l'Inscription Maritime, pendant cet espace de temps, ne doivent pas ralentir leurs recherches dans le but de découvrir les familles intéressées, et de les inviter à se mettre en mesure de prendre possession des objets ou des valeurs qui leur appartiennent. (Règlement du 17 juillet 1816, articles 34 et 38, circulaire du 28 octobre 1848, bulletin officiel n° 27, page 401.)

Les attributions qu'exercent en France les commissaires de l'Inscription Maritime, sont dévolues aux colonies, aux consuls, ainsi que le rappelle l'instruction ministérielle du 31 août 1848, insérée au bulletin officiel, n° 23, page 271.

COFFRE DES MÉDICAMENTS. — EMBARQUEMENT DES CHIRURGIENS.

L'administration du département de la marine en réglementant de nouveau, par ordonnance royale du 4 août

1819, le service médical à bord des navires du commerce, n'a eu en vue que l'amélioration du sort des gens de mer si dignes d'intérêt.

Le but de l'administration a été, en effet, d'entourer de plus de garanties de capacité les officiers de santé à placer sur les navires du commerce, d'assurer un meilleur assortiment des médicaments, et, en même temps, en rendant l'embarquement des officiers de santé moins onéreux pour les armateurs (*), de combattre la tendance de ces derniers à affaiblir le chiffre de leurs équipages dans une proportion dangereuse pour la sûreté de la navigation, afin d'éviter l'obligation de se pourvoir d'un officier de santé.

Dans une dépêche du 11 décembre 1849, le ministre a manifesté l'intention d'apporter encore, dans le sens bienveillant que je viens d'indiquer, quelques modifications aux dispositions actuellement en vigueur.

L'ordonnance précitée du 4 août 1819 a été suivie d'une circulaire explicative du 27 du même mois. Depuis lors il n'a paru d'autres dispositions sur cet objet que deux instructions médicales; l'une publiée sous la date du 18 novembre 1843, pour tous les bâtiments du commerce sur lesquels il n'est pas embarqué de chirurgiens; l'autre publiée le 2 octobre 1850, et spéciale aux navires du commerce expédiés, également sans chirurgien, sur les côtes occidentales d'Afrique.

(*) Il était antérieurement exigé un chirurgien pour 45 hommes là où l'embarquement n'est plus obligatoire que pour 20 hommes; deux pour 50 hommes, là où il faut aujourd'hui 90 hommes.

Avant la publication de l'instruction de 1843 il n'existait point, en effet, d'instruction uniforme pour le cas où il n'était pas embarqué de chirurgien; la commission d'examen remettait au capitaine une instruction qu'elle rédigeait elle-même. C'est de l'étude de ces diverses instructions partielles dont une copie était toujours adressée au ministre, qu'a surgi l'instruction générale du 18 novembre 1843.

Je vais donner une analyse des dispositions de l'ordonnance du 4 août 1819, dont les commissaires de l'Inscription Maritime ont le devoir de surveiller l'exacte application.

Composition de la commission de santé chargée de la visite du coffre de médicaments, et de l'examen des titres de capacité des chirurgiens.

Une commission chargée de l'examen tant des coffres de médicaments que des titres de capacité des officiers de santé à embarquer sur les navires du commerce, est composée, dans chaque port, d'un médecin, d'un chirurgien et d'un pharmacien désignés par l'administrateur en chef de la marine et le président du tribunal de commerce; le choix est sanctionné par le ministre qui expédie une lettre de nomination à chacun des membres.

Cas dans lesquels l'embarquement d'un coffre de médicaments est obligatoire; époques auxquelles les médicaments doivent être renouvelés.

A bord de tout navire expédié pour le long-cours, pour la pêche de la baleine ou pour celle de la morue, et dont l'effectif ne rend pas obligatoire l'embarquement d'un chirurgien, il doit être placé, par les soins de l'armateur, un coffre de médicaments quand l'équipage atteint le chiffre de *huit* hommes, y compris les mousses.

Ce coffre, renouvelé ou complété à chaque voyage, comprend la nature et la quantité de médicaments déterminées par le tarif annexé à l'instruction précitée du 18 novembre 1843 et, dans certains cas, par l'instruction du 2 octobre 1850.

MESURES DE SURVEILLANCE ATTRIBUÉES A L'ADMINISTRATION DE LA MARINE.

Trois jours au moins avant le départ du navire, le coffre est déposé au bureau de l'Inscription Maritime; il est visité par la commission d'examen en présence du capitaine du navire. Le pharmacien qui a fourni le coffre de médicaments ne peut procéder à son examen; dans le cas où il n'y aurait pas d'autre pharmacien dans la ville, la commission serait réduite à deux membres, le médecin et le chirurgien.

Après examen, le coffre de médicaments est scellé par la commission, et un procès-verbal de l'opération est remis au commissaire de l'Inscription Maritime pour être annexé à l'expédition du rôle d'équipage déposée dans ses bureaux.

La clef du coffre reste au bureau de l'Inscription Maritime, pour être délivrée au capitaine au moment de son départ, avec le coffre lui-même et un exemplaire de l'instruction médicale.

CAS DANS LESQUELS IL DOIT ÊTRE EMBARQUÉ UN OU PLUSIEURS CHIRURGIENS.

Un chirurgien doit être embarqué sur tout navire expédié-

pour le long-cours, la pêche de la baleine et autres poissons à lard, lorsque l'équipage est de 20 hommes et au-dessus, non compris les mousses. (*)

Deux chirurgiens sont embarqués sur les navires ayant la même destination que celle qui vient d'être indiquée, lorsque l'équipage est de 90 hommes, non compris les mousses. (**)

Un chirurgien doit aussi être embarqué sur tout navire expédié pour la pêche de la morue, lorsque l'équipage est de 40 hommes, non compris les mousses.

Titres qu'ils doivent produire.

Nul ne peut être embarqué en qualité de chirurgien sur un navire du commerce, s'il ne réunit l'une des conditions ci-après :

Avoir été reçu officier de santé conformément à la loi du 19 Ventôse an XI (10 mars 1803);

Avoir été employé en qualité d'officier de santé de 2me classe de la marine ou de l'armée de terre ;

Avoir fait, antérieurement à la publication de l'ordonnance du 4 août 1819, deux voyages de long-cours en qualité de chirurgien, sur un navire du commerce.

En outre, et dans tous les cas, les candidats doivent produire des certificats de bonne conduite des professeurs, chefs de service ou capitaines de bâtiments sous les ordres desquels ils ont été employés, ou, à défaut de ceux-ci, un certificat du maire de leur domicile.

La commission d'examen dont la composition est indiquée

(*) L'embarquement de passagers, quel qu'en soit le nombre, n'est pas une cause obligatoire d'embarquement de chirurgien ; libre à ces passagers de faire avec les armateurs des conditions particulières pour un semblable embarquement. (Circulaire du 27 août 1819.)

(**) Dans ce cas celui qui est destiné à être employé en chef doit prouver qu'il a déjà fait au moins un voyage en mer en qualité d'officier de santé.

plus haut, après avoir reconnu la validité des titres de l'officier de santé que présente un armateur ou un capitaine pour l'embarquer sur un navire du commerce, lui délivre une attestation sur le vu de laquelle le commissaire de l'Inscription Maritime donne à cet officier de santé un permis d'embarquement.

Objets dont ils doivent être munis

Les armateurs d'un navire sur lequel un chirurgien a obtenu l'autorisation d'embarquer, sont tenus de lui fournir un coffre de médicaments dont la composition est déterminée par l'état n° 1 annexé à l'ordonnance précitée de 1819.

Cette composition peut, du reste, être modifiée par la commission d'examen, à raison de la nature du voyage ou de la force de l'équipage.

Chaque chirurgien doit, indépendamment de sa trousse, être pourvu d'une caisse d'instruments de chirurgie, composée conformément au tableau n° 2 annexé à l'ordonnance précitée.

Dispositions relatives a leur embarquement.

Le coffre de médicaments et la caisse d'instruments sont déposés, trois jours au moins avant le départ, au bureau de l'Inscription Maritime, pour y être soumis à la visite dont nous avons fait connaître les formalités en parlant du coffre de médicaments à placer sur les navires dont l'équipage ne comporte pas l'embarquement obligatoire d'un chirurgien. Un procès-verbal constate les résultats de la visite; il est déposé au bureau de l'Inscription Maritime à l'appui du rôle d'armement.

Les clefs de la caisse, comme celles du coffre, restent

entre les mains du capitaine jusqu'au départ du navire ; et, lorsque le capitaine a pris la mer, il les remet au chirurgien qui devient dès-lors responsable des objets contenus dans le coffre.

Le chirurgien tient à bord un journal sur lequel il indique les maladies qu'il a traitées pendant la durée de son embarquement, et les remèdes qu'il a administrés ; ce journal est visé par le capitaine et soumis, à la fin du voyage, à l'examen de la commission de santé qui exprime son opinion dans un certificat en double expédition. L'une des expéditions est remise, après visa par le commissaire de l'Inscription Maritime, au chirurgien qui doit la représenter, ainsi qu'un certificat de bonne conduite délivré par le capitaine du navire et visé également par le commissaire de l'Inscription Maritime, lorsqu'il a l'intention d'embarquer de nouveau dans la qualité de chirurgien d'un navire du commerce.

Les commissaires de l'Inscription Maritime tiennent une matricule spéciale des chirurgiens embarqués sur les navires du commerce. Ils y inscrivent les certificats produits par ces chirurgiens aux commissions d'examen ; les attestations délivrées par les dites commissions ; les permissions d'embarquement ; les certificats constatant la tenue du journal de bord du chirurgien, et dont un double reste déposé à l'Inscription Maritime ; enfin les certificats de bonne conduite délivrés par les capitaines des navires.

ARMEMENTS EN COURSE.

LETTRE DE MARQUE ; SON CARACTÈRE ; RÈGLES A SUIVRE POUR SA DÉLIVRANCE.

La lettre de marque est l'autorisation que donne le gouvernement à des armateurs, pour combattre et capturer les bâtiments d'une nation ennemie.

C'est, en d'autres termes, une délégation du droit de guerre faite par le gouvernement à des particuliers. *(Portalis.)*

Les bâtiments armés complètement en guerre et dont les capitaines sont pourvus de lettre de marque, sont désignés sous le nom de *corsaires*. (*)

Le Ministre de la Marine peut seul, en France, délivrer des lettres de marque soit pour des armements en course, soit pour des armements en guerre et marchandises. (**).

Dans les Colonies et établissements français d'outre-mer, la même faculté est accordée aux Gouverneurs qui peuvent, aussi, proroger la durée de celles qui sont délivrées en Europe.

Chaque lettre de marque est accompagnée d'un certain nombre de commissions de conducteurs de prises, revêtues, comme les lettres de marque, de la signature du Ministre de la Marine ou de celle d'un Gouverneur de Colonie, selon le cas.

Les administrateurs de la marine en France et aux Colonies sont responsables de l'emploi des lettres qui leur sont adressées, ils ne doivent en faire la remise aux armateurs et capitaines qu'après l'accomplissement des for-

(*) Un bâtiment armé en guerre, qui ne serait pas pourvu d'une lettre de marque serait considéré comme *pirate*.

(**) Les bâtiments armés en guerre et marchandises, et pourvus de lettre de marque, prennent le titre de *Bâtiments lettres de marque*.

malités que nous allons indiquer, et dont l'obligation est imposée par l'arrêté du 2 prairial an XI (22 mai 1803), portant règlement sur les armements en course.

Comment doivent être faites les lettres de marque; formalités a remplir. Constatation de la solvabilité de l'armateur et de sa caution.

Les demandes de lettres de marque sont transmises au Ministre par l'intermédiaire des commissaires de l'Inscription Maritime qui doivent faire constater, avant la remise de la lettre aux armateurs, que leur bâtiment, par sa solide construction et son complet approvisionnement, est en bon état; que le capitaine est suffisamment expérimenté, et que l'armateur et ses cautions sont solvables.

La solvabilité est certifiée par les tribunaux de commerce.

Conditions spéciales pour le commandement des navires armés en course. Composition des équipages.

Les capitaines présentés pour commander des corsaires doivent produire des certificats sur leur conduite et leurs talents, de la part des officiers sous les ordres desquels ils ont servi ou des armateurs qui les ont employés.

Les marins appartenant à l'Inscription Maritime et reconnus aptes à servir sur les bâtiments de l'État, ne peuvent entrer pour plus d'un huitième dans la formation de l'équipage d'un corsaire, à moins d'autorisation spéciale du Ministre de la Marine. Le reste de l'équipage doit être composée de marins de l'Inscription Maritme, pris parmi les hors de service; de français non inscrits, et d'étrangers dans une porportion qui ne peut pas dépasser les deux cinquièmes de la totalité de l'équipage.

Un chirurgien, ainsi que nous l'avons vu, n'est obligatoire que pour 20 hommes; deux chirurgiens pour 90 hommes. Mais il y a lieu de remarquer que l'arrêté de l'an XI dit que le coffre de médicaments sera composé comme ceux des bâtiments de l'état.

De la durée des lettres de marque et de leur prolongation. Falsification ou altération; pénalité.

La durée des lettres de marque est déterminée par le Ministre et sur la proposition des administrateurs de la marine, d'après la nature des croisières, à 6, 12, 18 ou 24 mois; cette durée commence du jour de l'enregistrement au bureau de l'Inscription Maritme.

La prolongation de la durée ne doit être accordée que par l'autorité qui a le pouvoir d'accorder l'autorisation primitive. Annotation de la prorogation est faite sur la lettre de marque.

Tout individu convaincu d'avoir falsifié une lettre de marque est jugé comme coupable de faux en écritures publiques; (*) il est de plus responsable de tous dommages résultant de la falsification ou altération commise.

(*) Code pénal. Livre 3e; titre 1er; chapitre 3; § 3.

DU CAUTIONNEMENT ; QUI LE REÇOIT ? INDICATION QUE DOIT MENTIONNER L'ACTE ; RESTRICTION APPORTÉE A LA FACULTÉ DE CAUTIONNER.

L'armateur d'un bâtiment armé en course est tenu de souscrire un acte d'engagement, désigné sous le titre d'*acte de cautionnement,* au bas duquel une caution s'engage, solidairement avec l'armateur, à payer les dommages-intérêts et amendes qui pourraient être ultérieurement encourus pour le fait du dit armement en course.

Cet acte d'engagement, après avoir été enregistré au bureau du contrôle du chef-lieu de l'arrondissement maritime, est déposé au bureau de l'Inscription Maritime du port d'armement où il doit exister un tableau contenant les noms, professions et demeures des personnes qui ont cautionné des armateurs en course.

L'armateur et la caution déclarent, dans l'acte qu'il souscrivent, affecter leur bien à la garantie du paiement d'une somme qui est fixée à 37,000 francs pour les bâtiments dont le personnel (état-major, maistrance, équipage proprement dit, et garnison), ne s'élève pas à plus de 150 hommes.

Au-dessus de ce chiffre le cautionnement doit être souscrit pour une somme de 74,000 francs; l'engagement doit être alors contracté solidairement par l'armateur, *deux* cautions non intéressées dans l'armement, et le *capitaine.*

Une même personne ne peut servir de caution pour plus

de trois armements non liquidés, et à chaque acte de cautionnement, la personne qui le souscrit doit y indiquer ceux qu'elle a souscrits précédemment pour la même cause.

SOCIÉTÉS FORMÉES POUR LA COURSE ; LEUR CONSTITUTION. DES ACTIONS ; RÉDACTION DE CES TITRES. FORMALITÉS A REMPLIR PAR L'ARMATEUR ; DÉLAI DANS LEQUEL ELLES DOIVENT ÊTRE REMPLIES. DÉCHÉANCE DU DROIT DE COMMISSION.

Les sociétés pour la course, s'il n'y a pas de conventions contraires, sont réputées en commandite, (*) soit que les intéressés se soient associés par des quotités fixes ou par actions.

L'armateur peut, par l'acte de société ou par les actions, fixer le capital de l'entreprise à une somme déterminée, pour régler la répartition des profits ou la contribution aux pertes. Il est tenu, dans les actions qu'il délivre aux intéressés, de faire une mention sommaire des dimensions du bâtiment qu'il se propose d'armer en course, du nombre et de la force de son équipage et de ses canons, ainsi que du montant présumé de la construction et de la mise hors.

L'armateur doit déposer au greffe du tribunal de commerce, dans le quinzième jour après celui du départ du

(*) La société en commandite diffère de la société en nom collectif principalement en ce qu'elle n'établit pas, comme cette dernière, de solidarité entre les associés qui administrent et ceux qui ne fournissent que des fonds ; en outre, ces derniers nommés commanditaires ou associés en commandite, peuvent ne donner que leur argent et rester inconnus.

corsaire pour commencer la course, le compte de construction et de mise hors; ce délai peut cependant, sur la demande de l'armateur, être augmenté de dix jours.

Passé ce dernier terme, si le dépôt n'est pas accompli, l'armateur perd, pour ce seul fait, tout droit de commission. (*) Cette disposition s'applique aux bâtiments armés en guerre et marchandises et à ceux armés en course.

RETENUES DONT SONT PASSIBLES LES AVANCES PAYÉES AUX ÉQUIPAGES DES CORSAIRES, TANT SUR LES SALAIRES QUE SUR LE PRODUIT ÉVENTUEL DES PRISES.

Aux termes des articles 55 et 56 du règlement du 17 juillet 1816, les versements à opérer au profit de la caisse des invalides, des sommes prélevées sur le produit *net* des prises faites par les corsaires, sont fixés à 5 p. %.

Si, à l'armement d'un corsaire, il est payé des avances à l'équipage, ces avances sont considérées comme parts de prise anticipées et, comme telles, assujetties à la même retenue de 5 p. %. Cette retenue a lieu également sur le produit des rançons faites à l'ennemi en mer. (**)

(*) Les droits de commission sont déterminés par l'article 7 de l'arrêté du 2 prairial an XI. Voyez plus loin, sous le titre : *Liquidation des prises*, un autre cas de perte du droit de commission.

(**) Les rançons sont des contributions imposées aux navires capturés, et relâchés après convention de paiement des dites contributions, à la garantie desquelles sont affectés des ôtages comprenant un des principaux officiers de l'équipage du navire rançonné et, en outre, de deux à cinq hommes, selon la force dudit équipage; ces hommes sont choisis parmi ceux de la plus haute paye.

Un navire rançonné ne peut l'être une seconde fois, mais il peut être capturé par un navire autre que celui qui l'a rançonné. Dans ce cas les

Les équipages des navires armés en guerre et marchandises ne supportent que la retenue ordinaire de 3 p. % tant sur leurs salaires payés à l'avance, que sur ceux qu'ils reçoivent au désarmement.

ENCOURAGEMENTS ET IMMUNITÉS ACCORDÉS AUX ARMEMENTS EN COURSE, AINSI QU'AUX ÉQUIPAGES.

Le chapitre 4 de l'arrêté du 2 prairial an XI a déterminé, comme suit, les gratifications à payer pour les prises faites par les corsaires ; la valeur de ces gratifications varie selon l'importance de la prise, c'est-à-dire à raison de la nature de l'armement du bâtiment capturé ; savoir :

POUR LA CAPTURE DE NAVIRES DU COMMERCE CHARGÉS DE MARCHANDISES :

Quarante francs pour chaque prisonnier amené dans les ports.

POUR CELLE DE BATIMENTS DITS *lettres de marque*, ARMÉS EN GUERRE ET MARCHANDISES :

Cent dix francs pour chaque canon du calibre de 4 et au-dessus jusqu'à 12 ;

Cent soixante francs pour celui de 12 et au-dessus ;

Quarante-cinq francs pour chaque prisonnier amené dans les ports.

POUR LA CAPTURE DE CORSAIRES PARTICULIERS ARMÉS EN GUERRE SEULEMENT, ET POUR CELLE DE PETITS BATIMENTS DE L'ETAT, TELS QUE BRICKS, CUTTERS, LOUGRES, etc.

Cent soixante francs pour chaque canon du calibre de 4 à 12 ;

Deux cent quarante francs pour celui de 12 et au-dessus ;

---

obligations souscrites dans le traité de rançon devront être exécutées par le corsaire capteur, à moins qu'il n'abandonne la prise au premier corsaire qui avait réglé la rançon.

Les capitaines de corsaires ne peuvent rançonner un navire que lorsqu'ils sont porteurs de traités de rançon délivrés aux corsaires par les commissaires de l'Inscription Maritime. (Modèle annexé à l'arrêté du 2 prairial an XI.)

Cinquante francs par prisonnier amené dans les ports.

POUR LA CAPTURE DES VAISSEAUX, FRÉGATES DE GUERRE, ET CORVETTES A TROIS MATS.

Deux cent quarante francs pour chaque canon de 4 à 12;

Trois cent soixante francs pour celui de 12 et au-dessus;

Soixante francs pour chaque prisonnier amené dans les ports

Le nombre et le calibre des canons sont constatés par le procès-verbal d'inventaire de la prise; celui des prisonniers par les certificats des officiers, administrateurs ou agents auxquels ils ont été remis. (*)

La caisse des invalides est chargée du paiement des gratifications indiquées ci-dessus. (Article 67, § 5 du règlement du 17 juillet 1816.)

Les capitaines, officiers et volontaires des corsaires, qui se sont distingués, reçoivent, sur la proposition des préfets maritimes, les récompenses et avancements dont ils sont jugés dignes.

Les officiers et matelots qui, par l'effet des blessures qu'ils ont reçues dans les combats, se trouvent hors d'état de continuer leurs services, participent aux demi-soldes accordées aux gens de mer; les veuves de ceux qui ont été tués ou qui sont morts de leurs blessures reçoivent des pensions.

(*) Sans entrer dans des détails sur les cas d'infractions aux lois sur la police de la course, prévus par les articles 32 à 34 de l'arrêté du 2 prairial an XI, il n'est pas inutile de dire que lorsqu'un corsaire français a combattu contre l'ennemi sans avoir préalablement arboré son pavillon national, les armateurs et le capitaine sont privés de tout le produit de la prise qui est confisquée au profit de l'Etat. Mais il y a lieu de remarquer, surtout, que l'équipage n'en est pas moins traité comme si la prise était adjugée aux armateurs; l'Etat leur paie la part qui leur est acquise.

POLICE DU BORD ; OBLIGATIONS DES ÉQUIPAGES.

Les lois et les règlements sur la police et la discipline des militaires sont observés à bord des bâtiments armés en course, ou en guerre et marchandises. Les délits commis par les marins employés sur ces bâtiments sont jugés par les tribunaux institués pour l'armée navale.

L'ordonnance du 31 octobre 1827, sur le service à bord des bâtiments de la marine militaire, charge les commandants de ces bâtiments d'exercer une surveillance active sur les bâtiments français porteurs de lettres de marque (armés en guerre et marchandises) qu'ils rencontrent à la mer, et sur les corsaires français. (bâtiments armés tout en guerre.) (Articles 126 et 129 de l'ordonnance ci-dessus de 1827.)

Les marins composant l'équipage d'un bâtiment armé en course, sont tenus de se rendre à bord vingt-quatre heures après l'avertissement qui leur a été donné au son du tambour ou par le coup de canon de départ, dit l'article 13 § 6 de l'arrêté de l'an XI, sous peine d'être punis comme déserteurs.

Les dispositions que j'ai mentionnées f° 107, sous le titre : *Désertion des marins du commerce*, sont applicables aux navires armés en course; mais la durée des campagnes extraordinaires à la basse paie, est double pour les marins déserteurs de ces derniers navires. (Ordonnance du 31 octobre 1784; titre 18, article 17.)

Fixation des parts revenant aux équipages.

La fixation des parts revenant aux équipages est déterminée par l'arrêté du 2 prairial an XI à raison du grade ou du rang de chacun des membres de l'équipage.

Le capitaine ne peut avoir plus de.	12 parts.
Le capitaine en second ne peut en avoir plus de	10 d°
Les deux premiers lieutenants peuvent avoir. .	8 d°
Les autres lieutenants, le 1er maître et l'écrivain	6 d°
Les enseignes, le 1er chirurgien et 2e maître. .	4 d°
Les conducteurs de prises, pilotes, contre-maîtres, capitaines d'armes, maîtres canonniers, charpentiers.	3 d°
Les seconds canonniers, charpentiers, calfats, maîtres de chaloupes, voiliers, armuriers, quartiers-maîtres et seconds chirurgiens.	2 d°
Les volontaires ont une part ou au plus. . .	2 d°
Les matelots ont une part ou.	1, 1/2 d°
Les soldats ont 1/2 part ou.	1 d°
Les novices ont 1/2 part ou.	3/4 d°
Les mousses ont 1/4 part ou.	1/2 d°

suivant leurs services respectifs et leurs forces.

Ce nombre de parts ne peut être diminué, pour tel ou tel *grade*, qu'à la pluralité de deux voix; mais il ne faut que la pluralité d'une voix pour déterminer une augmentation ou une diminution dans le nombre de parts attribuées aux volontaires, matelots, soldats, novices et mousses En cas de partage des voix, celle du capitaine est prépondérante.

Il peut être alloué, en sus de leurs parts déterminées comme il vient d'être dit, aux officiers ou autres gens de l'équipage qui ont été blessés et estropiés dans les combats, et aux veuves et enfants de ceux qui ont été tués ou qui sont morts de leurs blessures, une gratification payée sur le produit des prises, et qui ne peut excéder le double de la valeur des parts qui leur sont attribuées.

La fixation des parts dans les limites indiquées ci-dessus est faite, au plus tard, dans les huit jours qui suivent le retour du corsaire, en présence du tribunal de commerce et du commissaire de l'Inscription Maritime réunis dans le lieu ordinaire des séances du dit tribunal, par une commission composée du capitaine du corsaire et, en outre, des premiers officiers-majors, au nombre de 6, si la composition de l'équipage permet d'atteindre ce chiffre. L'état de répartition, signé par le président du tribunal et le commissaire de l'Inscription Maritime, conjointement avec le capitaine et les officiers-majors, est déposé au greffe du tribunal.

Si, par une circonstance quelconque, les officiers-majors d'un corsaire ne pouvaient se trouver réunis, le règlement des parts serait opéré, à la requête du commissaire de l'Inscription Maritime, par les juges du tribunal de commerce conjointement avec le dit commissaire. La durée de l'opération de répartition qui ne pourrait durer plus de 6 heures, serait mentionnée dans un procès-verbal à la suite duquel le tribunal rendrait son jugement.

Répartition.

Dans les 8 jours qui suivent l'arrêt, suivant les formes indiquées ci-dessus, de la liquidation générale des prises, l'armateur est tenu de procéder au paiement des parts de prises revenant à l'équipage. Il y serait contraint, au besoin, à la requête du Contrôleur de la marine, sur poursuites et diligences du commissaire de l'Inscription Maritime.

Le paiement des parts de prises ne peut avoir lieu qu'au bureau de l'Inscription Maritime, sur état émargé par les marins qui savent signer ou, à défaut, par le commissaire de l'Inscription Maritime. Les parts revenant aux morts et aux absents sont versées à la caisse des gens de mer, trois jours après le paiement fait au bureau de l'Inscription Maritime.

Il ne peut être promis, avant l'embarquement, aux officiers, soldats, matelots ou autres, aucune part dans les prises, la répartition n'en étant arrêtée, comme je l'ai dit plus haut, qu'après le retour du corsaire.

Tout achat ou vente de parts de prises est formellement interdit; les paiements doivent être faits directement aux marins. A moins d'une décision spéciale du Ministre de la Marine, il n'est admis de procurations que celles qui sont données aux familles. (Règlement du 17 juillet 1816, article 37, § 2.)

Les parts de prises des marins sont, comme leurs salaires, insaisissables. Les seules obligations admises sont celles qui ont pour objet le paiement de loyers, de nourriture ou de vêtements; encore faut-il le consentement du commissaire de l'Inscription Maritime qui doit en faire l'annotation sur les matricules des gens de mer.

Formalités a remplir lors de l'amarinage des prises.

Immédiatement après la prise d'un navire, le capitaine capteur doit se saisir des congés, passe-ports, lettres de mer, chartes-parties, connaissements et tous autres papiers existant à bord. Le tout est déposé dans un coffre ou sac, en présence du capitaine pris, qui est invité à le sceller de son cachet.

Le capitaine capteur fait fermer les écoutilles et autres lieux où il y a des marchandises, et il se saisit des clefs des coffres et armoires.

Tout capitaine, officier, marin ou autre d'un bâtiment capteur qui soustrairait un papier ou effet du navire pris, encourrait la punition de deux ans d'emprisonnement, conformément à l'ordonnance de 1681, sans préjudice de peines plus graves selon les cas prévus par la loi.

Il est également défendu d'ouvrir des coffres, ballots, caisses; de s'emparer de ce qui y est contenu, sous peine de restitution du quadruple de la valeur de l'objet détourné.

Les capitaines qui ont fait des prises doivent les amener ou les envoyer, (*) autant que possible, au port où ils ont armé; si, par force majeure, ils les envoient dans quelque autre port, ils sont tenus d'en donner immédiatement avis aux armateurs.

Il est défendu, sous peine de mort, de couler à fond un bâtiment pris, et de débarquer des prisonniers sur des îles ou côtes éloignées, dans le but de cacher la prise.

(*) C'est en prévision de ces envois de prises qu'il est délivré, en même temps que la lettre de marque, des commissions de conducteurs de prises.

Dans le cas où un capitaine ne pourrait se charger ni d'un bâtiment pris, ni de l'équipage de ce bâtiment, il devrait néanmoins se saisir des papiers, et amener deux principaux officiers prisonniers.

FORMALITÉS LORS DE L'ATTERRISSEMENT DES PRISES.

Dès qu'une prise a été amenée en France, le chef conducteur est tenu de faire, sur les différentes circonstances qui se rapportent à la capture, un rapport à l'officier d'administration de la marine, et de lui remettre, sur récépissé, les papiers et autres pièces trouvées à bord, ainsi que les prisonniers faisant partie du navire pris. La douane doit aussi être informée des prises qui sont amenées en France.

L'officier d'administration de la marine se transporte, aussitôt après, à bord où, en présence du capitaine du navire pris, de 2 officiers ou matelots de son équipage, d'un préposé des douanes et d'un officier du navire capteur, il dresse procès-verbal de l'état des lieux et pose les scellés sur tous les fermants.

Les fonctionnaires de la marine doivent transmettre au Ministre, aussitôt qu'elles leur ont été remises, les lettres trouvées sur les bâtiments ennemis. Celles qui ont été trouvées sur des bâtiments neutres sont ouvertes et lues en présence de l'armateur, puis transmises au Ministre, à moins qu'elles ne contiennent des indications qui fassent juger utile de les joindre aux autres pièces de la procédure.

Au plus tard dans les 24 heures de la remise des pièces, l'officier d'administration de la marine procède à l'instruction de la procédure pour parvenir au jugement des prises.

L'instruction consiste dans la vérification des scellés ; la réception et l'affirmation des rapports ; l'interrogatoire de trois prisonniers; la traduction, par un interprète, des pièces en langue étrangère. Le tout a lieu en présence du principal préposé des douanes, du fondé de pouvoirs des équipages capteurs ou, à défaut de ce dernier, du conducteur de la prise.

Dans le cas d'avaries ou de détérioration de tout ou partie de la cargaison, il est procédé à la vente, après avis publié dans le port d'arrivée et dans les communes voisines. Le produit de la vente est versé à la caisse des prises. (Règlement du 17 juillet 1816, article 12.)

DU JUGEMENT DES PRISES ; A QUI DÉVOLU ? DÉLAI ACCORDÉ AVANT DE STATUER SUR LA VALIDITÉ DES PRISES.

Aussitôt que l'instruction de la procédure est terminée, il est procédé à la levée des scellés et au déchargement des marchandises qui sont placées dans un magasin fermé par trois clefs différentes, dont l'une reste entre les mains de l'officier d'administration de la marine, la deuxième entre les mains de l'officier supérieur de la douane, et la troisième est remise à l'armateur ou à son représentant.

Les objets susceptibles de détérioration peuvent être immédiatement vendus ; il en est de même des navires et des cargaisons en bon état de conservation, lorsqu'il n'y a aucun doute sur la validité de la prise.

Sont de bonne prise :

Tout bâtiment appartenant aux ennemis de l'État, ou commandé par des pirates, forbans, ou autres gens courant la mer sans commission spéciale d'aucune puissance;

Tout bâtiment combattant sous un pavillon autre que celui de l'État dont il a commission, ou ayant commission de deux puissances différentes;

Les bâtiments dont la neutralité ne serait pas justifiée conformément aux règlements ou traités;

Les bâtiments qui auront refusé d'amener leurs voiles après la sommation qui en aura été faite;

Les bâtiments français repris sur les ennemis après qu'ils auront été au moins 24 heures entre les mains de ces derniers. (C'est ce qu'on appelle le droit de *recousse*.)

Ce droit n'est que du tiers de la valeur du navire recous et de sa cargaison, si la reprise a été faite avant les 24 heures. (*)

Si, même, le navire a été abandonné par les ennemis ou si, par tempête ou autre cas fortuit, il revient en la possession des Français avant qu'il ait été conduit dans un port ennemi, il est rendu au propriétaire, quoiqu'il ait été plus de 24 heures entre les mains des ennemis.

Lorsqu'il résulte de l'instruction faite par l'officier d'administration, que le navire pris se trouve dans l'un des cas ci-dessus indiqués, il est procédé au jugement de la prise; c'est-à-dire qu'il est statué en premier ressort sur sa validité, conformément aux dispositions de l'arrêté du 5 ger-

(*) Si la reprise est faite par un bâtiment de l'État, elle est restituée aux propriétaires, sous la condition qu'ils paieront aux équipages savoir:
Si la reprise a été faite avant les 24 heures, le trentième de la valeur de la prise;
Si la reprise a été faite après les 24 heures, le dixième de la valeur de la prise.

minal an VIII, et après qu'il s'est écoulé, depuis la clôture de l'instruction, un délai de 10 jours accordé pour recevoir ou entendre les réclamations.

Composition de la commission chargée de prononcer sur la validité. — Comment est prise la décision.

La commission chargée de statuer, en premier ressort, sur la validité des prises, est composée, conformément à l'arrêté de l'an 8 (article 9, § 2), de l'officier d'administration de la marine (le Commissaire-Général; article 27 de l'ordonnance du 14 juin 1844), du Contrôleur de la marine et du Commissaire de l'Inscription Maritime. (*) La décision est prise à la pluralité des voix; une expédition en est adressée au Conseil d'Etat.

Délai d'opposition dans le cas ou la validité est prononcée.

Si la validité a été prononcée par la commission ci-dessus désignée, chargée de juger en premier ressort, il est accordé un congé de 10 jours pour recevoir les réclamations. A défaut de réclamations pendant ce délai, on peut procéder aussitôt après à la vente.

Si, au contraire, des réclamations sont adressées dans ce délai de 10 jours, ou s'il en a été adressé dans le premier délai accordé à la suite de l'instruction, comme il a été dit plus haut, ou encore, si le jugement de la commis-

(*) Dans les ports de commerce où la commission ne pourrait être composée comme il est ci-dessus, les pièces de la procédure seraient adressées à l'officier d'administration de la marine du port le plus voisin où se trouveraient les trois fonctionnaires dont le concours est nécessaire.

sion qui statue en premier ressort ne prononce pas la validité de la prise, l'officier d'administration doit adresser au Conseil d'Etat, chargé de prononcer en dernier ressort, tous les actes de l'instruction et toutes les pièces qui ont été trouvées à bord.

Mode d'instruction devant le conseil d'État.

L'arrêté du 6 germinal an VIII avait institué un conseil spécial pour le jugement, en dernier ressort, des contestations relatives à la validité ou à l'invalidité des prises.

Ce conseil, dont l'institution n'était que provisoire, aux termes même de l'arrêté de l'an VIII (article 28), a été supprimé par ordonnance du 22 juillet 1814, à compter du 1er novembre même année, et ses attributions ont été dévolues, par l'ordonnance du 9 janvier 1815, au conseil d'Etat. (Comité du contentieux)

L'ordonnance précitée de 1815 ajoutait par son article 2: « Le comité du contentieux, pour l'instruction et le « jugement des affaires qui étaient de la compétence du con- « seil des prises, se conformera aux dispositions de l'arrêté « du 6 germinal an VIII. »

Mais le règlement intérieur du conseil d'État, en date du 15 juin 1850 (inséré au bulletin officiel, page 509), dit à l'article 9 que les projets de décrets relatifs aux *prises maritimes* seront portés à l'assemblée générale du conseil d'État; la raison en est donnée par M. le Commissaire de la Marine Guichon de Grandpont, dans une brochure tout à la fois succincte et savante qu'il a publiée au mois de juillet 1850, sous le titre: *Notions élémentaires sur des matières de droit public et de droit administratif, à l'usage des concurrents pour le grade d'aide-commissaire de la marine.* Il y est dit: « Le conseil d'État a aussi « juridiction sur la validité des prises maritimes, aux termes « des arrêtés combinés des 6 germinal an VIII et 2 prai- « rial an XI. Or, comme en cette matière il ne s'agit pas « d'appliquer ou d'interpréter le droit administratif, mais « les principes et actes du droit international, c'est l'as- « semblée générale du conseil d'État et non la section du « contentieux qui est chargée de cet examen. »

Le conseil d'État ne peut délibérer en séance générale si 21 membres au moins ne sont pas présents. Le président a voix prépondérante en cas de partage.

Les séances de l'Assemblée générale sont présidées par le vice-président de la République. (Loi du 3 Mars 1849.)

Les jours et heures des assemblées générales sont fixés par le conseil d'État, sur la proposition du président.

Il est dressé par le secrétaire-général, pour chaque séance, un rôle des affaires qui doivent être présentées. Ce rôle mentionne le nom du rapporteur et contient la notice de chaque affaire.

Le président a la police de l'Assemblée; il dirige les débats, résume la discussion, pose les questions à résoudre.

Nul ne peut prendre la parole sans l'avoir obtenue.

Les votes ont lieu par assis et levé, ou par appel nominal.

EXÉCUTION DES DÉCISIONS RENDUES PAR LE CONSEIL D'ETAT.

Les décisions sont exécutées à la diligence des parties intéressées, avec le concours de l'administration de la marine, du principal préposé des douanes et d'un fondé de pouvoirs des équipages capteurs.

Dans le cas où la vente du bâtiment ou des marchandises doit avoir lieu, s'il n'y a pas été procédé préalablement, elle est ordonnée par l'officier d'administration de la marine qui y procède avec le concours des deux personnes désignées au précédent paragraphe.

Le produit des ventes est provisoirement déposé dans la caisse des prises.

LIQUIDATION DES PRISES. CONTESTATIONS QUE PEUT SOULEVER LA LIQUIDATION DES PRISES FAITES, SOIT PAR LES BATIMENTS DE L'ETAT SEULS OU CONCURREMMENT AVEC DES NAVIRES ARMÉS EN COURSE, SOIT PAR DES NAVIRES DE CETTE DERNIÈRE CATÉGORIE SEULEMENT; DISTINCTION DE LA JURIDICTION A LAQUELLE IL APPARTIENT DE STATUER.

Dans le mois qui suit la livraison des effets vendus, ou lorsque la perte du corsaire est certaine ou au moins présumée, l'armateur doit déposer au greffe du tribunal de commerce du lieu de l'armement, les comptes du produit de la prise avec les pièces justificatives, sous peine de perdre son droit de commission. (*) Ce tribunal peut accorder à l'arma-

(*) Voir au f° 128 le cas où, au départ du navire, le droit de commission peut être perdu.

teur, sur sa simple requête et sans frais, quinze autres jours pour rapporter les pièces qui manqueraient au dossier.

Le tribunal de commerce procède à la liquidation du produit de la course (*) dans le mois qui suit la remise de toutes les pièces, sauf à laisser pour mémoire les articles qui peuvent donner lieu à un trop long retard, et qui sont réglés par un supplément sommaire à la liquidation.

Les liquidations des prises amenées par les corsaires seuls sont, ainsi que les contestations qui peuvent s'élever sur ces liquidations, jugées dans la forme ordinaire indiquée ci-dessus, c'est-à-dire par les tribunaux de commerce. Les liquidations et les contestations subsidiaires entre l'armateur du corsaire et les intéressés, sont également soumises à la juridiction des tribunaux de commerce. (Arrêté du 6 germinal an VIII.)

Les liquidations des prises faites par les bâtiments de l'État, sont de la compétence des conseils d'administration des ports, et les contestations qui peuvent s'élever sur ces liquidations sont portées au Ministre de la Marine.

Il en est de même des liquidations des prises faites par des bâtiments de l'État concurremment avec des corsaires, ainsi que des contestations auxquelles elles peuvent donner lieu.

(*) Le tiers du produit des prises appartient à l'équipage; mais le montant des avances est déduit sur les parts de ceux qui ont reçu les dites avances.

Les équipages des bâtiments armés en guerre et marchandises n'ont que le cinquième des prises, sans déduction des avances reçues au départ, ni des à-comptes payés pendant le cours du voyage.

Pour quelques dispositions spéciales aux prises qui sont conduites dans les colonies françaises et dans les ports étrangers, il faut voir le titre 3 de l'arrêté du 2 prairial an XI, et l'arrêté du 2 germinal an VIII. (Articles 19 à 26.)

Il est enfin une prescription formelle contenue dans l'un des derniers articles de l'arrêté de prairial an XI ; c'est la défense faite, sous peine de restitution ou de plus grande peine s'il y a lieu, à tous les officiers, administrateurs, agents diplomatiques et commerciaux, appelés à surveiller l'exécution des lois sur les prises, ou à concourir au jugement de la validité des dites prises, d'avoir aucun intérêt dans les armements en course, ou en guerre et marchandises. Il leur est également défendu de se rendre adjudicataires des objets provenant de prises et mis par eux en vente.

NAVIGATION INTÉRIEURE.

PERMIS DE NAVIGATION ; LEUR FORME ; FORMALITÉS AUXQUELLES ILS SONT SOUMIS ; OBJETS DONT LE TRANSPORT PEUT ÊTRE EFFECTUÉ PAR LES BATIMENTS PORTEURS DE PERMIS.

Les navires et embarcations qui sont employés à la navigation des rivières et canaux situés dans l'étendue des quartiers maritimes, ne s'éloignant jamais beaucoup des lieux où se trouvent des fonctionnaires de la marine, il n'a pas paru utile de délivrer aux maîtres ou patrons de ces navires et embarcations des rôles d'équipage contenant les renseignements nécessaires pour l'établissement des actes de l'Etat-Civil ou pour la recherche des déserteurs, mais utiles seulement sur le rôle d'équipage d'un bâtiment qui s'éloigne pour un certain temps des lieux où la marine exerce sa surveillance habituelle.

Une circulaire du 22 Pluviôse an XIII a donc prescrit aux commissaires de l'Inscription Maritime, de ne délivrer aux maîtres et patrons qui naviguent à l'intérieur, qu'un *permis de navigation* disposé dans la forme des rôles d'équipage pour la pêche du poisson frais, c'est-à-dire comprenant les renseignements nécessaires pour reconnaître l'identité du navire, et, quant au personnel, le nom, les prénoms, le grade et le quartier d'inscription de chaque homme de l'équipage, ainsi que les conditions faites par chacun de ces hommes avec le propriétaire du navire ou le patron.

Mais la navigation à l'intérieur n'étant pas comprise dans les services qui donnent droit à pension, et aucune prestation n'étant par conséquent prélevée en faveur de la caisse des invalides, sur les salaires des marins qui font ce genre de navigation, aucun engagement de versement de cette nature n'est pris par les patrons au bas des permis de navigation, qui sont seulement arrêtés par le commissaire de l'Inscription Maritime qui les délivre. Ces permis sont en double expédition ; l'une est remise au maître ou patron, l'autre est conservée par le commissaire de l'Inscription Maritime. (Circulaire ministérielle du 12 septembre 1849.)

Du reste, les permis de navigation sont, comme les rôles d'équipage, assujettis aux formalités du visa dans les relâches, des apostilles, et, aussi, de l'indication de l'embarquement et du débarquement des marins, opérations qui ne peuvent avoir lieu que par l'intervention d'un fonctionnaire de l'Inscription Maritime. (Circulaire précitée du 22 Pluviôse an XIII.)

Les permis de navigation sont renouvelés chaque année comme les rôles au petit cabotage et à la pêche du poisson frais, et ils ne peuvent donner d'autre faculté aux maîtres ou patrons qui en sont porteurs que d'effectuer, dans les rivières et canaux jusqu'en deçà de l'embouchure de ces rivières, des transports de bois, de liquides et de toute espèce de matières ou de denrées. (Circulaire du 12 septembre 1849.)

DÉSARMEMENT ADMINISTRATIF DES BATIMENTS DU COMMERCE.

Le désarmement administratif d'un navire du commerce a pour but de faire rentrer dans la caisse des invalides les droits qui lui sont dus, et de faire constater sur les matricules les mouvements des gens de mer.

Un semblable désarmement ne rompt donc nullement les engagements qui peuvent être pris, dans la limite des règlements, entre le capitaine et les hommes formant son équipage. L'opération consiste à effectuer, au moyen du rôle d'armement dont était porteur le capitaine, le décompte des sommes qui sont dues aux marins, ou seulement le relevé du nombre de jours qu'ils ont passés à bord afin de faire ressortir la prestation à verser dans la caisse des invalides. (Circulaire du 22 novembre 1827, annales maritimes de 1828, page 616.)

ÉPOQUE A LAQUELLE S'OPÈRE LE DÉSARMEMENT D'UN BATIMENT ARMÉ AU LONG-COURS OU POUR LES GRANDES PÊCHES ; AU CABOTAGE ; A LA PETITE PÊCHE.

L'époque du désarmement d'un bâtiment est déterminée à raison du genre de navigation auquel il a été affecté ; ainsi *les bâtiments armés au long-cours ou pour les grandes pêches sont désarmés à la fin de chaque voyage,* attendu que si le bâtiment entreprenait, pour la seconde fois, une navigation souvent très-lointaine, sans que le désarmement eut été effectué, non seulement les droits de la caisse pourraient être compromis, mais aussi les services des marins, qui ne sont justifiés que par le rôle de désarmement formé au moyen des apostilles relevées sur le rôle d'armement dont chaque capitaine est porteur, pourraient être, par suite de sinistre ou de tout autre cas fortuit, entièrement perdus. (Circulaire précitée du 22 novembre 1827.)

Les navires qui font *les voyages au petit cabotage*, et qui reviennent souvent dans les ports de France, de même que ceux qui, faisant *la petite-pêche*, ne quittent jamais leur quartier d'inscription, ne sont *désarmés que tous les ans.*

Cette dernière limite a, du reste, été déterminée aussi dans un double but : celui de mieux assurer le paiement des droits revenant à la caisse des invalides, en ne laissant pas s'accumuler des sommes qui s'élèveraient quelquefois à une valeur supérieure aux ressources d'un pêcheur ou même d'un patron de navire faisant des voyages de petit cabotage, et, en outre, de faciliter la constatation des services des marins, en évitant qu'une multitude de mouvements ne vienne rendre plus difficiles les décomptes des services à transcrire sur les matricules. (Règlement du 17 juillet 1816, article 43.)

DÉCOMPTAGE DU RÔLE D'ÉQUIPAGE; DESTINATION A DONNER AUX SOMMES QUI SONT DUES AUX ABSENTS ET A CELLES QUI ONT ÉTÉ ACQUISES PAR LES DÉSERTEURS.

L'époque du désarmement d'un navire étant déterminée à raison du genre de navigation, les commissaires de l'Inscription Maritime doivent procéder à cette opération, savoir :

1° Pour les bâtiments armés au long cours ou pour les grandes pêches, aussitôt le retour des navires dans les ports de France ;

2° Pour les navires qui font le cabotage ou la petite pêche, à l'expiration d'une année d'armemement ; le désarmement est effectué dans le quartier où le navire se trouve en relâche, à moins que le capitaine ne demande à se rendre directement dans le quartier d'inscription du dit navire.

Le commissaire s'assure que toutes les apostilles mises sur le rôle d'équipage sont bien authentiques ; c'est-à-dire qu'elles sont revêtues de la signature de commissaires ou de syndics de l'Inscription Maritime, pour les mouvements effectués en France, et de celle d'un consul quand l'embarquement ou le débarquement a eu lieu en pays étranger.

Si les hommes débarqués ont été payés de leurs salaires, la mention doit en avoir été certifiée par les fonctionnaires que je viens d'indiquer, de même que si des à-comptes ont été payés aux autres membres de l'équipage.

Enfin, si le paiement a eu lieu dans une localité étrangère où la France n'entretient pas de consul, le paiement doit être certifié par le marin lui-même ou, à défaut, par les principaux hommes de l'équipage. (Circulaire du 16 septembre 1841.)

Le commissaire de l'Inscription Maritime doit ensuite calculer, à raison du temps passé à bord par chaque homme de l'équipage, la solde acquise, si la navigation a eu lieu au voyage ou au mois, afin de faire ressortir la prestation à prélever, à raison de 3 p. $^{0}/_{0}$, au profit de la caisse des invalides.

Si l'armement avait pour objet une navigation de cabotage ou de petite pêche, la prestation fixe que nous allons indiquer sous le titre des retenues à exercer en faveur de la caisse des invalides, serait encore calculée à raison de la durée de l'embarquement. *(Voyez le nota du f° 155.)*

Dans les armements à la pêche de la baleine ou de la morue et dans quelques autres voyages de long-cours, les marins naviguant à la part et devant supporter sur leurs salaires ou bénéfices un prélèvement de 3 p. $^{0}/_{0}$, le commissaire de l'Inscription Maritime réclame du capitaine ou des armateurs, un compte faisant ressortir individuellement les profits acquis par chaque homme embarqué. Un extrait de ce compte, en ce qui concerne les marins absents, accompagne le mandat de versement à la caisse des gens de mer, que le commissaire de l'Inscription Maritime doit toujours expédier pour les marins dont l'absence, au moment des désarmements, se trouve justifiée par les apostilles mises sur le rôle d'équipage. *(Mort, disparition par suite d'évènement de mer, débarquement légal. Règlement du 17 juillet 1816, article 16.)*

Quant aux déserteurs des navires du commerce, leur solde, de même que les parts de prise des déserteurs des navires armés en guerre (corsaires), est divisée en deux parties égales; une moitié est attribuée aux armateurs, à titre de frais de remplacement des déserteurs, et l'autre moitié devient la propriété de la caisse des invalides. Cette dernière moitié est versée dans la dite caisse en même temps que les prestations ordinaires justifiées par le rôle de désarmement. (Article 49 du règlement du 17 juillet 1816.)

Comment est établi le rôle de désarmement.

Le rôle de désarmement est établi en double expédition; l'une reste déposée au bureau de l'Inscription Maritime, et l'autre est remise au trésorier des invalides, accompagnée des mandats de recette des sommes à verser par le capitaine ou les armateurs, soit à la caisse des invalides, pour les prestations ordinaires en faveur de cette caisse ou pour la solde des déserteurs, soit à la caisse des gens de mer, pour les absents.

L'imprimé en usage pour les désarmements est applicable à tous les genres de navigation; il comprend :

1° L'indication du genre de navigation (au long cours, au cabotage, à la pêche de la baleine, de la morue ou du poisson frais);

2° Le nom du bâtiment avec les indications, relevées sur le rôle d'armement et qui constatent l'identité du navire, ainsi que la date de l'armement et celle du désarmement;

3° Les apostilles relevées sur le rôle d'armement et indiquant tous les mouvements d'embarquement en cours de voyage, de mort, de désertion, de débarquement, avec la mention des paiements effectués;

4° Les noms des marins, leur quartier d'inscription, leur grade au service et leurs fonctions à bord;

5° Diverses colonnes sont enfin réservées pour recevoir l'indication de la taxe par mois, de la solde par mois ou du nombre de parts ou de lots; le nombre de jours de présence à bord; le montant des salaires acquis et, enfin, les droits des invalides.

Le rôle est terminé par un résumé faisant ressortir distinctement les sommes à verser à la caisse des invalides et celles qui doivent être déposées à la caisse des gens de mer.

Le capitaine ou l'armateur reconnait l'exactitude du rôle dont il prend l'engagement de payer le montant; le commissaire de l'Inscription Maritime certifie l'exactitude de ce montant et le trésorier des Invalides revêt le rôle de sa déclaration de recette.

Enfin, il est bien de rappeler diverses prescriptions mentionnées dans une circulaire ministérielle du 26 février 1836 et qui se rattachent au mode de décompter les rôles d'équipage ou à la manière d'établir les rôles de désarmement.

Ainsi le Ministre recommande, quel que soit le genre de navigation, de faire ressortir individuellement la somme acquise par chaque homme embarqué; d'établir les décomptes pour la durée entière du voyage, sauf à défalquer les sommes reçues à la revue d'armement, tant par les équipages que par la caisse des invalides; enfin, lorsqu'un même rôle d'armement comprend des hommes payés au mois ou au voyage et d'autres à la part, d'établir sur le rôle de désarmement autant de sections ou de divisions qu'il y a eu d'espèces d'engagement pendant la durée d'armement.

Lorsque le désarmement administratif d'un navire a été opéré dans un quartier autre que celui où il a été armé, le commissaire du quartier de désarmement adresse à celui du quartier d'armement, une copie du rôle de désarmement et, en outre, au quartier d'immatriculation du navire, un état numérique des hommes composant l'équipage, avec l'indication de la date du désarmement; du naufrage, s'il y a lieu; etc. Il adresse également à chaque commissaire intéressé un état des mouvements des marins compris sur le rôle de désarmement, avec l'indication de la destination qui leur a été donnée en dernier lieu; c'est-à-dire leur inscription sur un nouveau rôle, dans le cas de continuation de navigation, ou leur débarquement et leur renvoi dans leur quartier d'inscription.

Retenues a opérer, en faveur de la caisse des invalides, sur les salaires des marins du commerce, selon les diverses natures d'armement.

De même que l'époque des désarmements des navires du commerce varie à raison de la nature du voyage, de même, aussi, cette différence de nature de voyage influe sur le mode de prélèvement des retenues en faveur de la caisse des invalides.

Ainsi, les marins qui naviguent au long-cours, étant généralement engagés au mois ou au voyage, supportent une retenue de 3 centimes par franc sur le montant de leurs salaires.

Si le capitaine ou maître d'un navire en est en même temps le propriétaire, la prestation en faveur de la caisse des invalides est basée sur la solde moyenne des navigateurs qui exercent, sur la même place, des commandements analogues. (Ordonnance du 10 mai 1841.)

Les marins employés à la pêche de la baleine ou du cachalot, et naviguant à la part ou au profit, supportent aussi une retenue de 3 centimes par franc. (Lors du départ d'un navire destiné aux grandes pêches, on indique sur le rôle d'armement la portion attribuée à l'équipage dans les bénéfices éventuels de l'expédition; mais ces bénéfices n'étant connus qu'après la campagne achevée, les armateurs ou consignataires doivent alors remettre au commissaire de l'Inscription Maritime un compte sommaire des résultats de la campagne, certifié par eux et faisant connaître ce qui revient à chacun des hommes de l'équipage. C'est sur ces sommes attribuées à chaque homme dans les bénéfices, qu'est prélevée la prestation de 3 p. % en faveur de la caisse des invalides. — (Ordonnance du 9 octobre 1837.)

Enfin les marins généralement engagés à la part pour le petit cabotage ou pour la petite pêche, supportent une retenue qui est déterminée, comme suit, par l'ordonnance du 9 octobre 1837. (*)

Pour le petit cabotage :

Capitaines ou maîtres.	2 francs par mois.	
Officiers-mariniers.	1	d°
Matelots.	0 f. 75 c. par mois.	
Novices.	0 50	d°
Mousses.	0 25	d°

Pour la petite pêche :

Patrons.	0 f. 80 c. par mois.	
Matelots.	0 50	d°
Novices.	0 30	d°
Mousses.	0 15	d°

Responsabilité des armateurs et capitaines, en ce qui concerne l'acquittement des prestations dues a la caisse des invalides.

Aux termes de l'Edit de 1720, reproduit dans le règlement du 17 juillet 1816, article 66 § 2, les armateurs,

(*) Bien que dans les voyages de grand cabotage les marins naviguent généralement, comme dans les voyages de long-cours, au mois ou au voyage, le ministre, par une circulaire en date du 14 juin 1851, (*Bulletin officiel, page* 450,) a prescrit d'appliquer le tarif du 9 octobre 1837 à toutes les navigations autres que celles de long-cours ou de grandes pêches, c'est-à-dire aux voyages tant de grand que de petit cabotage.
Le compte des salaires ne doit donc plus être réclamé des capitaines ou des armateurs au grand cabotage, que lorsqu'il s'agit de verser à la caisse des gens de mer le décompte des marins décédés, ou à la caisse des invalides la moitié de la solde des déserteurs, conformément à l'édit de 1720 et au règlement du 17 juillet 1816.

capitaines et patrons des navires marchands, sont solidairement responsables de l'acquittement des droits revenant à la caisse des invalides. Il ne leur est fait aucune expédition nouvelle de rôles, jusqu'à ce qu'ils aient rempli leurs obligations précédentes, sans préjudice des poursuites qui peuvent être exercées contre eux pour le recouvrement desdits droits.

RÉCOMPENSES HONORIFIQUES.

Dans la population du littoral, plus que partout ailleurs, il y a de fréquents actes de courage et de dévouement.

Les gens de mer, en effet, chaque jour en lutte avec des éléments de la plus grande violence, la mer et les vents, acquièrent un sang-froid qui les habitue à ne reculer que devant les dangers les plus extrêmes, et trouvent, par suite de cette habitude, de fréquentes occasions de risquer leur vie pour porter secours à leurs semblables en danger de périr.

Ces actes de dévouement ne devaient pas rester inconnus, et, par une décision royale en date du 2 mars 1820, le Ministre de la Marine fut autorisé à décerner des médailles aux marins qui exposent leur vie pour sauver les personnes ou les propriétés en danger de périr dans les flots.

Cette décision fut complétée par une ordonnance du 12 avril 1831, qui autorisa les marins et autres riverains concessionnaires de médailles à les porter à la boutonnière, suspendues à un ruban tricolore.

Nature des récompenses honorifiques ; conditions dans lesquelles elles sont accordées par les soins du département de la marine.

Ainsi que je viens de le dire, les récompenses honorifiques accordées par le ministre de la marine consistent dans le don de médailles d'or ou d'argent, qui offrent une légende commémorative du motif de la concession. (*)

Par une décision du 7 février 1849, notifiée dans une circulaire du 12 du même mois, (bulletin officiel de 1849, page 77), le ministre a déterminé une dimension différente pour chacune des deux classes de médailles d'or et de médailles d'argent, et il a fait connaître que désormais chaque médaille sera accompagnée d'un diplôme dont le modèle est joint à la circulaire précitée.

Le Ministre rappelle enfin les diverses conditions prescrites pour la concession de ces médailles. Ces règles peuvent se résumer ainsi : il faut, pour que l'administration locale adresse une proposition de cette nature au Ministre, qu'elle soit accompagnée de pièces justifiant que le sauveteur a *compromis ses jours* en bravant un *danger réel* auquel il n'eut pas été blâmable de ne pas s'exposer. (Circulaire non insérée aux annales, du 7 septembre 1831.)

Les circonstances qui déterminent la compétence de la

(*) Indépendamment des médailles dont la concession a lieu dans les circonstances qui sont indiquées ici, le ministre accorde quelquefois aussi, à titre de *récompenses honorifiques*, des *témoignages de satisfaction* pour des actes de courage et de dévouement. (Une longue série de ces sortes de récompenses a été publiée dans le dernier numéro du bulletin officiel de 1850 et dans les numéros 2 et 7 de 1851.)

marine pour formuler les propositions, sont précisées dans une autre circulaire ministérielle du 21 avril 1832, comme il est dit ci-après :

1° Faits passés en mer ou sur les côtes de la mer, quels que soient les auteurs ;

2° Faits passés sur une rivière, dans la circonscription d'un quartier maritime, et dont un marin est l'auteur ;

3° Faits passés sur une rivière, dans la circonscription d'un quartier maritime, quels que soient les auteurs, s'ils ont eu pour objet des secours à porter à un bâtiment de mer en danger de naufrage ou naufragé.

Une circulaire du 21 mars 1820, portant notification de la décision royale du 2 du même mois, en faisant connaître que les médailles étaient destinées à remplacer les indemnités pécuniaires, seules récompenses accordées jusqu'alors aux marins pour faits de sauvetage, invitait les autorités maritimes à entourer la remise de ces médailles d'une certaine solennité, en en faisant la remise à bord, si le marin était embarqué, ou, dans le cas contraire, à terre au bureau de l'Inscription Maritime, en présence des six plus anciens capitaines ou patrons.

§ 3.

PÊCHES MARITIMES.

Les pêches maritimes sont la source inépuisable des hommes de mer qui, après avoir pendant les premières années de leur vie, couru sur le rivage pour y saisir, pour en arracher quelques coquillages, s'élancent, encore enfants, dans les embarcations qui se livrent à la pêche côtière; et là, luttant sans cesse contre l'inconstance de la mer, prêtant la main aux intelligentes manœuvres de leurs guides, de leurs maîtres dans l'art de la navigation, ils acquièrent enfin la force et le savoir nécessaires pour entreprendre les grandes pêches si productives en hommes de mer que la France n'hésite pas à faire les plus grands sacrifices pécuniaires pour encourager ces sortes d'armements.

C'est, en effet, de ce dernier genre de pêche que naissent les hommes du plus grand courage, du plus grand sang-froid et de la plus grande agilité que possède la population maritime. (*)

PÊCHE DU POISSON FRAIS OU PETITE PÊCHE.

CONDITIONS AUXQUELLES EST LIBRE LE DROIT DE PÊCHE MARITIME.

Aux termes de l'article 1er, titre 1er, livre V, de l'or-

(*) Il existe deux genres de pêche dont il n'est pas fait mention dans le programme : la pêche du corail qui peut être rangée parmi les grandes pêches, et la pêche ou coupe du varech, sart ou gouesmond qui fait partie de la pêche côtière. La pêche du corail est à peu près abandonnée par les Français (*Voyez Hautefeuille, Code de la pêche maritime*), et la pêche ou coupe du Varech est placée sous la surveillance des préfets de départements.

donnance de 1681, la pêche de la mer est déclarée libre et commune à tous les Français, tant en pleine mer que sur les grèves, mais sous la restriction de n'employer que les filets et instruments permis par la même ordonnance.

Cette restriction qui n'est que l'application de mesures de police, utiles surtout aux gens de mer, consiste dans la fixation de la forme et de la dimension des instruments de pêche, afin d'éviter que la capture du poisson non encore complètement développé n'en amène la destruction ; ces mesures de police ont aussi pour but de déterminer l'ordre dans lequel doit s'effectuer la pêche qui a lieu en commun, et le rang que doit occuper chaque navire, afin de s'opposer encore là à ce que des causes de rivalité ne disposent les pêcheurs à s'entre-nuire.

Si des pêcheurs appartenant à diverses nations sont amenés par la situation des côtes respectives qu'ils habitent, à se rencontrer fréquemment sur les points où s'exerce leur industrie, leurs droits et leurs devoirs sont alors réglés par des dispositions prises de concert entre le gouvernement Français et les gouvernements étrangers. Telle est la convention conclue le 2 août 1839, entre la France et l'Angleterre, pour réglementer la police de la pêche dans la Manche, et que nous allons bientôt examiner.

Ses limites.

Les limites de la pêche maritime résultent des termes de la loi du 15 avril 1829, sur la pêche fluviale, où il est dit : « Article 3.—Les limites entre la pêche fluviale et la

« pêche maritime seront les mêmes que celles de l'Inscrip-
« tion Maritime », et de ceux de la loi du 3 brumaire an IV, dont l'article 2 est ainsi conçu : « sont compris dans « l'Inscription Maritime :

. . . .

« Ceux qui font la navigation ou la pêche de mer sur les « côtes ou dans les rivières, *jusqu'où remonte la ma-* « *rée*; et pour celles où il n'y a pas de marée, jusqu'à « l'endroit où les bâtiments de mer peuvent remonter. »

Une ordonnance du 10 juillet 1835 a déterminé, pour chaque localité et selon l'esprit de la loi précitée du 15 avril 1829, les points où sont les limites de l'Inscription Maritime.

Il y a lieu de remarquer cependant que, bien que la pêche maritime (c'est-à-dire la pêche exempte de redevances envers l'Etat) ait pour limites la partie des rivières (*) où le grand flot de Mars cesse de se faire sentir, *la police de la pêche* commence à rentrer dans les attributions de l'administration des eaux et forêts au point de cessation de la salure des eaux. (Loi du 15 avril 1829, article 3.)

Avec quelles embarcations peut se faire la pêche maritime.

Avant l'année 1726, les pêcheurs avaient la faculté de se servir, pour l'exercice de leur industrie, de bateaux plats nommés généralement *picots* et *picoteurs* ; à cette époque, le Roi préoccupé des dangers que présentait ce genre de na-

(*) Sans distinction des rivières se jetant directement dans la mer, et des rivières ne s'y jetant pas directement. (Note publiée par M. Marec, le 14 février 1835, sur la fixation des limites entre la pêche fluviale et la pêche maritime.)

vigation, prescrivit, par ordonnance du 23 avril 1726, (Valin, tome 2, page 654), à tous les pêcheurs qui font la pêche à la mer, le long des côtes et aux embouchures des rivières, de ne se servir que de bateaux avec quille, mâts, voiles et gouvernail, à peine de confiscation des bateaux, filets et poissons ; de cent livres d'amende ; de la perte de la qualité de maître de bateau, et d'impossibilité d'exercer dans l'avenir les fonctions de pilote.

Cependant, sur la réclamation de propriétaires de pêcheries nommées *bouchots*, établies sur les côtes d'Aunis (amirauté de la Rochelle), le Roi, par décision du 11 janvier 1727 (Valin, tome 2, page 699), autorisa l'usage de bateaux plats nommés *acons*, exclusivement réservés pour le service des dits *bouchots*.

CONDITIONS IMPOSÉES A L'EMBARQUEMENT DE TOUT MARIN.

Les conditions que nous avons indiquées comme étant généralement applicables aux armements des navires du commerce, reçoivent aussi leur application particulière pour les armements à la petite pêche ; ainsi, tous les individus faisant partie intégrante de l'équipage doivent appartenir à l'Inscription Maritime, et aucun embarquement ou débarquement de marin ou même de passager ne peut avoir lieu sans l'intervention du commissaire de l'Inscription Maritime, de quelque peu de durée que doive être le séjour à bord.

Sans cette obligation, en effet, comment exercer une surveillance réelle sur la police des pêches ; comment constater si le patron d'un bateau a bien sur son rôle d'équipage un nombre d'hommes en rapport avec celui qui existe réellement à bord ; comment enfin, dans le cas de sinistre, justifier la disparition des hommes tombés à la mer.

A QUI APPARTIENT LA POLICE DE LA PÊCHE DU POISSON FRAIS.

La police générale des pêches maritimes appartient au Ministre de la Marine, sur toute l'étendue du littoral ; dans chaque arrondissement, ces attributions sont dévolues au Préfet maritime. (Ordonnance du 14 juin 1844, article 11.)

Le Commissaire-Général dans les ports principaux, et le chef maritime dans les sous-arrondissements, sont chargés, sous l'autorité du Préfet maritime, de transmettre les ordres concernant ce service aux commissaires de l'Inscription Maritime qui ont, au nombre de leurs attributions, l'exercice d'une surveillance continue, tant sur la police des grandes pêches maritimes, que sur celle de la pêche du poisson frais.

Les commissaires de l'Inscription Maritime doivent adresser aux tribunaux compétents les procès-verbaux constatant les infractions commises par les pêcheurs. (*) Ils sont secondés par les syndics des gens de mer, les gardes-maritimes spécialement assermentés pour constater ces sortes d'infractions, et les gendarmes maritimes.

(*) Le Ministre, dans une circulaire du 24 juin 1851, (bulletin officiel, page 476,) rappelle qu'aux termes d'une autre circulaire du 15 septembre 1840, les commissaires de l'Inscription Maritime doivent toujours citer dans leurs plaintes ou requêtes en matière d'infraction aux lois et règlements maritimes, le texte même de l'acte en vertu duquel la condamnation doit être demandée par le ministère public, ainsi que le texte de l'article 5 de l'ordonnance du 22 mai 1816, lequel attribue à la caisse des invalides le produit des amendes et confiscations prononcées pour contraventions aux lois et règlements maritimes.

Dans certaines localités, des gardes-jurés, des inspecteurs de pêches et des commandants de bâtiments désignés sous la dénomination de bâtiments gardes-pêches ou bâtiments croiseurs, sont aussi chargés d'exercer une action directe et incessante sur les faits qui se rattachent à la police de la pêche du poisson frais.

Mais les attributions de ces divers fonctionnaires, à l'instar de celles qui étaient anciennement dévolues aux officiers de l'amirauté, ne s'étendent pas à la surveillance du poisson que l'on expose en vente dans les marchés publics; le soin de cette surveillance appartient aux officiers ordinaires de police, ainsi que cela a été décidé par l'article 12 de la déclaration du 24 décembre 1726.

LIMITES DE LA PÊCHE SUR LE LITTORAL.

L'ordonnance de 1681 (livre IV, titre VII, article 1er) déclare bord et rivage de la mer, tout ce qu'elle couvre et découvre pendant les nouvelles et pleines lunes, et jusqu'où le grand flot de mars peut s'étendre sur les grèves. (*)

Le Ministre rappelle encore les recommandations contenues dans la circulaire du 21 juin 1850, où il est posé en principe :

1° Qu'aucune poursuite devant les tribunaux ne doit être intentée, au nom de l'établissement des invalides, qu'après autorisation donnée par dépêche du ministre, *sous le timbre Invalides*;

2° Que les seuls frais de procédure et de justice qui puissent légalement être mis à la charge de la caisse des invalides sont ceux qui se rapportent à des instances suivies, comme il vient d'être dit, au nom de l'établissement des invalides et dans son intérêt spécial. (Articles 12 et 13, titre V, de la loi du 13 mai 1791, et article 579 de l'ordonnance générale du 31 mai 1838, sur la comptabilité publique.)

(*) Voyez circulaire du 3 avril 1851. (Bulletin officiel, n° 10, page 288.)

Voilà pour les limites du côté de la terre, entre le domaine public de la France et le domaine privé de ses habitans.

Mais il est d'autres limites qui ont pour but de déterminer la partie du littoral en dedans de laquelle les sujets de la nation riveraine peuvent seuls jouir de certains avantages, et au-delà de laquelle ces avantages deviennent communs à toutes les nations, en vertu du principe de la liberté des mers proclamé en 1609 par le hollandais Grotius (*) et reproduit par le jurisconsulte Valin dans son commentaire de l'ordonnance de 1681.

Ces limites, dit encore Valin, ont été fixées par les traités de paix et de commerce, à deux lieues de la côte, (**) et au-delà de cette distance, la navigation doit être absolument libre. En deçà, le droit de chaque nation doit être respecté de manière que d'autres que ses sujets ne puissent y naviguer et commercer et, à plus forte raison, y faire la pêche.

Ces principes généraux sont quelquefois aussi modifiés par des conventions spéciales, ainsi que nous le verrons plus loin en parlant de la pêche des huîtres et de la pêche de la morue.

LIEUX DÉFENDUS.

Nous venons de citer l'article de l'ordonnance de 1681

(*) Une traduction du *Mare liberum* d'Hugues Grotius a été donnée par M. le commissaire de la marine Guichon de Grandpont, dans les annales maritimes de 1845.

(**) La distance que Valin lui-même déclare universellement reconnue est celle qui peut être gardée par les armes; c'est-à-dire à la portée du canon. (C'est aussi l'opinion de M. Beaussant.)

qui détermine, sur les rivages, la partie jusqu'où s'étend le domaine public. Mais dans cette partie du domaine public dont l'usage devrait être commun à tous les sujets de la nation, certains points ont été l'objet de concessions particulières, au détriment de la majorité des habitants du littoral qui ne vivent que du produit de la pêche journalière; tels sont les parcs et pêcheries réservés à des particuliers, et où il est défendu à tous autres d'aller pêcher soit du poisson, soit des coquillages, et même d'en approcher dans ce but plus près que de dix brasses. — *16 mètres, 24 centimètres.* (Déclaration du Roi du 18 mars 1727, titre 10, article 13.)

Nous aurons plus loin occasion d'examiner la législation particulière à ces parcs et pêcheries.

DES DIVERSES ESPÈCES DE FILETS, SÉDENTAIRES OU TRAINANTS.

La législation en matière de petite pêche maritime, est d'autant plus difficile à analyser que, depuis plus d'un siècle, aucun acte contenant des règles complètes sur cette matière n'a été publié.

Il faut donc se reporter au livre V de l'ordonnance de 1681, dont une grande partie des dispositions a été traitée de nouveau et séparément dans diverses déclarations ou ordonnances royales que nous aurons à citer fréquemment, et dont les principales sont la déclaration du 23 avril 1726 et celle du 18 mars 1727, insérées dans le 2e volume du commentaire de Valin.

Mais il est un autre ouvrage dont je recommande la lecture à ceux qui voudront mieux se pénétrer de la législation en matière de petites pêches ; c'est le code maritime de M. Beaussant dont le 2ᵉ volume contient sur ce sujet des indications assez étendues.

Enfin, le dictionnaire des pêches, publié en 1827 par M. Baudrillart, contient, indépendamment d'un exposé de la législation qui nous occupe en cet instant, (Voir, dans ce dictionnaire, aux mots : *Pêches maritimes*,) un recueil de règlements sur la même matière.

Les diverses espèces de filets en usage parmi les pêcheurs sont désignées sous deux titres génériques : *Filets sédentaires* et *Filets traînants*.

D'après les principes posés dans la déclaration royale du 23 avril 1726, touts filets traînants, quelle qu'en soit la forme, sont prohibés. (*)

Nous n'eussions donc pas eu à nous en occuper, si cette déclaration ne comportait elle-même une restriction par suite de laquelle l'usage de certain filet ou instrument appelé dreige ou *drague*, et exclusivement employé à la pêche des huîtres, n'était maintenu.

Enfin, par suite de réclamations des pêcheurs, le rets traversier ou *chalut* a été aussi l'objet d'une nouvelle exception, ainsi que nous allons le faire connaître au titre des filets traînants.

Nous nous occuperons ensuite de la seconde division

(*) Voir le bulletin officiel de 1830, nº 33, page 285, qui rapporte un jugement du tribunal de la Rochelle, en date du 22 août 1830, faisant application de la déclaration du 23 avril 1726.

comprenant les filets les plus généralement en usage sur le littoral et désignés sous le titre générique de filets sédentaires, ou bien encore de *filets dormants ou flottants.*

NOMENCLATURE DES FILETS PERMIS ; LEURS FORMES. TEMPS PENDANT LEQUEL ON PEUT S'EN SERVIR.

Filets traînants.

Les filets traînants dont l'usage est autorisé, sont très-peu nombreux ainsi que nous venons de le reconnaître ; ils se réduisent à deux :

La drague armée de fer, spécialement réservée pour la pêche des huîtres ;
Le chalut (ou rets traversier).

La déclaration du 23 avril 1726, après avoir proscrit l'usage de toute espèce de filet traînant, s'exprime ainsi dans son article 36 :

« La pêche de l'huître continuera d'être faite avec la
« dreige armée de fer, de la même manière et ainsi qu'il
« s'est pratiqué jusqu'à présent. »

M. Beaussant donne sur cet instrument quelques renseignements d'où il résulte que la dreige ou *drague* avec laquelle se fait la pêche des huîtres, est un filet armé de fer dont on se sert quand on fait en bateau la pêche de ce coquillage. Le fer a ordinairement la forme d'une pelle recourbée, de six pieds (1^m, $949^m/^m$) de long sur deux pieds (0^m, $650\ ^m/^m$) de hauteur, et le filet est fait souvent en lanière de cuir de bœuf.

Nous verrons, sous un autre titre, les mesures spéciales à la pêche des huîtres prises sur certaines côtes et dans diverses localités.

Le filet traînant connu sous le nom de chalut (ou rets traversier), compris d'abord dans la proscription générale prononcée par la déclaration de 1726, a été, depuis cette époque, l'objet de plusieurs décisions dont la plus importante est une ordonnance du 31 octobre 1744, portant rétablissement de l'usage général de ce filet depuis le 1er septembre jusqu'au dernier avril de chaque année, mais à la condition qu'il ne sera employé qu'à bord des bateaux de six tonneaux au moins et à une lieue au large des côtes.

La même ordonnance rappelle les dimensions déterminées pour ce filet par les ordonnances antérieures, d'où il résulte que la forme doit être celle d'un sac à l'extrémité duquel se trouve un bout ayant la forme d'un carré long émoussé; l'ouverture du chalut et sa profondeur doivent être chacune de sept à huit brasses (11m 369m/m à 12m 993m/m), et la longueur du bout carré doit être de 5 à 6 brasses (8m 121m/m à 9m 745m/m.) Les mailles doivent toutes avoir 18 lignes (0m 041m/m) au moins en carré. (*)

La moitié de l'ouverture, c'est-à-dire la partie supérieure, doit être garnie de flottes de liège, et l'autre moitié, la partie inférieure, doit être garnie d'un cordage d'environ

(*) Nous pouvons, dès à présent, faire une observation qui s'applique à toutes les espèces de filets; c'est que les mailles doivent présenter les dimensions réglementaires, lorsque les filets sont mouillés. (Règlement général du 23 juin 1843 concernant les pêcheries entre la France et l'Angleterre, article 55.)

deux pouces (0m 054 m/m) de grosseur, chargé d'une livre (0k 500g) de plomb ou de pierres par brasse (1m 624m/m) tout au plus.

Quelques autres dispositions spéciales à diverses localités sont venues, depuis 1744, modifier, dans ces localités, l'usage du chalut. Ainsi une ordonnance du 13 mai 1818 a prescrit, pour l'arrondissement de Cherbourg, l'emploi d'un chalut de dimensions autres que celles que nous venons d'indiquer, et le cordage qui entoure la partie inférieure de l'ouverture du filet est garni d'une chaîne de fer. La pêche avec le dit filet ne peut être faite qu'à deux ou trois lieues des côtes selon l'époque de l'année; et, pendant la saison de la pêche du hareng, au moins à une lieue au vent des parages où se pratique cette dernière pêche. (*)

Enfin des mesures étaient contenues dans la même ordonnance de 1818 pour réglementer, dans les quartiers du Hâvre et de Honfleur, l'emploi d'un petit chalut connu sous le nom de *chalut à la chevrette*, mais dont l'usage ne devait être toléré que jusqu'à extinction de ceux qui existaient alors.

Filets sédentaires.

L'ordonnance de 1681 avait déterminé certaines espèces de filets sédentaires dont les désignations diverses se trouvent sensiblement accrues dans la déclaration du 18 mars

(*) Un arrêté du président de la République, du 12 avril 1850, permet, pour les côtes des Sables d'Olonne, l'usage du chalut pendant le temps prohibé par l'ordonnance du 31 octobre 1744 (du 1er mai au 31 août), sous la condition de se conformer aux dispositions de l'ordonnance du 13 mai 1818. (Bulletin officiel de 1850, nº 16, page 386.) Depuis longtemps, d'ailleurs, l'autorisation est renouvelée tous les ans.

1727, qui forme aujourd'hui encore le recueil le plus complet des prescriptions en semblables matières. (*) Il est bien de remarquer toutefois, avec Valin, que les divers noms qui existent dans la déclaration de 1727 ne désignent pas pour l'ordinaire des filets différents de ceux qui étaient mentionnés dans l'ordonnance de 1681, mais seulement leurs différentes dénominations, plusieurs étant connus sous des noms particuliers selon les localités, et, encore, peut-on ajouter qu'il existe bien d'autres désignations que n'a pas rapportées l'ordonnance de 1727.

Avant de commencer l'exposé de l'analyse de la déclaration du 18 mars 1727, qu'il me soit encore permis une nouvelle observation.

Les filets dont nous allons indiquer la nomenclature, les formes et le temps pendant lequel on en fait usage, se divisent en deux catégories distinctes :

(*) La déclaration de 1727 est spéciale aux côtes de l'arrondissement de Cherbourg; mais, outre que Valin semble disposé à la considérer comme applicable aux autres localités, il y a lieu de considérer que cette déclaration paraît elle-même basée sur l'ordonnance générale de 1681. Cependant les opinions sont bien diverses parmi les jurisconsultes, et il y a longtemps que la pêche sur le littoral réclame une nouvelle législation.

Une déclaration, non rapportée par Valin, est citée par Beaussant comme étant spéciale au Languedoc ; elle porte la date du 24 août 1728. Cette déclaration réglemente trois genres de pêche particuliers à la Méditerranée: *la tartane, le boulier et la bastude*. La pêche de la tartane doit se faire avec une espèce de dreige ayant une poche, à seize brasses (25m, 986mm) de profondeur d'eau, tirant au large, et avec des filets ayant des mailles d'au moins neuf lignes (0m, 020mm) en carré. La pêche du boulier, instrument traînant, est permise avec des filets dont les mailles sont de neuf lignes (0m, 020mm) en carré, mais à 200 brasses (324m, 830mm), au moins, des embouchures des étangs et rivières pendant le temps du frai. La pêche de la bastude, filet flotté, est toujours permise en mer, mais défendue dans les étangs salés pendant les mois de mars, avril, mai et juin.

1° Ceux qui se tendent sur piquets et qui décrivent alors certains contours d'où sont venus les noms de hauts parcs et de bas parcs;

2° Ceux qui, placés également sur des pieux ou tendus au moyen des flottes et de poids, sont désignés par nous sous le titre générique de filets sédentaires. (Dormants ou flottants.)

Pour ceux de la seconde catégorie nul doute que ce ne soit ici le lieu d'en parler. Quant aux autres la désignation, de *parcs* qui leur est donnée semblerait devoir les faire classer parmi les parcs et pêcheries dont nous aurons à parler dans quelques instants; mais il m'a semblé que la désignation de *parcs* et de *pêcheries* devait ne s'appliquer qu'à des constructions permanentes, soit en bois, soit en pierres, et qu'ici il ne s'agissait que de légères constructions temporaires dont les filets sont l'élément principal. Cette raison m'a déterminé à ne pas séparer les parties qui forment l'ensemble de la déclaration de 1727.

HAUTS PARCS (ou *étangs*, *étates*, *hautes pentières*, *hauts étaliers*, *palis*, *marsaiques et harenguières*.) Les filets désignés sous ce titre ont un pouce (0m, 027m/m) ou neuf lignes (0m,020m/m) en carré; ils sont tendus sur des perches hautes de quinze pieds (4m. 872m./m.) hors des sables et plantées à huit pieds (2 m. 599m./m.) au moins les uns des autres, formant une ligne droite perpendiculaire au rivage. (*)

Les pêcheries formées, comme il vient d'être dit, au moyen

(*) Aux termes de la déclaration du 18 mars 1727, le bas des filets placés sur les perches devait être éloigné du sable de 3 pouces (0m 081m/m) au moins, et les dernières perches du côté de la mer pouvaient être placées de manière à faire retourner le filet en forme de crochet. Une déclation du 20 décembre 1729, rappelée par M. Beaussant, aurait permis aux pêcheurs de tendre leurs filets jusqu'aux ras du sable et leur aurait défendu, en même temps, de donner aux filets, à l'extrémité du coté de la mer, la forme d'un crochet.

de filets nommés *hauts parcs*, doivent être éloignées les unes des autres d'au moins six brasses (9m. 744 m./m.)

BAS PARCS (*ou tournées, fourées, fouresses, courtines, bas étaliers et venets.*) Ces filets ont les mailles de 2 pouces (0m. 054m./m.) au moins en carré ; ils sont tendus sur des pieux, piquets ou piochons hauts de quatre pieds (1m. 299m/m.) au plus hors des sables, plantés à une brasse (1m. 624m/m.) au moins les uns des autres et décrivant une équerre, un fer à cheval, un demi-cercle ou un crochet. (*) Les pêcheurs peuvent placer au fond, des guideaux, verveux et autres instruments dont il sera fait mention plus loin.

L'ouverture de la figure décrite par la position qu'occupent les pieux ne doit être que de cinquante brasses (81m. 210m./m.); si la figure représente une équerre, les ailes, pannes, bras ou côtés formant chacun une ligne droite, ne peuvent avoir que 50 brasses (81m. 210m./m.) de long, et si elle représente un fer à cheval, un demi-cercle ou un crochet, elle ne peut, en totalité, avoir plus de 100 brasses (162m. 420m./m.) d'étendue.

Plusieurs pêcheries faites avec les filets ci-dessus ne peuvent être placées les unes à côté des autres, parallèlement au rivage, qu'à la distance de 20 brasses (32m, 484m/m); si elles sont

(*) La déclaration de 1727 prescrivait de ne pas enfouir le bas des filets; la déclaration de 1729 autorise les pêcheurs à enfouir le bas de leurs filets dans le sable, ou à les arrêter au moyen de pierres ou de crochets quand ils sont placés sur un fond dur.

Au reste, cette déclaration de 1729, spéciale aux mêmes localités que la déclaration de 1727, mais que je n'ai pas trouvée dans Valin, aurait aussi autorisé la construction de pêcheries d'une forme particulière. Des filets sont superposés les uns au-dessus des autres au moyen des perches placées en rond et ayant 15 à 18 pieds, (4m. 872m./m. à 5m. 846m./m.) de hauteur; les filets du bas ont des mailles de 2 pouces (0m. 054m./m.) en carré et ceux du haut ont des mailles de 9 lignes (0m. 020m./m.) au moins: Une chasse, ou rangée de piquets tendus de filets, réunit la pêcherie au rivage. Il peut être ainsi établi plusieurs pêcheries à cinquante brasses (81m. 210m./m.) les unes des autres.

placées les unes au-dessus ou au-dessous des autres en allant de la côte à la mer, elles peuvent n'être établies qu'à 10 brasses (16m, 242m/m) de distance.

DES PARCS DE FILETS COUVERTS ET NON COUVERTS (*ou perd-temps*). Les mailles des filets de la chasse, de l'enceinte et de la couverture, ont deux pouces (0m, 054m/m) au moins en carré.

Les filets tendus de manière à ce que le bas ne soit pas enfoui sont attachés sur des pieux, piquets ou piochons élevés de 4 pieds (1m, 299m/m) au plus au-dessus des sables et éloignés les uns des autres d'au moins une brasse (1m, 624m/m.)

La longueur de la chasse qui aboutit à l'embouchure du parc, ne peut être que de 30 brasses (48m. 726m/m) au plus.

DES RAVOIRS. Ils se divisent en deux catégories : *les ravoirs simples ou rets entre l'eau* et *les ravoirs ou rets entre l'eau tramaillés*. Les premiers ont les mailles de deux pouces (0m. 054m/m) en carré, et les seconds ont les mailles de la toile, nape, flue ou rets du milieu de deux pouces (0m; 054m/m) aussi en carré, et celles des tramaux ou hameaux qui sont des deux côtés, sont de 9 pouces (0m. 244m/m) au moins en carré.

Ces filets, retroussés de manière à ce que le bas soit éloigné du sable de 6 pouces (0m, 162m/m) au moins, sont attachés à des pieux, piquets ou piochons de 4 pieds (1m, 299m/m) de bout hors des sables, plantés en droite ligne horizontalement au rivage et éloignés d'une brasse (1m, 624m/m) au moins les uns des autres.

Deux ravoirs ne peuvent être placés près l'un de l'autre à une distance moindre de 10 brasses (16m, 242m/m).

GUIDEAUX, BENATRES ET VERVEUX. L'ordonnance du 18 mars 1727 forme trois catégories de filets à l'usage de ces pêcheries; savoir :

1° *Guideaux à bas étaliers et guideaux volants ;*

2° *Benâtres volants*, *baches*, *chausses*, *sacs*, *gones*, *tonnes et nasses ;*

3° *Verveux*, *clirets*, *entonnoirs et tonnelles volants.*

Les mailles de ces filets doivent avoir au moins deux pouces (0m, 054m/m) en carré ; la même dimension et les autres prescriptions que nous allons indiquer sont applicables à toutes autres pêcheries non flottées, montées sur pieux, piquets et piochons et connues sous tel nom que ce soit.

Les filets de la première catégorie sont faits en forme de chausse ; ils sont posés entre deux pieux ou piquets qui ne peuvent s'élever de plus de 4 pieds (1m, 299m/m) au dessus des sables, et qui ne peuvent être éloignés l'un de l'autre de plus d'une brasse (1m, 624m/m).

Les filets de la deuxième catégorie sont faits de la même forme que ceux de la première, et attachés à un chassis ou carrure de bois pareillement posé entre deux pieux ou piquets éloignés aussi d'une brasse (1m, 624m/m) l'un de l'autre, et élevés au plus de 4 pieds (1m, 299m/m).

Les filets de la troisième catégorie sont faits en forme d'entonnoir dont l'entrée est amarrée sur un demi-cercle de bois qui est arrêté par une traverse de corde, et le reste du filet est tenu ouvert par plusieurs cercles de bois éloignés de deux pieds (1m, 650m/m) au moins les uns des autres ; ces filets sont posés entre deux pieux ou piquets élevés de 4 pieds (1m, 299 m/m) au plus et éloignés l'un de l'autre de deux brasses (3m, 248m/m) au maximum.

Les pêcheries mentionnées dans les trois paragraphes qui précèdent ne peuvent avoir une longueur de plus de 10 brasses (16m, 242m/m.) ; s'il en est établi plusieurs, elles doivent être éloignées les unes des autres de 15 brasses (24m, 363 m/m) au moins.

Les filets et instruments servant à ces pêcheries peuvent être placés à l'ouverture ou égout des bouchots ou parcs de clayonnage, depuis le 1er octobre jusqu'au dernier avril.

Ils peuvent aussi, comme nous l'avons vu déjà, être placés au fond des bas parcs pendant toute l'année.

Havenets *(ou havets, haveaux, bichettes, grands savenelles et sanonceaux).* Les mailles des rets formant les sacs de ces filets sont de 15 lignes (0m. 034m/m) au moins en carré (*)

Les filets sont montés sur deux perches croisées qui ont chacune 12 à 15 pieds (3m, 898m/m à 4m, 872m/m) de long et qui sont ouvertes par une traverse de bois placée près de l'endroit où les dites perches sont croisées.

L'ouverture du filet ne peut avoir que 15 pieds (4m. 872m./m.) de large au plus, et la corde mise au bout des deux perches pour soutenir le filet ne peut être chargée de plus d'un quarteron (125 grammes) de plomb par brasse (1m, 624m./m.)

Cet instrument ne peut être ni poussé ni traîné par les pêcheurs sur les fonds où ils font la pêche.

Bouteux ou bout de quieure *(ou buhautier, saunets, saures, lanets, paniers, ruches, chapeau à sauterelles et grenadiers.)* Le rets qui forme le sac du bouteux a la maille de 6 lignes (0m, 013m./m.) au moins en carré; il est attaché sur une fourche ou sur un cercle, sans qu'il puisse y être mis, au lieu de filet, de la toile ou sac à tamis.

La traverse de cet instrument est formée d'un bâton rond, ou d'une corde qui ne peut être chargée que d'un quarteron (125 grammes) de plomb au plus.

L'usage des bouteux est interdit pendant les mois de mars, avril, mai, juin, juillet et août.

(*) Voyez dans le bulletin officiel de 1849, no 27, page 628, un jugement de Napoléon-Vendée qui confirme, pour le quartier des Sables d'Olonne, cette partie de la législation du 18 mars 1727.

La Chaudière *(Chaudrette ou Caudelette)*, filet sans manche, suspendu par des cordes, est autorisé pendant toute l'année pour faire la pêche des chevrettes et salicots à condition que les mailles des filets qui y sont attachés aient au moins 6 lignes (0m., 013m./m.) en carré ; la même faculté est accordée pour tous autres instruments sédentaires sur les fonds et entre les roches, sous la même restriction relativement aux mailles.

Des claies, *paniers*, *bourrasques*, *nasses*, *caziers* et autres semblables engins formés d'osier à jour et dont les verges ont au moins 12 lignes (0m., 027m./m.) d'écartement, sont autorisés pour faire la pêche des crabes, homards, rocailles et poissons à croûtes.

Carreau *(ou hunier et échiquier)*. Ce filet a les mailles de 6 lignes (0m., 013m./m.) au moins en carré ; son usage est interdit pendant les mois de février, mars, avril, mai, juin, juillet, août et septembre. Le carreau est aussi appelé *carrelet*, *carré*, *caleu ou venturon*.

On le place au bout d'une perche qui sert à le retirer de l'eau ; tantôt il est sédentaire dans les eaux dormantes, tantôt il est établi sur un bateau qui le met en mouvement.

Rets et filets flottés et tentes a la basse eau. Sous ce titre sont compris les divers filets indiqués ci-après, qui font l'objet des trois premiers articles du livre V, titre 2, de l'ordonnance de 1681 et des cinq articles du titre IX de la déclaration du 18 mars 1727.

Folles. Les mailles de ces filets ont cinq pouces (0m., 135m./m.) en carré au moins ; les folles, dit l'ordonnance de 1681, ne peuvent être laissées à la mer plus de deux jours, et, à moins de cas de force majeure, les pêcheurs doivent être toujours sur leurs filets tant qu'ils sont à la mer, pour les visiter de temps en temps.

12

Demi-folles (*ou grandes canières*, *grandes pentières et grands rieux*). Ces filets qui ne diffèrent des folles que par la dimension, ont des mailles d'au moins trois pouces (0m., 081m./m.) en carré.

Petites canières, *petites pentières*, *petits rieux*, *cibaudières*, *six doigts*, *mailles royales*, *lesques*, *breteillières*, *haussières*, *flues*, *flottées*, *muletières*, *rets à croc*, *rets entre roches*, *traversis*, *maquereautières*, *trameaux*. Ces filets appartiennent encore au genre des folles, demi-folles, et ils doivent avoir des mailles de deux pouces (0m., 054m./m.) au moins en carré, ainsi que tous autres rets de pied flottés qui se tendent sur les sables et grèves.

Les trameaux sédentaires et toutes autres espèces de rets tramaillés doivent avoir les mailles de la toile, nape, flue, fouillure ou rets du milieu de deux pouces (0m., 054m./m.) au moins en carré, et les mailles des traineaux ou hameaux des deux côtés doivent être de neuf pouces (0m., 244m./m.) en carré.

L'usage des divers filets sédentaires dont nous venons de parler est autorisé en tout temps, ou seulement pendant les diverses époques de l'année que nous avons indiquées.

Mais à ces dispositions particulières, la déclaration de 1727 a ajouté quelques prescriptions générales dont voici les termes puisés dans le titre X de la dite déclaration :

« Article 1er. Défense est faite à tous ceux qui font la pê-
« che à la côte avec des rets, filets, engins et instruments
« montés sur perches, piquets, pieux ou piochons, de les
« tendre dans le passage ordinaire des vaisseaux, ni à deux
« cents brasses (324m 839m/m) près.

« Article 2. Défense est faite pareillement de trainer à la
« côte, dans les baies et embouchures des rivières aucun des

« filets et instruments dénommés dans la présente déclaration, « ni aucun autre, sous quelque dénomination et pour quelque « motif que ce soit. »

L'article 3 défend de se servir d'instruments pour battre l'eau, piquer ou brouiller les fonds.

Enfin les peines qu'entraîneraient les infractions aux diverses prescriptions de la déclaration de 1727, sont aussi déterminées d'une manière précise dans la dite ordonnance.

La déclaration du 23 avril 1726 que nous avons déjà citée comme proscrivant la généralité des filets et instruments traînants, comprend aussi quelques dispositions que nous allons faire connaître et qui ont été rappelées dans une déclaration du 24 décembre 1726.

Telles sont :

1° La défense de pêcher en aucune façon le frai du poisson (*) connu sous le nom de *blanchemelie*, *menusse*, *saumonelle*, *guildre*, (**) *manne*, *semence* et sous quelque autre nom que ce puisse être, y compris, suivant l'ordonnance du 2 septembre 1726, le poisson nommé *blanche* ou *blaquet*. (***)

La déclaration donne cependant l'autorisation de défouir des sables qui restent à sec de basse mer, les poissons qui s'ensablent et dont on se sert comme appât ; comme les éguilles, équilles, lançons et autres de même espèce.

2° La défense de jeter dans les eaux de la mer, le long des côtes et aux embouchures des rivières, dans les mares et les

(*) Sont compris sous le nom de frai de poisson, tous les petits poissons nouvellement éclos qui n'ont pas 3 pouces (0m, 081m/m) de long au moins, entre l'œil et la queue.

(**) La pêche de la guildre a été autorisée par ordonnance du 16 juin 1835.

(***) La blanche ou blaquet est la même chose que le *nonnat* qui est pêché dans la Méditerranée au moyen d'un filet de très-petites mailles appelé *marquesègue*.

étangs salés, aucune chaux, noix vomique, noix de cyprès, coque de levant, momie, musc et autres drogues pour servir d'appât et empoisonner le poisson.

« Quelle honte pour l'humanité, s'écrie Valin, que l'avarice des hommes donne occasion de porter contre eux de pareilles lois ! »

DESTRUCTION DES FILETS QUI NE SONT PAS RÉGLEMENTAIRES.

L'article 21 de l'ordonnance de 1681 (livre V, titre III), enjoignait aux officiers de l'amirauté de faire brûler toutes les seines, colerets et autres filets prohibés.

A cet effet ils devaient faire des visites, même dans le domicile des pêcheurs, des filets ou instruments de pêche, et ce, aux termes de la déclaration du 18 mars 1727, dans les mois de mars et de septembre. Les officiers des classes devaient aussi, lorsqu'ils faisaient la revue des gens de mer de leur quartier, visiter les parcs, pêcheries, filets et tous instruments de pêche, et donner avis aux procureurs de l'amirauté des infractions commises par les pêcheurs.

Or, dans certains quartiers de l'Inscription Maritime, des commissaires ayant cru pouvoir prononcer la destruction de filets prohibés, une circulaire du 8 septembre 1828 a fait remarquer que les officiers d'amirauté réunissaient à leurs attributions administratives en matière de police de pêche, un caractère judiciaire dont les commissaires de l'Inscription Maritime sont dépourvus; (*) que ces derniers

(*) Vainement, dit cette circulaire, s'étaierait-on du règlement du 24 juillet 1816 (article 2); ce règlement est spécial aux quartiers de Saint-Malo et de Granville, et d'ailleurs on doit reconnaître qu'à la rigueur la légalité de ses dispositions, sous le rapport pénal, peut être contestée.

ne peuvent qu'employer la persuasion pour obtenir directement des pêcheurs en contravention la destruction de leurs filets, et que, dans tous les cas, aucun produit de confiscation et d'amende ne peut rentrer dans la caisse des invalides qu'à la suite et qu'en vertu d'un *jugement*.

De tout ce qui précède, il me semble résulter très-clairement que le devoir des commissaires de l'Inscription Maritime, en ce qui concerne la destruction des filets qui ne sont pas réglementaires, est de renvoyer les possesseurs de ces filets devant l'autorité judiciaire, après avoir constaté ou fait constater, dans un procès-verbal, la nature des contraventions soumises à la répression des tribunaux.

Parcs et pêcheries, madragues et bordigues. Nature de ces établissements; de leur construction.

Sous le nom de parcs et pêcheries, dit Valin, on entend tout espace circonscrit sur les grèves, dont quelqu'un s'est mis en possession à dessein de s'y attribuer un droit de pêche exclusif, soit pour le *temps actuel de la pêche*, soit en vue d'un *établissement perpétuel*.

Nous avons déjà vu, au titre des filets sédentaires, que les hauts parcs et les parcs, et autres filets tendus sur piquets disposés en forme de parc, devaient être rangés sous le présent titre *parcs et pêcheries*; mais nous avons ajouté aussi qu'à raison de leur construction éventuelle, l'usage n'en ayant lieu, comme il est dit ci-dessus, que *pour le temps actuel de la pêche*, nous avions cru devoir les classer parmi la catégorie des filets.

Il ne nous reste donc à parler ici que des établissements que nous avons déjà appelés *permanents*, par opposition aux établissements temporaires ou éventuels.

Il y a deux sortes de parcs plus particulièrement établis sur les grèves de la mer ; ce sont :

Les écluses, (établissements construits en pierres ;)

Les bouchots, (établissements construits en bois.)

L'ordonnance de 1681 parle aussi des madragues et des bordigues; mais nous en ferons l'objet d'une mention distincte.

L'article 4 du titre 3 (livre V) de l'ordonnance de 1681, dit :

« Les parcs dans la construction desquels il entrera bois ou « pierre seront démolis, à la réserve de ceux bâtis avant l'an- « née 1544, dans la jouissance desquels les possesseurs seront « maintenus conformément aux articles 84 et 85 de l'ordon- « nance du mois de mars 1584, pourvu qu'ils soient construits « en la manière prescrite par les articles suivants de l'ordon- « nance de 1681. »

Et l'article 8 du même titre ajoute :

« Faisons défenses de bâtir ci-après, sur les grèves de la « mer, aucuns parcs dans la constrution desquels il entre bois « ou pierre, à peine de trois cents livres d'amende, et de dé- « molition des parcs à leurs frais. »

Ainsi, aux termes de l'article ci-dessus, aucun établissement permanent de pêcherie construit soit en bois soit en pierre, n'eut dû être formé postérieurement à l'année 1681; mais, indépendamment des concessions qui furent faites en vertu des arrêts des 2 mai 1739 et 22 avril 1741 pour certaines constructions établies sur les côtes de seigneuries (de Charon ; de l'Evêché de Luçon) et de baronnie (de Champagné), on trouve, dans une phrase écrite par Valin en 1766, l'explication des nombreuses infractions à l'ordonnance de 1681 :

« Après les défenses de l'ordonnance de 1681, y est-il dit, « on sera étonné sans doute de voir certaines côtes du Ro- « yaume tellement hérissées d'écluses et de bouchots, qu'il « n'y a presque plus de terrains où le peuple puisse librement « faire la pêche du coquillage. Mais l'étonnement cessera si on « considère que les plus utiles règlements trouvent toujours « assez de contradicteurs, par intérêt personnel ou par caprice, « pour que ceux-là même qui sont chargés de les faire exécu- « ter, se relâchent peu à peu de leur première ardeur à y tenir « la main. »

Ainsi les parcs n'ayant point cessé d'être en grand nombre sur les côtes, et leur existence offrant bien des dangers pour la navigation, il est essentiel que les commissaires de l'Inscription Maritime fassent au moins observer avec soin les prescriptions qui avaient été déterminées pour ceux de ces établissements dont la construction remonte au-delà de 1544, les seuls qui eussent dû être maintenus. (*)

(*) Le tribunal de première instance de Paimbœuf, par jugement en date du 20 octobre 1848, a condamné le propriétaire d'un parc en pierre, qui n'avait pas démoli le dit parc construit l'année précédente. (Bulletin officiel n° 31, page 592).

Dans une circulaire du 3 avril 1851, relative aux demandes en autorisation d'établissements sur le domaine public maritime, le Ministre de la marine rappelle que le *domaine public* étant de sa nature inaliénable et imprescriptible, tout établissement qui est formé sur le rivage de la mer est, comme ceux élevés sur la mer elle-même, de pure tolérance, essentiellement précaire et révocable, sans que son exploitation puisse constituer un droit de propriété. (Bulletin officiel, année 1837, n° 10, page 202.)

PARCS EN PIERRES.

Les parcs en pierres *(ou Écluses)* sont destinés pour pêcher du poisson, et en même temps pour y élever des huîtres.

Ils doivent être formés de pierres rangées en forme de demi-cercle et élevées à la hauteur de quatre pieds (1^{m}, 299^{m}/^{m}) au plus, sans qu'il puisse être employé, pour les consolider, ni chaux, ni ciment, ni maçonnerie. Il doit être réservé dans le fond, du côté de la mer, une ouverture de deux pieds (0^{m}, 650^{m}/^{m}) de largeur, fermée d'une grille de bois ayant des trous en forme de mailles d'un pouce (0^{m}, 027^{m}/^{m}) au moins en carré, depuis la Saint-Rémy jusqu'à Pâques, et de deux pouces (0^{m}, 054 millimètres) en carré depuis Pâques jusqu'à la Saint-Rémy.

Ni la limite de l'étendue de chaque *écluse*, ni la distance qui doit être observée entre chacune d'elles n'a été déterminée.

PARCS EN BOIS.

Les parcs en bois *(ou Bouchots)* sont destinés, comme les écluses, pour la pêche du poisson, mais principalement pour y élever des moules.

Ils doivent être construits de bois entrelacés comme claies, et avoir dans le fond, du côté de la mer, une ouverture de deux pieds (0^{m} 650^{m}/^{m}) qui ne peut être fermée de filets, grilles de bois, paniers, ni autre chose, depuis le 1er mai jusqu'au dernier août.

L'ordonnance de 1681 n'ayant rien déterminé quant à

la hauteur des pièces de bois; à l'étendue des côtés; à la dimension des mailles des filets ou autres instruments de pêche pouvant être placés à l'ouverture de deux pieds (0m 650m/m) pendant la période autre que celle qui est indiquée ci-dessus, le commentateur Valin émet l'avis qu'on doit appliquer à tous les *bouchots* les prescriptions qui régissent spécialement, d'après l'arrêt déjà cité du 2 mai 1739, les bouchots situés sur les côtes des seigneuries de Luçon et de Champagné.

D'après cet avis que ne partage pas, il est vrai, M. Beaussant, les pieux ou piquets, entrelaçés de clayonnage, ne doivent pas être élevés hors de terre de plus de cinq pieds (1m 624m/m); les ailes ou côtés ne doivent avoir en longueur que cent brasses (162m 419m/m), ainsi que l'ouverture faisant face à la terre; et l'angle formé vers la mer par la réunion des deux côtés, doit avoir, depuis le 1er octobre jusqu'au dernier avril, une ouverture large de deux pieds (0m 650m/m) sur toute la hauteur du clayonnage, et close d'un rets ou d'une grille de bois ayant les mailles de deux pouces (0 m, 054m./m.) en carré, avec la faculté de placer au-delà des passes, des paniers, pourvu qu'entre les branches d'osier il y ait un intervalle de 18 lignes. (0m, 041m./m.) Depuis le 1er mai jusqu'au dernier septembre, l'ouverture doit être de six pieds (1m, 949m./m.) de large sans pouvoir être fermée par quoi que ce soit.

Ainsi on voit que l'arrêt dont Valin est partisan de faire une application générale aux bouchots, non seulement paraîtrait compléter l'ordonnance de 1681, mais aussi aurait pour effet de la modifier en ce qui concerne la dimension de l'ouverture, et l'époque pendant laquelle rien ne peut clore cette ouverture. (*)

Au reste la diversité des opinions fait reconnaître, ici comme pour les filets, la nécessité de la révision de la législation.

L'ordonnance de 1681 fait encore mention d'une espèce de parcs construits en partie de bois et en partie de filets.

Ils seront faits, dit l'ordonnance, de simples claies d'un pied et demi (0m, 487m./m.) de hauteur, auxquelles seront attachés des filets ayant les mailles d'un pouce (0m, 027m./m.) en carré, et les claies auront dans le fond, du côté de la mer, une ouverture de deux pièces (0m, 650m.)m.) qui ne pourra être fermée que d'un filet dont les mailles seront de deux pouces (0m, 054m./m.) en carré, depuis Pâques jusqu'à la Saint-Rémy, et d'un pouce (0m, 027) depuis la Saint-Rémy jusqu'à Pâques.

Mais ces sortes de parcs, inconnus sur les côtes de l'Aunis, ne paraissent avoir été l'objet d'aucune disposition spéciale sur les autres parties du littoral.

L'ordonnance de 1681 a prescrit pour les parcs, ce que la déclaration du 18 mars 1827 a prescrit pour les filets

(*) Il existe pour les parcs et pêcheries, comme pour les filets, des dispositions diverses spéciales à certaines localités; les annales maritimes de 1829 contiennent quelques-unes de ces dispositions, et notamment un arrêt du 11 août 1736 relatif aux bouchots sur les côtes du quartier de Saint-Malô.

tendus sur pieux ou piquets ; c'est-à-dire leur construction à plus de deux cents brasses (324^{m}, $839^{m}/^{m}$) du passage ordinaire des vaisseaux.

MADRAGUES ET BORDIGUES.

Les madragues et bordigues font l'objet du titre 4, livre V, de l'ordonnance de 1681 ; mais les madragues, dont nous allons nous occuper tout d'abord, ont été réglementées de nouveau par un arrêté du 9 germinal an IX qui a reproduit ou modifié les dispositions de l'ordonnance de 1681, sans statuer cependant sur les pénalités en cas d'infractions.

Les *madragues* sont de vastes établissements de pêche en usage principalement dans la Méditerranée et affectés particulièrement à la capture des thons. Leurs dimensions sont excessives, puisque les plus petites ont environ 130 brasses (211^{m}, $145^{m}/^{m}$) de longueur ; 20 à 30 brasses (45^{m}, $477^{m}/^{m}$ à 48^{m}, $726^{m}/^{m}$) de largeur, et 25 à 30 (40m., 605m./m. à 48m., 726m./m.) de profondeur. (*)

Ces établissements ne sont formés que de filets retenus à la partie inférieure par des pierres : à la partie supérieure par des flottes de liège, et consolidés ou tendus au moyen

(*) Afin de laisser une certaine souplesse aux filets qui forment les murailles ou côtés principaux de la madrague, leur hauteur est généralement supérieure à la profondeur du fond sur lequel ils sont placés ; ainsi, lorsque le fond a 16 à 18 brasses (25m., 987m./m. à 29m., 235m./m.) par exemple, les filets doivent en avoir 24 à 27. (38m., 981m./m. à 43m., 853m./m.)

Les filets, à l'exception de ceux de la dernière chambre où s'opère la prise du poisson par les pêcheurs et qui sont généralement en chanvre, sont fabriqués ordinairement en auffe (espèce de jonc qui vient d'Espagne et qu'on nomme aussi sparte) ; la dimension des mailles est réglée à raison de onze mailles à la brasse qui est de 5 pieds (1m., 624.)

de cordes amarrées à des ancres. L'ensemble de la machine comprend plusieurs compartiments ou chambres dans lesquelles le poisson s'introduit successivement, au moyen d'ouvertures qu'on a le soin de laisser exister dans les filets qui forment les cloisons, ou bien encore en enlevant momentanément ces cloisons par une manœuvre que font des pêcheurs placés à cet effet dans un bateau.

Chaque madrague a, en outre, un filet formant une chasse ou queue qui s'étend jusqu'à terre, et dont la longueur naturellement variable selon la distance à laquelle se trouve établie la madrague, a généralement de 200 à 1000 brasses. (324m., 839m./m. à 1,624m., 195m./m.)

L'arrêté de l'an IX impose aux concessionnaires de madragues l'obligation de placer sur les extrémités de leurs filets les plus avancés en mer, des orins, bouées ou graviteaux, à peine de répondre de tous dommages.

Les madragues ne peuvent être établies ou *calées* qu'avec l'autorisation du Ministre de la Marine, et après que, dans un procès-verbal, l'administration de la marine a constaté, sur l'ordre du préfet maritime, que l'établissement projeté ne peut nuire en aucune manière à la navigation.

Lorsque la permission est accordée, un bail doit être passé par le propriétaire, avec la régie des domaines qui en détermine la durée et les conditions; le produit du bail est versé dans la caisse des domaines. (*)

(*) C'est là le seul cas où la pêche maritime soit soumise aux mêmes charges pécuniaires que la pêche fluviale.

L'arrêté de l'an IX place la police des madragues dans les attributions du département de la marine, ce qui n'est que la consécration d'un principe général en matière de pêches maritimes ; et il accorde à tous pêcheurs la faculté de tendre des thonaires et des combrières (*) et de pêcher dans le voisinage des madragues, pourvu qu'ils se tiennent à une distance suffisante pour ne pas nuire à ces établissements.

Les *bordigues*, de même que les madragues, ne sont guère en usage que dans la Méditerranée. Ce sont des parcs formés de cannes qu'on range les unes à côté des autres ; elles sont réunies en forme de paillassons avec des cordes qui les tiennent et les assujétissent en différents endroits de leur longueur ; (on emploie aussi, pour soutenir les cannes, des piquets avec des perches placées horizontalement). Ces parcs ou pêcheries s'établissent dans les canaux qui communiquent des étangs à la mer.

Les bordigues, aux termes de l'ordonnance de 1681, ne peuvent être construites qu'en vertu d'une ordonnance royale (arrêté du chef du pouvoir exécutif) ; et les propriétaires ou fermiers de ces établissements sont tenus de curer annuellement les fosses et canaux, afin de conserver toujours au moins quatre pieds d'eau, pour faciliter la navigation des bâtiments qui sont forcés d'entrer dans ces canaux.

Du 1er mars au dernier juin, les bordigues doivent être tenues ouvertes, afin que le petit poisson provenant du frai déposé pendant cette période, puisse s'échapper de

(*) Filets pour prendre des thons et autres grands poissons.

ces établissements comme il s'échappe des écluses et des bouchots au moyen de l'ouverture qui y est réservée. Par un arrêt rendu le 3 janvier 1851, (Bulletin officiel de 1851, n° 3, page 23), la cour d'appel d'Aix a confirmé cette législation, en condamnant à 300 francs d'amende un concessionnaire d'une bordigue qui n'avait pas été maintenue dans un état complet d'ouverture pendant le temps voulu ; et, par un autre arrêt rendu le 27 septembre 1850, la cour de cassation a défendu l'emploi dans les bordigues de filets ayant des mailles d'une plus faible dimension que celle qui est prescrite pour touts autres genres de pêche. (Bulletin officiel de 1850, n° 36, page 393.)

Enfin les madragues et les bordigues doivent être placées dans des lieux où la navigation n'ait pas à en souffrir, c'est-à-dire à une distance de 200 brasses (324m, 839m./m.) au moins du passage ordinaire des vaisseaux. (Valin, article IV, titre IV, livre V, ordonnance de 1681.)

Avant de nous occuper d'autres matières que celles qui viennent d'être traitées, je dois rappeler ici le dernier paragraphe de la circulaire du Ministre de la Marine en date du 3 avril 1851, (Bulletin officiel, n° 10, page 294), qui donne l'espoir qu'une partie de la législation en matière de pêches, dont la révision se fait si vivement sentir, sera prochainement l'objet de nouvelles dispositions ; il y est dit :

« Le conseil d'État s'occupe actuellement de déterminer les « formalités qui devront précéder les autorisations relatives aux « parcs, bouchots, écluses, bordigues et autres pêcheries « sédentaires. »

PÊCHE DES MOULES ET DES HUITRES.

MOULES.

La pêche des moules a été l'objet d'un règlement royal en date du 18 décembre 1728, inséré dans le commentaire de Valin sur l'ordonnance de 1681 ; seulement il y a lieu de remarquer que cette déclaration était spéciale aux provinces de Flandres, pays conquis et reconquis, Boulonnais, Picardie et Normandie, et M. Beaussant, dans son code maritime, émet, contrairement à Valin, la pensée que l'application ne peut en être faite d'une manière générale à toutes les autres côtes où se pratique la pêche des moules.

Quoiqu'il en soit, et sans nous préoccuper de la décision qui pourrait être prise par l'autorité supérieure, si un commissaire de l'Inscription Maritime soulevait une semblable question, nous pouvons dire que le seul document qui traite aujourd'hui encore de la pêche des moules, est celui que je viens de citer, et une courte analyse de ses principaux articles nous mettra à même de répondre aux questions du programme qui ont trait à cette matière.

Les moulières, c'est-à-dire les parties de rochers ou de banches qui sont abondamment garnies de moules, sont classées en deux catégories : celles qui découvrent aux basses mers, et celles qui ne découvrent pas. Cette division, établie dans l'ordonnance de 1728, a pour but de déterminer le mode de pêche de ce coquillage, selon le plus ou le moins de facilité qu'il y a à le saisir.

INSTRUMENT A EMPLOYER POUR LA CUEILLETTE DES MOULES SUR LES MOULIÈRES QUI DÉCOUVRENT.

Ainsi les moulières qui découvrent, permettant aux pêcheurs de détacher facilement les moules avec la main, il leur est défendu de se servir d'instruments autres que des couteaux en fer de deux pouces (0m, 054 m./m) de large au plus, et de sept pouces (0m, 189m./m,) de long, y compris le manche. Ils ne doivent même pas avoir les pieds garnis de chaussures, dans la crainte que le contact d'un corps trop dur ne brise facilement les moules; toutefois cette dernière disposition ne doit pas recevoir son application pendant les mois de novembre, de décembre, de janvier, de février et de mars.

DIMENSIONS QUE DOIVENT AVOIR LES MOULES CUEILLIES.

Les moules cueillies à la main doivent avoir, au minimum, quinze lignes (0m, 034m./m.) de long, à l'exception de celles qui croissent sur quelques moulières déterminées dans l'ordonnance de 1728 et qui peuvent n'avoir que douze lignes (0m, 027m./m.) de longueur. Défense est faite aussi d'arracher les moules en grosses poignées, ainsi que le frai des moules, et de râcler les fonds des moulières avec quelque instrument que ce soit.

FORMES ET DIMENSIONS DES RATEAUX DONT ON PEUT SE SERVIR SUR LES MOULIÈRES QUI NE DÉCOUVRENT PAS.

La pêche des moules sur les moulières qui ne découvrent pas à basse mer, doit être faite au moyen de rateaux de bois, garnis de dents en fer ayant, entre chacune d'elles, une distance de quinze lignes (0m, 034m./m.) L'usage de la drague est complètement interdit dans les moulières.

DÉPÔTS DE MOULES DANS DES PARCS OU RÉSERVOIRS.

Enfin il ne peut être fait de dépôt de moules dans des réservoirs ou parcs, (*) pas plus qu'il ne doit être jeté sur les moulières, d'immondices de quelque nature qu'elles soient, ou du lest des bâtiments.

L'ordonnance du 18 décembre 1728 a déterminé les peines qu'il y aurait lieu d'infliger dans le cas d'infraction aux prescriptions qui viennent d'être rapportées.

HUITRES.

La pêche des huîtres, (**) malheureusement dépourvue de règlements précis dans certains lieux où elle conserve cependant une certaine importance, a fait l'objet d'un règlement en date du 24 juillet 1816, spécial aux baies de Granville et de Cancale. (***)

Ce règlement, qui a reproduit (****) ou abrogé les règlements antérieurs sur le même objet, est, aujourd'hui encore,

---

(*) Bien entendu qu'il ne s'agit ici, comme le dit Valin, que des dépôts provisoires en attendant la vente, et non des parcs qui servent à nourrir, à élever ce coquillage et dont nous avons parlé f° 184 sous le titre : *Bouchots*.

(**) Voir f° 168 ce qui est dit de la drague dont l'usage est autorisé pour la pêche des huitres.

(***) La pêche des huitres, dans les quartiers de Marennes et de l'Ile d'Oleron, a été l'objet d'un règlement arrêté par le Ministre de la Marine, le 22 novembre 1841 ; il y est fait mention des époques et des lieux de pêche, des mesures d'ordre à observer et, enfin, des mesures de répression en cas de contravention.

(****) Le règlement de 1816 a reproduit, pour la baie de Granville et pour celle de Cancale, la plupart des dispositions que comprenait un arrêt du Conseil d'Etat du 20 juillet 1787, spécial à la pêche des huitres dans la baie de Cancale.

le règlement du 12 décembre 1806, spécial au service des pilotes-lamaneurs. (Ordonnances de 1681, article 27; dépêche du 12 mai 1826, Rochefort, prises.)

Les bouches à feu et les projectiles retirés du fond de la mer par circonstance fortuite, ne peuvent être mis en vente que s'ils sont reconnus complètement hors de service; dans le cas contraire, c'est-à-dire lorsqu'il est possible d'en tirer parti à tout autre titre que comme matière première, la marine les retient. (Circulaire du 22 septembre 1847.)

Dans tous les cas, il est payé aux sauveteurs (soit sur le montant de la vente, soit par la marine), une indemnité dont le taux est réglé par la décision du 8 février 1820, artillerie.

Enfin, les choses du crû de la mer, et les poissons à lard que nous avons dit être désignés sous le titre d'*Epaves hors naufrage*, appartiennent, à défaut de réclamateurs, en totalité aux sauveteurs, s'ils ont été tirés du fond de la mer ou recueillis sur les flots; mais s'ils ont été trouvés échoués sur le rivage, la caisse des invalides bénéficie des deux tiers, le troisième tiers seul appartient aux sauveteurs. (Ordonnance de 1681, livre 4, titre 9, article 29.)

Si quelqu'un justifie de la propriété antérieure des épaves hors naufrage, les droits du sauveteur sont ainsi réglés:

Si les épaves ont été tirées du fond de la mer ou recueillies sur les flots, l'indemnité est de la valeur du tiers;

Si elles ont été recueillies sur le rivage, les frais de sauvetage seuls sont remboursés. (Même article que ci-dessus.)

Les poissons à lard sont vendus sans retard ; les autres épaves hors naufrage peuvent l'être également, attendu qu'il y a présomption qu'elles n'ont appartenu à personne. (Même article.)

Après avoir répondu à chacune des questions posées dans le programme, sous le titre : *Bris et naufrages*, il est bien, je crois, de donner quelques autres indications sommaires qui peuvent mettre sur la trace d'études plus approfondies de la législation dont nous nous occupons en cet instant, et qui se rattachent aux trois points particuliers ci-après indiqués ; savoir :

1° Cadavres trouvés sur les grèves ;

2° Naufrages absolus ;

3° Naufrages en pays étrangers.

CADAVRES. Le commissaire de l'Inscription Maritime, informé qu'un cadavre a été jeté à la côte, doit en donner avis au juge de paix ou à tout autre officier de police judiciaire, chargé de constater l'état du cadavre et la cause de la mort, ainsi qu'à l'officier de l'Etat-Civil à qui appartient le soin de l'inhumation et de la rédaction de l'acte de décès. (Ordonnance de 1681, articles 32 et 33.)

Le commissaire de l'Inscription Maritime dresse un procès-verbal des objets trouvés sur le cadavre, et il donne à ces objets la destination suivante :

Les vêtements sont déposés au Magasin-Général si les marins étaient au service de l'Etat, et au bureau de l'Inscription Maritime s'ils étaient embarqués sur des navires du commerce ; après un an et un jour de dépôt sans réclamation, ou plus tôt

time de Granville et de Saint-Malô, la faculté de prononcer, sur le vu des procès-verbaux des gardes-jurés et des rapports des inspecteurs de pêche, certaines peines de discipline; telles sont: l'interdiction de la pêche pendant une durée de cinq jours, au maximum; la confiscation des huîtres draguées en contravention; des amendes d'un franc à quinze francs; la suspension des fonctions de garde-juré.

Lorsque les contraventions doivent entraîner de plus fortes peines, la condamnation ne peut être prononcée que par un *Conseil des pêches* (*), composé du commissaire de l'Inscription Maritime et de deux conseillers prud'hommes. Le chef du service de la marine à Saint-Servan a la faculté de présider le conseil des pêches; dans ce cas, soit qu'il réunisse le conseil à Saint Servan, soit qu'il le réunisse dans l'un des quartiers de Granville ou de Saint-Malô, le nombre des conseillers prud'hommes est porté à trois.

Les conseillers prud'hommes sont choisis parmi d'anciens officiers ou administrateurs de la marine, des armateurs, négociants, capitaines au long cours et autres qui, réunis en assemblée, forment une liste de candidats soumise à la sanction du Ministre de la Marine.

Les fonctions de conseillers prud'hommes sont gratuites; les titulaires restent en fonctions pendant deux années à la

---

(*) Ce conseil des pêches offre quelque analogie avec la juridiction des *prud'hommes pêcheurs de la Méditerranée*, maintenue par la loi des 8 et 12 décembre 1790. (Voyez sur cet objet: Valin, tome 2, page 742, et Beaussant, tome 2, page 305 et 382).

suite desquelles ils peuvent être réélus. Ils sont appelés, à tour de rôle, à siéger au conseil des pêches.

Le règlement de 1816 a prévu les infractions qui peuvent être commises et les peines qu'il peut y avoir lieu d'appliquer. Il a en outre déterminé (*) les époques pendant lesquelles la pêche des huîtres doit avoir lieu (du 1er avril au 15 octobre, à moins de surabondance des huîtres et d'une fraîcheur inaccoutumée dans la température); les formalités à observer pour la vente des huîtres; celles qu'ont à remplir les pêcheurs français n'appartenant pas aux quartiers de Granville ou de Saint-Malô, qui désirent faire la pêche des huîtres, soit dans la baie de Granville, soit dans celle de Cancale.

Mesures de conservation prises dans les quartiers d'Auray et du Croisic.

Dans les quartiers d'Auray et du Croisic la pêche des huîtres et celle des moules ont été l'objet d'une décision royale du 10 octobre 1829 (Annales maritimes de 1830, page 19). Cette décision a eu pour but d'interdire provisoirement ces sortes de pêche; mais le Ministre, dans une lettre du 19 novembre 1829, dit cependant, que quelque utile que puisse être cette mesure, pour le bien général, rien dans la législation existante n'autorise de semblable interdiction. Le règlement de 1816, relatif à la

(*) Il est défendu de draguer sur les bancs d'huîtres pendant la nuit, ou lors des marées pendant lesquelles les gardes-jurés n'auraient pas autorisé la pêche. (Article 33, règlement du 24 juillet 1816. Annales maritimes, page 331.)

pêche qui se fait dans la baie de Granville et dans celle de Cancale, est spéciale à ces deux localités, et l'application ne peut en être faite à d'autres quartiers maritimes.

La décision royale du 10 octobre 1829 a donc été prise sous l'influence de ce principe, et elle n'a admis, comme moyen de répression contre les infractions qui pourraient être commises, que l'interdiction du droit de pêche pendant la durée de 10 jours à un mois, en écartant toute idée de paiement d'amendes ; la voie administrative, sous le rapport pénal, étant la seule à laquelle cette décision reconnaît qu'on puisse recourir.

CONVENTION ENTRE LA FRANCE ET L'ANGLETERRE POUR LES LIMITES DE LA PÊCHE.

Ainsi que je l'ai dit au f° 160, une convention a été conclue entre la France et l'Angleterre, le 2 août 1839, concernant les pêcheries dans les mers situées entre les côtes de France et celles d'Angleterre.

Cette contrevention a eu pour objet :

Premièrement. D'établir et de déterminer les limites entre lesquelles les sujets des deux pays respectifs peuvent librement exercer la *pêche des huîtres*, de l'île de Jersey aux côtes avoisinantes de France ;

Secondement. De définir et de régler les limites en dedans desquelles le *droit général de pêche*, sur toutes les parties des côtes des deux pays, doit être exclusivement réservé aux sujets respectifs de la France et de la Grande-Bretagne.

Voici quels résultats a donné la solution de ces deux questions :

1° La pêche des huîtres, entre les lignes tracées sur la carte annexée à la convention, et les côtes de France, est réservée exclusivement aux Français; la même pêche, pratiquée en dedans de trois milles (*) (calculés de la laisse de basse mer) de l'Ile de Jersey, est exclusivement réservée aux sujets Britanniques; enfin, la pêche des huîtres, entre les limites ci-dessus désignées, et en dedans desquelles cette pêche est exclusivement réservée soit aux pêcheurs Français, soit aux pêcheurs Anglais, est commune aux sujets des deux pays;

2° Les Français jouissent du droit exclusif de pêche dans le rayon de trois milles, à partir de la laisse de basse mer, le long de toute l'étendue des côtes de France, et les Anglais jouissent du droit exclusif de pêche, dans un rayon également de trois milles de la laisse de basse mer, le long de toute l'étendue des côtes d'Angleterre.

Pour les baies dont l'ouverture n'excède pas dix milles, les trois milles se comptent à partir d'une ligne droite tirée d'un cap à l'autre.

Il y a lieu de remarquer aussi que le rayon de trois milles, déterminé pour toutes les côtes de France, en général, n'est pas appliqué à la baie de Cancale, dont les limites, en dedans desquelles le droit de pêche appartient exclusivement aux Français, sont déterminées par les lignes que nous venons de dire être tracées sur la carte annexée à la convention du 2 août 1839.

Temps où la pêche est permise.

La convention conclue entre les deux puissances que

(*) Les milles mentionnés dans la convention du 2 août 1839, sont des milles géographiques de soixante au degré de latitude.

nous venons d'indiquer, a été suivie d'un règlement général en date du 23 juin 1843, (*) arrêté de concert entre les deux mêmes puissances, et ayant pour but de déterminer les devoirs et les obligations des pêcheurs des deux pays dans les mers situées entre la France et l'Angleterre.

Parmi les prescriptions de ce règlement, se trouve comprise l'indication du temps pendant lequel certains genres de pêche sont permis ou interdits.

Ainsi il y est dit que la pêche au chalut peut être exécutée en toute saison, dans les mers situées entre les limites de pêche qui ont été fixées pour les deux pays; que la pêche du *hareng* et celle du *maquereau* sont libres pendant toute l'année ; que la pêche des *huîtres* commmence le 1er septembre et finit le 30 avril, et qu'enfin cette dernière sorte de pêche ne peut, en aucun temps, avoir lieu entre le coucher et le lever du soleil. Il y est dit aussi que les huîtres d'un diamètre moindre de six centimètres, ainsi que les sables, graviers et fragments d'écailles, doivent être rejetés à la mer.

L'exécution des règles concernant l'établissement des filets et les dimensions de leurs mailles, les poids et dimensions des instruments de pêche, enfin *tout ce qui tient au matériel de la pêche*, est placée, à l'égard des pêcheurs de chacune des deux nations, sous la surveillance exclusive des bâtiments croiseurs et des agents de leur propre nation.

Les infractions aux mesures prescrites pour le placement

(*) La publication de ce règlement a été prescrite par ordonnance royale du 23 juin 1846.

des bateaux sur le lieu de la pêche, pour les distances à observer les uns des autres, pour l'interdiction de certaines pêches, soit pendant les heures du jour ou de la nuit, soit pendant une période de l'année, enfin pour *tout ce qui tient à l'action de pêcher*, sont de la compétence des croiseurs des deux nations, quelle que soit la nation à laquelle appartiennent les pêcheurs qui commettent ces infractions.

En outre, la juridiction à laquelle doit être dévolu le jugement de toute contravention aux dispositions du règlement général du 23 juin 1843, est déterminée par la loi du 23 juin 1846.

PÊCHE DU HARENG, DU MAQUEREAU ET DE LA SARDINE.

HARENG

Dans le rapport au Roi qui précède l'ordonnance du 2 juillet 1843 sur la pêche du hareng, il existe une note intéressante sur les côtes que fréquente chaque année ce poisson.

Il y est dit :

1° Que dans le mois de janvier ou de février, la pêche du hareng commence sur les côtes de Norwège ; elle y est faite par les Norwégiens ;

2° Que dans les mois de juin et de juillet, le hareng se trouve à la hauteur des Orcades et des côtes d'Écosse ; la pêche est faite alors par des Hollandais, des Écossais et des Français ;

3° Que dans le mois d'août, le hareng entre dans la Manche, venant de Yarmouth ; qu'il séjourne à la hauteur des côtes de

France jusqu'à la fin de l'année. La pêche est faite pendant l'automne par les pêcheurs de la Manche, tant sur les côtes de France que sur celles d'Angleterre. (*)

Le banc de hareng remonte vers le nord, à la fin de l'année, et la pêche est continuée par les Hollandais jusqu'en janvier et février et, même quelquefois, jusqu'en Mars, à l'embouchure du Zuyderzé, au Texel, et dans les baies de Hollande.

L'ordonnance de 1681 consacre le titre V, du livre V, à la pêche du hareng, et Valin a fait précéder ce titre d'une notice historique dont la lecture est utile comme tout le commentaire de ce savant jurisconsulte.

GENRE DE FILETS.

Les mailles des filets employés pour faire la pêche du hareng doivent avoir, aux termes du règlement déjà cité du 23 juin 1843 (**), au moins vingt-cinq millimètres en carré; cette pêche et celle de la sardine permettent la tolérance d'une faible dimension des mailles, attendu que ces sortes de poissons vont généralement en troupes très nombreuses et ne souffrent pas que de petits poissons viennent se mêler parmi eux.

POLICE A LA MER.

Aucun acte n'interdit la pêche du hareng pendant la nuit,

(*) Presque tous les harengs qu'on prend dans la Manche, depuis le commencement de la pêche jusqu'aux derniers jours d'octobre, sont remplis d'œufs ou de laite; on les nomme *harengs pleins*.
Dans d'autres saisons, les harengs sont presque touts vides de laite ou d'œufs; on les nomme *harengs gais*. (Dictionnaire des pêches, de M. Baudrillart).

(**) Règlement général sur les pêcheries dans les mers situées entre les côtes de France et celles de la Grande-Bretagne.

et c'est même pendant ce temps que cette pêche se pratique le plus avantageusement, les harengs étant facilement attirés par la vue de la lumière.

L'ordonnance de 1681 avait donc prescrit diverses mesures de police à la mer tant pour la pêche de jour en général, que pour la pêche de nuit en particulier (*); mais c'est aujourd'hui au règlement déjà cité du 23 Juin 1843, dont la publication a été prescrite par l'ordonnance du 23 juin 1846, qu'il faut nous reporter.

Ainsi les articles 27 à 35 sont consacrés aux règles de police qui doivent être observées, tant le jour que la nuit, par les bateaux faisant la pêche du hareng, et qui consistent principalement dans l'obligation où sont les bateaux pontés de jeter leurs filets sous le vent des bateaux non pontés et, réciproquement, ces derniers de jeter leurs filets au vent des premiers, toutefois avec la faculté, pour les uns et les autres, de déroger à cette règle en s'éloignant d'au moins un demi-mille. Lorsque des filets dormants sont employés pour pêcher le hareng, les bateaux qui exécutent cette pêche doivent se tenir constamment sur leurs filets.

Les mesures de précaution à observer la nuit sont applicables aussi bien aux bateaux pêcheurs de maquereau qu'aux bateaux pêcheurs de hareng; nous en parlerons sous le titre : *Règlement sur la pêche du hareng, du maquereau* et *de la sardine.*

(*) Le titre 2 du livre V (ordonnance 1681) comprend des dispositions applicables à touts les pêcheurs autres que ceux qui pêchent le hareng. Il y est dit que les pêcheurs qui voudront pêcher la nuit seront tenus de montrer trois fois différentes un feu pendant qu'ils mettront leurs filets à la mer, et que si les filets d'un bateau dreigeur (*chalut*) sont arrêtés ou retenus par quoique ce soit au fond de l'eau, l'équipago doit montrer pendant la nuit un feu tant que dure l'arrêt.

Circonstances dans lesquelles le hareng est réputé de pêche étrangère.

Nous verrons aussi en parlant des règlements sur la pêche du hareng, du maquereau et de la sardine, que l'article 3 de l'ordonnance du 14 octobre 1816 défend expressément l'achat en mer du hareng de pêche étrangère ; nous avons dit déjà, f° 201, que l'époque à laquelle le hareng fréquentait les côtes de France, était à peu près limitée du mois d'août à la fin de l'année.

L'article 9 de la loi du 6 mai 1841, relative aux douanes, basée sur les prescriptions réglementaires et sur les faits mentionnés au paragraphe précédent, répute de pêche étrangère et soumet au droit de 40 francs par cent kilogrammes, les harengs salés apportés dans les ports de France, par les bateaux pêcheurs français, depuis le 15 janvier jusqu'au 1er août.

Cette disposition est applicable aux harengs frais, lorsque le navire pêcheur qui les apporte a été absent d'un port de France pendant plus de trois jours.

L'article 9 de la loi du 6 mai 1841 interdit à tout bâtiment pêcheur de relâcher dans un port étranger, à moins de force majeure, sous peine de perdre l'immunité des droits de douane.

Obligations imposées aux armateurs et patrons, envers la douane et la marine.

Les obligations imposées aux armateurs et patrons envers

la douane et la marine sont déterminées dans l'ordonnance du 2 juillet 1843, rendue en exécution de l'article 9 de la loi précitée du 6 mai 1841.

Les dispositions de l'ordonnance du 2 juillet 1843 ont été prescrites dans le but de faciliter l'application de la loi de 1841, c'est-à-dire de mettre l'administration de la marine et, principalement, celle de la douane, à même de constater l'origine des harengs apportés en France par des pêcheurs français.

Tout armateur qui expédie un bateau à la pêche du hareng doit, dans une déclaration qu'il dépose au bureau de l'Inscription Maritime et à celui des douanes, à l'ouverture de la saison de pêche, faire connaître les noms de l'armateur et du patron; le nom et le tonnage du bateau; le port auquel il appartient; le nombre d'hommes d'équipage, non compris le patron (*); le lieu de la pêche; l'indication des quantités d'avitaillement embarquées (**); l'engagement de faire suivre à l'armement la destination indiquée, et de rapporter les harengs provenant de pêche française. Cet engagement doit être garanti par une caution agréée par le président du Tribunal de Commerce.

(*) Le nombre d'hommes d'équipage de chaque bateau doit être, au minimum, non compris le maître ou patron, ni les mousses:
De 5 hommes pour les bateaux de 10 tonneaux et au-dessous;
De 6 hommes . . . . id. . . . de 11 à 15 tonneaux;
De 7 hommes . . . . id. . . . de 16 à 20 tonneaux;
et ainsi de suite, à raison d'un homme de plus pour chaque accroissement de 1 à 5 tonneaux.

(**) Une commission, composée d'un employé de la marine, d'un agent des douanes et d'un délégué désigné par la Chambre de Commerce; le Tribunal de Commerce ou les armateurs réunis, s'assure que les quantités d'avitaillements, la nature et l'état des ustensiles de pêche, sont en rapport avec le tonnage du bateau, le nombre d'hommes embarqués et la destination du bâtiment.

Chaque patron de bateau doit être muni d'un registre de bord en tête duquel est imprimé l'article 9 de la loi du 6 mai 1841 et les articles 6, 7, 8, 9 et 10 de l'ordonnance du 2 juillet 1843. Ce registre doit être soumis au visa de l'administration de la douane, à l'entrée ou à la sortie des ports.

En cas de relâche forcée dans un port étranger, le patron doit faire consigner sur le registre de bord, par le consul ou, à défaut, par un magistrat du lieu, les causes de la relâche, les achats de vivres pour ravitaillements faits pendant la dite relâche, l'état et la nature du chargement.

Au retour des bateaux de pêche dans un port de France, l'armateur doit justifier de l'accomplissement de ses engagements, au moyen d'une déclaration faite à la douane, et comparée aux inscriptions portées sur le registre de bord. Les hommes de l'équipage peuvent être interrogés, concurremment ou séparément, par l'administration des douanes et celle de la marine.

L'exécution des dispositions ci-dessus est surveillée, en France, par l'administration de la marine et celle de la douane; à la mer, par les commandants des bâtiments de guerre et les officiers des embarcations de la douane; en pays étranger, par les consuls ou agents consulaires.

MAQUEREAU.

L'ordonnance de 1681 ne fait aucune mention de la pêche du maquereau. Au dire de M. Beaussant (code maritime, tome 2, page 287), il n'en est pas question dans la législation antérieure à 1789 ; celle qui a régi depuis lors les pêches maritimes, assimile le maquereau au hareng, sur plusieurs points.

L'ordonnance du 14 octobre 1816 traite en effet de la vente et de la salaison du hareng et du maquereau, et le décret du 15 octobre 1849 détermine, pour cette dernière sorte de poisson, l'embarquement en franchise de la même quantité de sel que pour le hareng.

Enfin le règlement général du 23 juin 1843, dont nous avons fait connaître une partie des dispositions en parlant de la pêche du hareng, f° 202, comprend aux articles 36 et suivants quelques règles dont nous allons rappeler les principales.

La pêche du maquereau, comme celle du hareng, ne comporte pas de temps d'interdiction ; les mailles des filets doivent avoir au moins trente millimètres en carré.

Les filets dérivants à maquereau ne doivent être chargés à leur partie inférieure ni de plomb ni de pierres ; les bateaux faisant usage de ce genre de filet doivent se tenir à trois quarts de mille, au moins, les uns des autres, lorsqu'ils jettent leurs filets à la mer, et ils doivent aussi amener toutes leurs voiles lorsqu'ils arrivent sur le lieu de pêche, pour indiquer qu'ils ont pris leur place.

SARDINE.

L'ordonnance de 1681 permet la pêche de la sardine avec des rets ayant des mailles de quatre lignes (0m, 009 millimètres) en carré et au-dessus.

La maille est donc plus petite encore ici que pour le hareng; cela tient à la petite dimension de la sardine et, aussi, à l'habitude qu'a ce poisson de voyager en grande troupe, ce qui en éloigne les autres poissons de petite espèce.

Une seconde prescription contenue dans l'ordonnance de 1681, et qui complète tout ce que cette ordonnance a donné sur la pêche de la sardine, a pour but de défendre aux pêcheurs d'employer de la *résure* (*) pour attirer la sardine, et aux marchands d'en vendre, si elle n'a été préalablement visitée et trouvée bonne, à peine de trois cents francs d'amende.

Depuis 1681, la pêche de la sardine ne paraît avoir été l'objet d'aucun règlement spécial; si ce n'est une déclaration du Roi du 16 août 1727, mentionnée par M. Beaussant comme contenant des mesures de police analogues à celles qui avaient été prises pour le hareng, mais dont l'application ne se rapportait qu'à la Bretagne.

Enfin le décret du 15 octobre 1849 que nous allons avoir à citer, comprend les bateaux faisant la pêche de la sardine au nombre de ceux qui ne peuvent embarquer en franchise plus de 150 kilogrammes de sel.

RÈGLEMENT SUR LA PÊCHE DU HARENG, DU MAQUEREAU, ET DE LA SARDINE.

Postérieurement à 1681, une des principales dispositions réglementaires sur la pêche du hareng a fait l'objet du

(*) Résure, rogue ou rave; c'est une préparation d'œufs de poisson qu'on fait dans le nord et qui sert à amorcer les sardines et les maquereaux. (Dictionnaire des pêches de Baudrillart.) La résure de mauvaise qualité ne pourrait, en effet, qu'empoisonner la sardine.

décret du 6 octobre 1793 (15 Vendémiaire an 2), où il est dit que la pêche du hareng et celle du *maquereau* peuvent être faites sur les côtes de la France à toutes les époques que les pêcheurs jugeront convenables.

Depuis lors cette pêche a donné lieu à diverses prescriptions notamment aux décrets des 11 juin 1806 et 8 octobre 1810; mais ces dispositions ont été réunies dans l'ordonnance du 14 octobre 1816 portant règlement sur la pêche du hareng et du *maquereau*. (Annales maritimes de 1816, page 389, et Bulletin des lois, page 153.) (*) Les dispositions de l'ordonnance de 1816 ont pour objet la police de la vente et de la salaison du *maquereau* et du hareng, et de l'embarillage de ce dernier poisson ; l'article 3 défend expressément l'achat en mer du hareng de pêche étrangère, sous peine de 500 francs d'amende, de confiscation du hareng, des barques, bateaux et tous ustensiles de pêche.

L'article 9 de la loi du 6 mai 1841 et l'ordonnance du 2 juillet 1843, contiennent encore des dispositions spéciales à la pêche du hareng, que nous avons examinées en parlant des obligations imposées aux armateurs et patrons envers la douane et la marine.

Enfin le règlement général du 23 juin 1843 que nous avons déjà fréquemment cité, prescrit des mesures de police

---

(*) L'ordonnance du 14 octobre 1816 a été modifiée par celle du 4 janvier 1822 qui rétablit la liberté de pêche du hareng prescrite par le décret du 5 octobre 1793, mais que l'article 2 de l'ordonnance du 14 octobre 1816 avait restreinte à la période qui s'écoule du 1er septembre d'une année au 15 janvier de l'année suivante.

Le reglement général du 23 juin 1843 consacre cette liberté de pêche pendant toute l'année.

spéciales à la pêche des huîtres, à la pêche du hareng et à la pêche du maquereau, et aussi des mesures générales dont nous allons indiquer les principales.

Les bateaux faisant la pêche avec des filets dérivants et les bateaux chalutiers doivent porter des marques distinctes, déterminées par l'article 50 du règlement de 1843, pour être respectivement reconnus pendant le jour.

Aucun bateau ne doit mouiller pendant la nuit dans les parages où sont établis des pêcheurs de hareng ou de maquereau avec leurs filets dérivants; dans le cas où, par force majeure, un patron serait obligé d'enfreindre cette prescription, il serait tenu d'arborer deux feux placés horizontalement à un mètre environ de distance l'un de l'autre.

Deux feux doivent également être arborés sur un mât à un mètre l'un au-dessus de l'autre, par les patrons du bateau exécutant la pêche avec des bateaux dérivants, entre le coucher et le lever du soleil.

Le règlement du 23 juin 1843 renouvelle la défense portée dans l'ordonnance de 1681, de montrer des feux dans d'autres circonstances que celles qui sont prévues, hors le cas de nécessité absolue. D'autres mesures sont encore prescrites par ce règlement, mais elles ne peuvent offrir d'intérêt que pour la mise en application, et le règlement lui-même, plus que tout autre document, peut alors être consulté avec fruit.

QUANTITÉ DE SEL ALLOUÉE EN FRANCHISE POUR LES DIFFÉRENTES PRÉPARATIONS DE POISSON.

L'exemption des droits de douane pour le sel destiné aux diverses préparations du poisson provenant de pêches maritimes, résulte des dispositions du décret du 11 juin 1806 et de l'ordonnance du 14 août 1816. Une ordonnance du 30 octobre 1816 a déterminé les quantités de sel qui pouvaient être allouées en franchise pour la salaison des différentes espèces de poissons provenant de pêche française ; le tableau joint à cette ordonnance indique les quantités à allouer pour chacune de ces espèces de poissons.

Enfin, tout récemment, un décret en date du 15 octobre 1849 est venu réglementer cette matière; ce décret, tout en maintenant le principe de la délivrance en franchise des dits sels, détermine d'une, manière générale, les quantités qui peuvent être embarquées.

Il y est dit :

1° La quantité de 150 kilogrammes de sel par tonneau de jauge, qui est déterminée par l'article 48 du décret du 11 juin 1806 comme le maximum que les patrons des bateaux armés pour la pêche des *sardines*, *harengs*, (*) *maquereaux* et autres poissons dont la salaison a lieu en mer, peuvent embarquer en franchise, ne sera appliquée qu'à ceux de ces bateaux qui font leur pêche sur les côtes de France ;

2° Les armateurs et les patrons de bateaux de pêche expédiés à destination de touts autres parages, ont la faculté d'embarquer telle quantité de sel qu'ils jugent nécessaire.

(*) Un arrêté du 13 Pluviôse an XI accordait, en outre, une prime de 50 francs par homme aux armateurs des bâtiments de 25 tonneaux au moins, destinés à la pêche du hareng; cette disposition n'a pas été reproduite dans les lois ou ordonnances suivantes.

Le décret du 15 octobre 1849 rappelle, en outre, les prescriptions de l'ordonnance du 3 janvier 1828 qui permet aux agents du service des douanes de constater, avec ou sans le concours des syndics des pêches, les contraventions aux articles 16, 23 et 24 de l'ordonnance du 14 août 1816, relatifs aux salaisons et à l'embarillage des harengs, contraventions dont le jugement est déféré aux tribunaux correctionnels.

PÊCHE DE LA MORUE, DE LA BALEINE ET DU CACHALOT.

Les deux genres de pêche dont il nous reste à parler, par cela seul qu'ils s'exercent au loin des côtes de France; qu'ils présentent des dangers qui ne peuvent être vaincus que par des hommes qu'une longue expérience a façonnés au métier difficile de la mer, sont l'objet d'une sollicitude toute particulière du gouvernement.

Les autres pêches maritimes dont nous nous sommes entretenus, offrent aux habitants du littoral une ressource de tous les jours, de tous les instants; à peine le produit en est-il réalisé qu'ils rentrent dans leurs foyers où ils trouvent, au milieu de leur famille, des joies pour compenser les dangers qu'ils ont courus, des soins pour réparer leurs forces épuisées par de pénibles travaux.

Les équipages des navires qui vont à la pêche de la morue et à celle de la baleine ou du cachalot, n'ont pas les mêmes satisfactions permanentes, continues; il a donc fallu que le gouvernement, par des récompenses pécuniaires, encourageât exceptionnellement des armements qui ont pour but une navigation exceptionnelle aussi, et qui est l'*école supérieure* des marins de la flotte. (*)

Le code des grandes pêches, publié en 1844 par le jurisconsulte Hautefeuille, est un recueil complet des dispositions qui régissent cette branche d'industrie maritime; je vais en entreprendre une analyse très-succincte renfermée dans les limites du programme des aides-commissaires, en ayant le soin d'indiquer les modifications apportées, depuis 1844, à cette partie de la légalisation.

PÊCHE DE LA MORUE.

PARAGES OU CETTE PÊCHE SE PRATIQUE.

Après avoir possédé dans les mers du nord d'importantes colonies, la France a vu ses possessions successivement réduites par le traité d'Utrecht, de 1713; de Paris, du 10 février 1763 et de Versailles, du 3 septembre 1783; enfin, le traité d'Amiens de 1802, et ceux de 1814 et de 1815, lors des deux rentrées en France de la branche aînée des Bourbons, ont maintenu ces possessions réduites, telles qu'elles existent encore aujourd'hui; savoir :

Les îles de Saint-Pierre et de Miquelon, les seuls établissements fixes que possède la France dans l'Amérique septentrionale;

Un droit de pêche et de sècherie sur la partie des côtes de l'île de Terre-Neuve comprise entre le cap Saint-Jean et le cap de Raye; (mais avec l'interdiction d'y former aucun établisse-

(*) Voir, pour les avantages produits au Commerce et à l'État par la pêche de la morue, la *dissertation* publiée par M. Marec, en 1831.

ment permanent. Les seuls droits qu'ont les Français sur ces côtes sont de pêcher et d'y faire sécher leur poisson, seulement pendant la durée de la saison de la pêche).

Le simple droit de pêche : 1° Dans le golfe de Saint-Laurent, à la distance de trois lieues au moins des côtes de la Grande-Bretagne ; 2° Dans les parages en dehors du dit golfe, mais à 15 lieues des côtes du cap Breton et à 30 lieues de l'Acadie.

En résumé, la pêche de la morue se pratique :

1° Sur les côtes de l'Ile de Terre-Neuve ; (*)

2° Aux îles Saint-Pierre et Miquelon ;

3° Sur le grand banc de Terre-Neuve et les banquereaux environnants ;

4° Dans les mers d'Islande ;

5° Sur le Dogger's-Bank. (**)

Règlements.

La pêche de la morue en Islande, se faisant toujours sous voiles, et celle du grand banc de Terre-Neuve ainsi que des banquereaux qui l'environnent, ayant lieu aussi en pleine mer, soit à bord, soit dans des embarcations, le bâtiment étant à l'ancre, les équipages qui pratiquent la pêche dans ces parages préparent le poisson en vert, ou le salent provisoirement à bord pour le porter ensuite dans les lieux

(*) Il y a trois espèces différentes d'armements pour la côte de Terre-Neuve : 1° Les côtiers, qui se rendent directement d'un port de France à la côte de Terre-Neuve pour y pêcher et faire sécher ;

2° Les armements doubles, qui ont pour objet de pêcher sur le grand banc, pour aller de là pêcher et faire sécher à la côte de Terre-Neuve ;

3° Les banquiers avec pêcherie, qui, après avoir pêché sur le grand banc, vont faire sécher à la côte de Terre-Neuve.

(**) La pêche sur le Dogger's-Bank, entre l'Angleterre et le Danemark, est abandonnée depuis plusieurs années par les Français. (Note du code de la pêche maritime. — Grandes pêches. — Hautefeuille.)

où sont établies des sècheries: sur les côtes de l'Ile de Terre-Neuve, aux Iles Saint-Pierre et Miquelon ou même en France.

Aucun règlement particulier n'a donc paru nécessaire pour ces sortes de navigations, les règlements généraux concernant les armements du commerce suffisant à la police des équipages des bâtiments qui ne font autre chose que la pêche à la mer.

Mais il n'en est pas ainsi pour les armements destinés à la pêche de la morue, avec sècherie soit aux côtes de Terre-Neuve, soit aux Iles Saint-Pierre et Miquelon. Les équipages ou les parties d'équipages une fois à terre, les intérêts peuvent se trouver froisés, des collisions peuvent surgir; il y avait donc nécessité de statuer sur les formes à observer pour chaque équipage arrivant dans un lieu de sècherie. Ici une distinction doit être faite, entre les sècheries établies seulement pendant la durée de la saison de la pêche, à la côte de Terre-Neuve, et celles qui existent d'une manière permanente aux Iles Saint-Pierre et Miquelon administrées par des autorités françaises.

Règlement sur la police de la pêche de la morue à l'Ile de Terre-Neuve.

Dix ans avant la promulgation de l'ordonnance de 1681, le Roi, par un arrêt du 28 avril 1671, avait sanctionné des dispositions d'ordre pour la conduite à tenir par les équipages des navires venus de France dans le but de faire la pêche de la morue avec sècherie sur les côtes de Terre-Neuve.

L'ordonnance du 15 avril 1681 vint reproduire, avec une nouvelle force, la plupart des dispositions approuvées par l'arrêt de 1671. D'autres ordonnances, et notamment celles des 13 février 1815 et 21 novembre 1821, traitèrent postérieurement de la même matière, en y apportant successivement les modifications et les améliorations que l'expérience faisait reconnaître utiles. Enfin l'ordonnance la plus récente et qui est aujourd'hui en vigueur, porte la date du 24 avril 1842; nous allons présenter l'analyse de ses principales dispositions.

Aucun navire ne doit aller *pêcher sur la côte de l'Ile de Terre-Neuve*, s'il ne lui a point été assigné de place, selon la forme que nous allons indiquer.

Tous les cinq ans, le 5 janvier, les armateurs qui ont fait au chef du service de la marine à Saint-Servan, la déclaration du nombre de navires qu'ils veulent armer pour la pêche, se réunissent, eux ou leurs représentants, sous la présidence de ce chef de service, pour tirer au sort les places avec les graves que leurs navires devront occuper dans tel ou tel hâvre, pendant cinq saisons de pêche consécutives.

Les résultats du tirage sont consignés, à la suite du procès-verbal de l'opération, dans un tableau de répartition; le tout est adressé au Ministre de la Marine qui fait imprimer le tableau de répartition et le rend publie.

Après le tirage général, il peut être concédé, par un autre tirage, des places sur la côte de l'Ile de Terre-Neuve, entre les armateurs qui ont déclaré avoir l'intention d'expédier des navires à la *pêche sur le grand banc ou sur les banquereaux, avec l'intention de faire sécher à la côte de l'Ile* les produits de leur pêche.

Pendant chacune des quatre années qui suivent celle du tirage général, il est fait, aussi le 5 janvier, un tirage partiel des places vacantes, de la manière prescrite par l'ordonnance de 1842 pour le tirage général. Ces places ainsi obtenues ne donnent le droit de jouissance que jusqu'à l'expiration du terme marqué pour le renouvellement quinquennal.

A la suite du tirage général ou des tirages partiels, les places demeurées disponibles sont concédées aux armateurs qui en font la demande jusqu'au 30 juin.

Chaque armateur reçoit du chef de service à Saint-Servan un bulletin de mise en possession; un état de ces bulletins est adressé, par ce fonctionnaire, aux commissaires de l'Inscription Maritime des ports d'où les navires doivent être expédiés, afin que ces commissaires puissent remettre aux capitaines des dits navires, des bulletins particuliers conformes au modèle prescrit par l'article 22 de l'ordonnance de 1842.

L'article 12 de la même ordonnance détermine les peines encourues par les armateurs qui n'expédient pas les navires qu'ils ont annoncé devoir envoyer, et à l'occasion desquels ils ont concouru au tirage des places.

A la fin de l'année qui précède l'époque du renouvellement quinquennal, chaque capitaine fait constater, par un procès-verbal signé de deux autres capitaines voisins, l'éta-

de l'établissement qu'il a occupé et qu'il doit laisser dans l'état où il est au moment de cette constatation; chaque capitaine a cependant la faculté d'enlever les bateaux, traineaux, avirons et autres ustensiles qui sont mis à la disposition de l'armateur de son navire.

Le titre deuxième de l'ordonnance de 1842 détermine l'époque avant laquelle aucun navire ne peut faire route pour la pêche :

Avant le 1er mars, pour la côte de Terre-Neuve située à l'Ouest, ou pour le banc ;

Avant le 20 avril, pour la côte de l'Est. (Tout navire, précédemment concessionnaire d'une place à la côte de l'Ouest, qui est devenu concessionnaire d'une place à la côte de l'Est, peut partir le 20 mars à l'effet de faire en temps utile le transport de son matériel.) (*)

Le titre deuxième indique aussi :

1° Les pièces dont doit être muni chaque capitaine expédié pour les côtes de Terre-Neuve, indépendamment des pièces obligatoires pour toute autre navigation ; ce sont : le bulletin que nous avons dit plus haut devoir lui être délivré par le commissaire de l'Inscription Maritime ; un exemplaire du tableau indicatif des hâvres situés sur les côtes de l'Ile de Terre-Neuve, que peuvent occuper les pêcheurs Français, ainsi qu'un exemplaire du tableau de répartition de ces hâvres entre les armateurs ;

(*) Aucune époque n'est fixée pour le départ des navires qui doivent se rendre directement aux Iles Saint-Pierre et Miquelon.

Une circulaire en date du 16 avril 1849 (bulletin officiel, page 241) a seulement fait connaître que la durée de la saison de pêche dans ces îles, est renfermée entre le 1er avril et le 1er octobre de chaque année. Cette même circulaire divise en grande et en petite pêche la navigation exercée à Saint-Pierre et Miquelon, d'où il résulte que, selon le cas, les marins sont inscrits après deux saisons de pêche, ou après 24 mois d'embarquement.

2° Les règles à observer par les capitaines de navires, lors de la prise de possession de la place qui leur a été concédée;

3° Les droits du *capitaine prud'homme* de chaque hâvre. Les fonctions de capitaine prud'homme sont remplies, dans chaque hâvre, par le plus âgé des capitaines des navires; mais les capitaines au long cours ont toujours la priorité sur les maîtres au cabotage.

Les attributions d'un capitaine prud'hommme peuvent être comparées à celle d'un juge de paix. Il est chargé de maintenir la discipline et le bon ordre dans le hâvre; de veiller à la sûreté des mouillages, à l'état des filets; de terminer, autant que possible, les contestations; de constater, lorsqu'il est nécessaire, les contraventions commises; de les consigner dans un procès-verbal établi concurremment avec les officiers et le maître d'équipage de son navire, et d'en faire la remise au commissaire de l'Inscription Maritime du port d'où il est parti, ainsi que des décisions qu'il a pu être dans le cas de prendre.

Il doit recourir à l'autorité des commandants des bâtiments de l'Etat, lorsqu'il s'en trouve de présents sur les côtes de l'Ile de Terre-Neuve, soit pour faire appliquer des peines de simple police; soit pour faire arrêter les coupables, lorsqu'il y a lieu d'appliquer des peines plus graves.

Le titre troisième et dernier de l'ordonnance de 1842 indique les filets dont l'usage est prohibé pour la pêche de la morue; (*) ceux qui sont autorisés; la manière de se ser-

(*) Une espèce de filet nommé *hallope* était employée pour la pêche du *capelan* ou du *lançon* (poissons servant d'appât à la morue), sur les côtes de Terre-Neuve; son usage a été interdit par l'ordonnance du 24 avril 1842, qui n'autorise, pour ce genre de pêche, que des *seines* dont

vir de ces derniers; la distance qui doit être observée entre les bâteaux pêchant à la ligne et ceux qui pêchent à la seine. En un mot, il règle les rapports des pêcheurs entr'eux, et l'usage des filets dont il autorise l'emploi.

Il détermine, en outre, l'indemnité à payer par les délinquants; il charge les capitaines non intéressés à la contestation et réunis en assemblée, sous la présidence du capitaine prud'homme, de statuer sur l'opportunité du paiement de l'indemnité.

Le titre troisième est terminé par la prescription de ne faire la pêche du saumon qu'au moyen de barrages pratiqués dans les ruisseaux ou rivières; et par la défense formelle d'embarquer des boissons spiritueuses à bord des bâtiments faisant la pêche de la morue, sous peine, pour le capitaine coupable d'en avoir vendu ou laissé vendre à son bord, d'être privé du droit de commandement, et pour l'armateur coupable du même fait, d'être condamné à une amende de 500 francs.

Règlement concernant les concessions de grèves (*) et de terrains aux Iles Saint-Pierre et Miquelon.

L'ordonnance de 1681 ne fait aucune mention des Iles

---

l'emploi ne peut avoir lieu qu'au *moulinet* et sans jamais déborder à terre.

La pêche de la morue se pratique au filet appelé *seine* et à la ligne. Les seines à *morue* ne peuvent aussi être employées autrement qu'au *moulinet*, et sans jamais déborder à terre; les mailles ne peuvent avoir plus de 48 millimètres entre nœuds au carré.

(*) Le mot *grèves* subsiste dans l'ordonnance de 1833 dont nous allons nous entretenir; le mot *graves* que nous avons vu employé dans l'ordonnance de 1842 est plus nouveau, et a été adopté, en 1837, pour Terre-Neuve.

Saint-Pierre et Miquelon. Depuis lors, le gouvernement françois confia à l'administration de la colonie le soin de réglementer la police de la pêche dans ces petites îles, (*) et il statua, par diverses ordonnances, sur la concession des grèves, et des terrains autres que les grèves. La dernière de ces ordonnances porte la date du 26 juillet 1833.

Les îles de Saint-Pierre et Miquelon forment un établissement de pêche classé, par la loi du 24 avril 1833 sur le régime législatif des colonies, dans la catégorie des établissements coloniaux régis par des ordonnances royales; c'est en vertu de cette loi qu'a été rendue l'ordonnance du 26 juillet 1833 dont nous allons rappeler les principales dispositions.

Les *grèves destinées à sécher le poisson* sont divisées en deux catégories :

Celles qui, ayant été concédées avant 1819, peuvent être revendues ou affermées par les possesseurs, à condition qu'ils rempliront toutes les obligations d'entretien imposées aux concessionnaires des grèves de la seconde catégorie; à défaut de l'accomplissement de ces obligations les grèves font retour au domaine public;

2° Celles qui n'étaient sorties du domaine public que postérieurement à 1819. Ces dernières sont déclarées inaliénables et indivisibles; les héritiers même des concessionnaires n'ont le droit d'en jouir qu'à condition qu'ils résideront dans la colonie, et encore faut-il qu'ils soient en état de les faire valoir.

(*) Par une circulaire du 7 mars 1851, le ministre de la marine fait connaître aux chambres de commerce que le commandant de Saint-Pierre et Miquelon est invité à rendre, si besoin est, un arrêté pour mettre à la charge des armateurs le rapatriement des personnes débarquées dans la colonie sans justification préalable de moyens d'existence. (Bulletin officiel, n° 7, page 204).

L'ordonnance de 1833 autorise le commandant des Iles Saint-Pierre et Miquelon à concéder, en conseil d'administration, les grèves dont la réunion au domaine public aurait été prononcée par suite de mort du possesseur, d'abandon des dites grèves pendant deux années, et des autres cas prévus par la dite ordonnance.

Les concessions nouvelles ne sont faites qu'à la seule charge *obligatoire* d'établir la grève concédée conformément aux usages du pays, dans un délai déterminé par la délibération du conseil d'administration.

Les terrains autres que les grèves, sur lesquels il n'existe aucun établissement, appartiennent au domaine.

Le commandant peut en faire la concession, en conseil d'administration, à la charge par les concessionnaires d'y faire, dans le délai de six mois, les établissements nécessaires. Un délai d'un an est accordé aux concessionnaires pour la reconstruction des établissements détruits par force majeure.

Le non accomplissement de ces conditions entraîne le retour au domaine public, des terrains concédés.

L'ordonnance de 1833 comprend encore une disposition fort importante; elle déclare susceptibles d'hypothèques les grèves de la première catégorie (celles qui peuvent être revendues ou affermées), ainsi que les maisons et magasins élevés sur les terrains autres que les grèves. Elle détermine, en même temps, les formes à suivre dans les contrats hypothécaires entre les concessionnaires et les créanciers.

Primes accordées.

Lorsque, par l'effet de l'étendue de nos possessions dans l'Amérique septentrionale, les armateurs trouvaient dans la pêche de la morue de grands avantages, cette pêche ne languissait pas; mais lorsque, par suite de la réduction de nos droits à la possession des petites Iles de Saint-Pierre et Miquelon, et à la jouissance du seul droit de pêche et de sécherie sur les côtes de l'Ile de Terre-Neuve, les avantages cessèrent, les armements diminuèrent aussi très-sensiblement.

Le gouvernement désireux cependant de ne pas voir s'éteindre et même se ralentir ce genre de navigation qui procure de si nombreux avantages à la France, tant par le mouvement qu'il imprime au commerce maritime, que par les ressources qu'il offre en hommes de mer (*), créa des primes pour engager les armateurs à continuer les armements à la pêche de la morue. Tel fut l'objet des arrêtés des 17 Ventôse et 17 Prairial an X, et de l'ordonnance du 8 février 1816.

Depuis cette époque le chiffre des primes a fréquemment varié, et l'Assemblée législative, dans sa séance du 22 juillet 1851, a adopté une nouvelle loi qui doit avoir son effet jusqu'au 30 juin 1861. (**)

(*) Voir le mémoire déjà cité de M. Marec, publié, en 1831, sous le titre: *Dissertation sur plusieurs questions concernant la pêche de la morue.*

(**) Indépendamment des primes proprement dites, le gouvernement accorde aux navires armés à la pêche de la morue certaines immunités dont quelques-unes sont communes du reste à d'autres genres de naviga-

Les primes pour la pêche de la morue sont de trois natures :

Celle d'armement, basée sur le nombre d'hommes d'équipage, (*) et qui n'est accordée qu'une fois par campagne de pêche, quand même le navire ferait plusieurs voyages dans une même saison ;

Celles qui sont basées sur la quantité des produits de pêche importés soit aux colonies françaises, soit dans certains pays étrangers ; (**)

Celles qui ont pour objet l'importation en France des rogues de morue de pêche française.

Primes d'armement.

1° Cinquante francs par homme d'équipage, pour la pêche avec *sècherie*, soit à la côte de Terre-Neuve, soit à Saint-Pierre et Miquelon, soit au grand banc de Terre-Neuve ;

2° Cinquante francs par homme d'équipage, pour la pêche *sans sècherie* dans les mers d'Islande ;

3° Trente francs par homme d'équipage, pour la pêche *sans sècherie* sur le grand banc de Terre-Neuve ;

4° Quinze francs par homme d'équipage, pour la pêche au Dogger's Bank.

---

tion française : ainsi l'exemption des droits de douane sur les sels nécessaires à la préparation du poisson et sur les produits de la pêche à l'entrée en France et aux colonies ; une semblable exemption sur les provisions de bord et le tabac nécessaires à la consommation des équipages. (Ordonnance royale du 30 octobre 1816.)

(*) Ne donnent droit à la prime que les *hommes faisant partie de l'équipage* et appartenant définitivement à l'Inscription Maritime, quel que soit leur emploi à bord, et les inscrits provisoires âgés de moins de 25 ans à l'époque du départ du navire. (Loi votée le 22 juillet 1851, article 3 § 1er.)

(**) Les primes sur les produits de la pêche ne sont acquises que pour les morues parvenues, introduites, et reconnues propres à la consommation alimentaire dans les lieux de destination. (Même loi, article 4.)

Primes sur les produits de la pêche.

1° Vingt francs par quintal métrique, pour les morues sèches de pêche française expédiées, soit directement des lieux de pêche, soit des entrepôts de France, à destination des colonies françaises de l'Amérique, de l'Inde, ainsi qu'aux établissements français de la côte occidentale d'Afrique, et des autres pays transatlantiques, pourvu qu'elles soient importées dans les ports où il existe un consul français ;

2° Seize francs par quintal métrique, pour les morues sèches de pêche française expédiées, soit directement des lieux de pêche, soit des ports de France à destination des pays européens et des États étrangers, sur les côtes de la Méditerranée, moins la Sardaigne et l'Algérie ;

3° Seize francs par quintal métrique, pour l'importation aux colonies françaises de l'Amérique, de l'Inde et autres pays transatlantiques, des morues sèches de pêche française, lorsque ces morues sont exportées des ports de France, sans y avoir été entreposées ;

4° Douze francs par quintal métrique, pour les morues sèches de pêche française expédiées, soit directement des lieux de pêche, soit des ports de France, à destination de la Sardaigne, et de l'Algérie.

Rogues de Morue.

Vingt francs par quintal métrique de rogues de morue que les navires pêcheurs rapportent en France du produit de leur pêche.

Conditions imposées aux armateurs et aux équipages.

Le pouvoir législatif, après avoir déterminé les droits des armateurs, a indiqué aussi les obligations auxquelles seraient astreints ces mêmes armateurs pour acquérir les droits déterminés par la loi. Mais le soin de régler les formes dans lesquelles les obligations seraient produites et les droits justifiés, a été laissé au pouvoir exécutif. (*)

Ainsi la loi du 22 avril 1832, et celles des 9 juillet 1836 et 25 juin 1841 qui en ont modifié quelques parties, voulaient, comme celle du 22 juillet 1851, que les armateurs eussent, dans certaines circonstances, un minimum d'équipage réglementaire; que des catégories déterminées de marins concourussent seules à la fixation des primes d'armement; qu'enfin diverses justifications fussent produites tant au départ des ports de France qu'au retour.

Les ordonnances des 26 avril 1833, 2 septembre 1836 et 25 février 1842, rendues en exécution des lois ci-dessus, ont servi de règle à la mise en application de ces lois.

L'ordonnance du 26 avril 1833 est l'acte fondamental; celles de 1836 et de 1842 ont seulement apporté quelques modifications.

(*) Au moment où l'Assemblée nationale votait, le 22 juillet 1851, après une troisième délibération, la loi sur les pêches de la morue, de la baleine et du cachalot, la partie du présent volume qui traite de ces mêmes pêches était à l'impression.

Il a été possible, néanmoins, de faire toutes les rectifications que comportait cette nouvelle loi, en ce qui concerne, principalement, la fixation des primes. Quant aux formalités à observer par les armateurs, et à certaines autres prescriptions de la nature de celles qui feront, sans doute, l'objet de prochains décrets, nous avons dû laisser subsister ce que nous avions puisé dans les ordonnances basées sur les lois antérieures, nous réservant le soin, dans le cas où de nouveaux décrets paraîtraient avant la fin de l'impression du présent volume, d'indiquer, dans un dernier feuillet, les modifications essentielles qui seraient apportées aux dispositions aujourd'hui en vigueur.

Les obligations des armateurs se divisent en deux catégories : celles qui leur sont imposées *au départ* et celles qu'ils doivent accomplir *au retour*.

Au départ des navires expédiés pour la pêche de la morue, chaque armateur est tenu, pour avoir droit à la prime, de faire au commissaire de l'Inscription Maritime du port d'armement, une déclaration conforme au modèle n° 1, annexé à l'ordonnance du 26 avril 1833 (modifié par le modèle n° 1 annexé à l'ordonnance du 25 février 1842); cette déclaration doit indiquer les noms de l'armateur, du navire et du capitaine ; le tonnage du bâtiment ; le nombre d'hommes de l'équipage (*) ; la destination ; et contenir, en outre, l'engagement de faire suivre à l'armement sa desti-

---

(*) Le minimum de la force des équipages n'a été fixé que pour les armements qui doivent faire la pêche avec sécherie. Les armements pour la pêche avec salaison à bord rentrent dans la catégorie des navires ordinaires de long cours ou de cabotage ; ils ne prennent que le nombre d'hommes qu'ils jugent convenable.

Ainsi les navires expédiés pour la pêche avec sécherie à la côte de Terre-Neuve, et ceux qui sont expédiés pour la pêche avec sécherie, à Saint-Pierre et Miquelon, doivent avoir, au moins, aux termes des articles 1 et 2 de l'ordonnance du 25 février 1842 :

20 hommes d'équipage, si le navire jauge moins de 100 tonneaux ;

30 hommes d'équipage, si le navire jauge de 100 à 158 tonneaux exclusivement ;

50 hommes d'équipage, si le navire jauge 158 tonneaux et au-dessus.

Les navires expédiés pour la pêche au grand banc de Terre-Neuve, avec l'intention de faire sécher soit à Saint-Pierre et Miquelon, soit sur les côtes de Terre-Neuve, sont tenus d'avoir, au moins :

30 hommes d'équipage, si le navire jauge moins de 158 tonneaux ;

50 hommes d'équipage, si le navire jauge 158 tonneaux et au-dessus.

Il y a lieu de remarquer aussi que, d'après les termes des articles 3, § 2, et 43, § 7 de l'ordonnance du 24 avril 1842, les navires côtiers au-dessous de 100 tonneaux ne peuvent avoir moins de 25 hommes d'équipage lorsqu'ils doivent pêcher avec une seine.

nation (*); de ne rapporter que des produits de pêche française; de ne porter ni à Saint-Pierre et Miquelon, ni à la côte de Terre-Neuve, c'est-à-dire de rapporter en France, les produits de la pêche faite sur le grand banc, avec salaison à bord, (Article 4 de l'ordonnance du 25 février 1842 et circulaire ministérielle du 22 mars 1849, insérée au Bulletin officiel) et de payer, en cas de violation des conditions ci-dessus, le double de la prime reçue ou indûment demandée."

Une expédition de cette déclaration est délivrée à l'armateur, après le départ du navire (**); une caution, agréée par le président du tribunal de commerce, peut être réclamée à titre de garantie de l'exécution des engagements pris par l'armateur.

AU RETOUR des navires pêcheurs, l'armateur est tenu de justifier de l'accomplissement de ses engagements, au moyen d'une déclaration faite à la douane par le capitaine; cette déclaration, conforme au modèle n° 3 de l'instruction du 26 avril 1833 (modifié par le modèle n° 2 annexé à l'ordonnance du 25 Février 1842), doit indiquer le port et la date du départ; le nom du navire, ceux de l'armateur et du capitaine; le lieu et la durée de la pêche; la quantité de

(*) Nous avons déjà vu que l'époque des départs pour la pêche de la morue ne pouvait avoir lieu *avant* le 1er mars pour la côte Ouest de Terre-Neuve ou pour le banc, et avant le 20 avril pour la côte Est. (Ordonnance du 24 avril 1842, article 21.)

L'ordonnance du 26 avril, 1833 fixe le 1er juillet comme le délai extrême *après* lequel aucun navire ne peut faire route pour la pêche de la morue aux Iles Saint-Pierre et Miquelon, ou aux côtes de Terre-Neuve.

(**) Ces déclarations d'armement doivent être en triple expédition dont deux pour le Ministre du commerce. (Circulaire ministérielle du 28 mai 1849. — Bulletin officiel.)

morue expédiée directement du lieu de pêche, soit aux colonies françaises, soit à l'étranger, et la quantité rapportée en France. Le journal de bord est produit à l'appui de cette déclaration.

Si le besoin en est reconnu, les hommes de l'équipage sont soumis, collectivement ou séparément, à un interrogatoire qui est fait par l'administration de la douane, de concert avec l'administration de la marine. (Ordonnance du 25 février 1842, article 6.)

Une expédition de la déclaratien est délivrée au capitaine qui doit, directement ou par l'intermédiaire de l'armateur, l'adresser dans le délai de trois mois au plus tard, au Ministre du commerce et des travaux publics, chargé de faire connaître au Ministre des finances le nom des armateurs qui, n'ayant pas justifié de l'accomplissement de leurs engagements, seraient passibles du paiement du double de la prime. Un duplicata de la déclaration de retour est transmis directement, par l'administration des douanes, au Ministre du commerce et des travaux publics.

L'administration de la marine et celle de la douane doivent tenir un registre des déclarations et certificats qu'elles sont appelées à recevoir ou à délivrer.

Dans le cas où une circonstance de force majeure empêcherait un navire d'accomplir sa destination ou d'effectuer son retour en France, l'armateur serait admis à produire ses justifications, pendant le délai d'une année à dater du départ du navire.

L'ordonnance du 26 avril 1833 a aussi déterminé :

1° Les formalités à remplir par les armateurs, lors de l'expédition des produits de la pêche de leurs navires, soit directement des lieux de pêche, soit des ports de France pour une destination susceptible de prime ; (*)

2° Les pièces à produire, *sur papier timbré*, au Ministre du commerce et des travaux publics, pour qu'il soit procédé à la liquidation, tant des primes d'armement que des primes sur les produits de la pêche et sur les rogues de morue.

Le défaut de production au ministère du commerce et des travaux publics, des pièces qu'ont à remettre les arma-

(*) Le cadre que je me suis tracé ne me permet pas de présenter ici la nomenclature des pièces à produire par les armateurs ; je ne peux que renvoyer à l'ordonnance du 26 avril 1833 (articles 6 à 10) et à celle du 2 septembre 1836.

Il me suffira de dire que tous les certificats délivrés pour constater que les morues ont été chargées sur des navires, ou séchées à terre, sont délivrés ; savoir :

A Saint-Pierre et Miquelon, par le commandant de ces îles et le commissaire de l'Inscription Maritime ;

Sur les côtes de Terre-Neuve, par un des capitaines ou officiers des bâtiments de l'Etat formant la station de ces parages, ou, à défaut, par le capitaine prud'homme du hâvre le plus voisin du lieu d'embarquement ou de sècherie, ou, enfin, dans le cas d'impossibilité, par trois capitaines de navires pêcheurs appartenant à d'autres armateurs que celui du navire chargeur.

J'ajouterai, que dans les lieux d'arrivée des morues, la vérification de leur état et de leur qualité est faite :

1° Dans les colonies, par l'administration de la douane, et par une commission nommée par le gouverneur et composée d'un officier de l'administration de la marine ; d'un agent de l'inspection coloniale ; d'un fonctionnaire de l'administration municipale ; d'un membre de la chambre de commerce ou, à défaut, d'un négociant notable ou d'un sous-inspecteur ou vérificateur des douanes ;

2° Dans les possessions françaises en Afrique, par l'administration des douanes ;

3° Dans les pays étrangers, par l'agent consulaire assisté de deux négociants français, s'il est possible ;

4° En France, par l'administration de la douane, assistée, dans certains cas, par deux courtiers assermentés.

teurs pour obtenir le paiement des primes, entraine la prescription au profit de l'Etat, après un délai de cinq années à dater de l'exercice auquel appartiennent les primes.

Du commandement des navires armés pour la pêche de la morue.

La pêche de la morue sur les côtes de l'Ile de Terre-Neuve, sur le grand banc et les banquereaux, et aux Iles Saint-Pierre et Miquelon est réputée voyage de long-cours. En principe, les navires armés pour ces expéditions doivent être commandés par des capitaines au long-cours.

Cependant une disposition bienveillante, et ayant pour but de réduire les charges imposées aux armateurs, a permis aux maîtres au cabotage de commander les navires destinés pour ce genre de pêche, non pas à l'exclusion des capitaines au long-cours, mais concurremment avec eux. Cette disposition a fait l'objet de la loi du 21 juin 1836; mais, par une dépêche en date du 15 février 1846, le Ministre a prescrit diverses mesures pour éviter des abus tels que, sous prétexte de se livrer à la pêche, des maîtres au cabotage n'allâssent prendre des chargements de morue sans pêcher, et ne fissent ainsi, en réalité, qu'un simple voyage de long-cours que les capitaines au long-cours seuls sont autorisés à effectuer. (Loi votée le 22 juillet 1851, article 5.)

Dispositions relatives a la pêche sur les cotes d'Islande.

La pêche sur les côtes d'Islande se faisant sous voiles, généralement avec salaison à bord, peu de mesures spéciales ont été prises pour cette pêche.

Une ordonnance, en date du 16 janvier 1840, a cependant statué sur l'époque des départs des navires ; il y est fait défense à tout capitaine expédié pour la pêche d'Islande, d'appareiller et de faire route chaque année avant le premier avril. (*)

En outre, la loi du 21 juin 1836, en autorisant les maîtres au cabotage à commander les navires destinés à la pêche de la morue à Terre-Neuve, a étendu cette faculté aux navires qui vont faire la pêche de la morue sur les côtes d'Islande.

La loi votée le 22 juillet 1851, reproduisant des dispositions favorables dont le principe remonte à 1816, a autorisé les marins ayant fait cinq voyages, dont les deux derniers en qualité d'officier, à la pêche de la morue sur les côtes d'Islande, à commander aussi les navires expédiés pour cette même pêche, s'ils ont satisfait, du reste, à l'examen prescrit, par une circulaire ministérielle du 31 janvier 1840 et dans lequel ils doivent justifier qu'ils ne sont pas tout à fait illettrés ; qu'ils savent observer la latitude par la hauteur méridienne du soleil ; qu'ils sont en état de faire leur point et de déterminer leur position sur la carte.

La commission d'examen doit être composée du commissaire de l'Inscription maritime, et de deux capitaines au long-cours désigné par le dit commissaire.

(*) Cette mesure a été suscitée par les nombreux sinistres attribués à ce que les navires qui appareillaient avant cette époque, essuyaient tous les mauvais temps qui règnent sur les côtes d'Islande au commencement de l'année.

PÊCHE DE LA BALEINE ET DU CACHALOT.

PRIMES ACCORDÉES AUX ARMATEURS.

Les Français furent, pendant longtemps, le seul de tous les peuples de l'Europe qui sut diriger des expéditions maritimes ayant pour but la pêche de la baleine; mais, plus tard, ils perdirent si complètement cette partie de leur empire sur les mers, que le gouvernement se crut obligé de faire venir en France, vers 1783, des habitants de l'Ile de Nantuket adonnés à ce genre de pêche, pour en ranimer le goût parmi nous. Divers privilèges leur furent accordés, ainsi qu'une prime basée sur le nombre de tonneaux de jauge des navires qu'ils expédiaient à la pêche de la baleine.

Plus tard ces étrangers disparurent du sol Français; mais le gouvernement, dominé par la juste idée que tout ce qui tend à développer les ressources de l'Inscription Maritime, à former de bons marins, et certes la pêche de la baleine figure au suprême degré dans cette catégorie, ne peut être l'objet d'une sollicitude trop vive, ne ralentit pas ses efforts; ses sacrifices. Indépendamment des primes qu'il accorda à nos armateurs nationaux, il les autorisa à employer à leurs expéditions des ustensiles et des bâtiments de construction étrangère, qu'il admit à une francisation provisoire, et, aussi, des marins étrangers dans la proportion des deux tiers des équipages et des états-majors.

Ces grandes facilités amenèrent de bons résultats; la pêche de la baleine prit un certain développement, et le gouvernement, en retirant peu à peu une partie des privilèges qu'il avait accordés, put rendre à nos armements un plus grand cachet de nationalité. Ainsi l'ordonnance du 7 décembre 1829, en même temps qu'elle augmenta le taux des primes, prohiba les navires et les ustensiles de construction étrangère, et réduisit le nombre des marins étrangers que les armateurs avaient la faculté d'embarquer.

Aujourd'hui, les primes, après avoir sensiblement varié depuis 1829, ont été fixées, par la loi votée le 22 juillet 1851, au taux que nous allons indiquer et qui doit rester tel jusqu'au 30 juin 1861. (*)

Primes au départ.

Soixante-dix francs par tonneau de jauge pour les armements entièrement composés de Français;

Quarante-huit francs pour les armements composés en partie d'étrangers.

Primes au retour..

Cinquante francs par tonneau de jauge, pour les armements composés entièrement de Français;

Vingt-quatre francs pour les armements composés d'équipages mixtes.

Il faut, dans les deux cas, que le navire ait fait la pêche, soit dans l'Océan Pacifique en doublant le cap Horn, ou en franchissant le détroit de Magellan; soit au sud du cap Horn, à 62 degrés de latitude au moins; soit à l'Est du cap de Bonne-Espérance, à 45 degrés de longitude du méridien de Paris, et

(*) Outre les primes, les navires baleiniers jouissent aussi de l'exemption des droits de douane sur les produits de leur pêche, et sur les provisions de bord et de tabac nécessaires à l'équipage.

à 48 et 50 degrés de latitude méridionale, si le produit de sa pêche est de la moitié au moins de son chargement, ou si le navire justifie d'une navigation de seize mois au moins.

Primes supplémentaires

15 francs par quintal métrique sur l'huile de cachalot et la matière de tête que rapporteront les navires spécialement armés pour la pêche du cachalot dans l'Océan Pacifique, après une navigation de trente mois au moins, pendant laquelle il se seront élevés au-delà du 28e degré de latitude Nord.

La même prime est allouée aux navires armés pour la pêche de la baleine, sur les quantités d'huile de cachalot et de matière de tête qu'ils peuvent rapporter, pourvu qu'ils aient rempli les conditions de navigation énoncées ci-dessus.

Il y a lieu de remarquer que le non-accomplissement des conditions pour l'obtention de la prime supplémentaire, n'entraînerait pas la privation *des primes au départ* et *des primes au retour* pour les bâtiments qui auraient, du reste, rempli les conditions indiquées plus haut, pour l'obtention des dites primes.

Ces encouragements pour les armements à la pêche de la baleine et du cachalot, ne sont pas sans restrictions.

Ainsi la loi du 22 juillet 1851 dit qu'aucun navire armé pour la pêche de la baleine n'aura droit à la prime que jusqu'à concurrence du maximum de 600 tonneaux ; que dans les équipages mixtes, la tolérance des étrangers ne pourra être supérieure à un tiers des officiers, harponneurs et patrons, sans que le nombre puisse excéder deux pour la pêche du Sud, et cinq pour celle du Nord. (*)

(*) Les armateurs qui renonceraient à la prime, devraient néanmoins confier à des marins français la *moitié* au moins des emplois d'officiers.

ENCOURAGEMENT AUX ÉQUIPAGES — FACULTÉS D'EXEMPTIONS OUVERTES EN FAVEUR DES MARINS QUI SE LIVRENT A LA PÊCHE DE LA BALEINE.

Indépendamment des primes dont nous venons de rappeler le taux actuel, la loi votée le 22 juillet 1851 a concédé, en faveur des armements à la pêche de la baleine, des avantages que nous allons énumérer.

Comme encouragement pour les gens de mer qui voudraient faire partie des équipages des navires baleiniers, la faculté de commander les dits navires est accordée aux marins qui, étant âgés d'au moins vingt-quatre ans, ont fait cinq voyages de cette nature dont les deux derniers en qualité d'officiers, et ont, en outre, justifié de connaissances suffisantes pour la sécurité de la navigation.

Enfin les marins qui ont fait trois campagnes au moins à la pêche de la baleine ou du cachalot, sont dispensés de justifier de douze mois de navigation sur les bâtiments de l'Etat, pour être admis à se présenter aux examens de capitaine au long-cours. Une circulaire du 15 octobre 1838, dans le but de faciliter l'application de cette mesure favora-

de chefs d'embarcation et de harponneurs, sous peine de perdre les avantages attachés à la navigation nationale; tels que l'exemption des droits de douane sur les produits de leur pêche. (Loi du 22 juillet 1851, article 11, § 3.) La loi du 22 juillet 1851 ajoute encore que les navires armés pour la pêche de la baleine ou du cachalot pourront prendre des passagers à bord, sous des conditions qui seront ultérieurement déterminées; qu'ils pourront également, dans les lieux qui seront désignés par le gouvernement, opérer le transbordement de tout ou partie du produit de leur pêche sur des navires français, qui seront tenus d'effectuer directement leur retour en France, avec la faculté, toutefois, pour ceux de ces derniers navires qui ne sont pas pêcheurs, de compléter leurs chargements en embarquant dans un port quelconque des marchandises autres que des produits de pêche.

ble, a prescrit de laisser à terre, pendant un an, à la suite de leur débarquement, les marins qui, ayant 60 mois de navigation dont 3 campagnes à la pêche de la baleine ou du cachalot devraient se présenter, dans le cours de la dite année, aux examens de capitaine aux long-cours.

Les armements à la pêche de la baleine, comme ceux au long-cours ou au grand cabotage, ont aussi la faculté de remplacer par des novices les mousses qu'il est prescrit d'embarquer.

JAUGEAGE DES NAVIRES BALEINIERS.

Nous avons vu, sous le titre : *Jaugeage des navires, (Police de la Navigation)* quel était le mode en usage pour cette opération à bord des navires à voiles.

L'ordonnance du 26 avril 1833 avait prescrit de procéder au jaugeage des navires baleiniers selon le mode suivi depuis la publication de la loi du 12 nivôse an 2 ; mais d'après une ordonnance du 12 Mars 1842, ce mode a dû subir, pour les navires baleiniers, les modifications prescrites, pour tous les autres bâtiments à voiles, par l'ordonnance du 18 novembre 1837, et en prenant les mesures de dedans en dedans. (Voir au f° 86.)

Tout navire, pour naviguer, doit être muni d'un acte de francisation, ainsi que nous l'avons vu, et cet acte de francisation doit contenir la mention précise du jaugeage du navire.

Il s'agit donc ici d'une visite exceptionnelle faite, sur la requête de l'armateur, par un officier de la marine et un officier de la douane, simultanément ou séparément.

VISITE DE L'AVITAILLEMENT. CERTIFICAT A EN DÉLIVRER.

L'ordonnance du 10 août 1841 relative à la pêche du cachalot, et dont nous aurons à analyser plus loin les diverses parties, a décidé qu'indépendamment des visites ordinaires prescrites pour les bâtiments du commerce qui font des voyages de long-cours (Voir folio 90, *Visites des navires*), il serait procédé à une visite spéciale des bâtiments armés pour la pêche du cachalot, (*) à l'effet de reconnaître l'état des avitaillements, embarcations, instruments et ustensiles de pêche, nécessaires à l'expédition ; de s'assurer enfin, dans l'intérêt de l'équipage et de l'Etat, que, d'un côté, le navire ne va pas entreprendre une longue et pénible campagne, dépourvu des ressources indispensables pour la sûreté du navire et la conservation de la santé des hommes, et que, d'un autre côté, l'armateur n'a pas eu l'intention de simuler un armement pour la pêche de la baleine ou du cachalot, afin de réclamer une prime au départ sans avoir fait les frais nécessaires pour mettre le navire à même d'effectuer réellement une semblable campagne.

Cette reconnaissance est faite par une commission composée du Commissaire de l'inscription-maritime, d'un employé de l'administration des douanes, et d'un membre de la chambre de commerce. Le procès-verbal établi par cette commission, et qui doit être conforme au modèle joint à l'ordonnance

(*) Cette mesure est appliquée aux armements à la pêche de la baleine. (Ordonnance du 12 mars 1842.)

du 10 août 1841, constate que l'armement présente les garanties suffisantes eu égard à la force et à la destination du bâtiment, ainsi qu'à la durée du voyage et au nombre des hommes embarqués.

CONDITIONS SPÉCIALES D'ARMEMENT. — DISPOSITIONS RELATIVES A LA CONSTATATION DE LA PRÉSENCE DES ÉQUIPAGES AU RETOUR.

Les armateurs des navires armés à la pêche de la baleine et à celle du cachalot, ont à remplir diverses conditions communes à ces deux pêches et, en outre, des conditions spéciales à la dernière.

Je vais d'abord parler des conditions communes qui sont traitées dans l'ordonnance du 26 avril 1833 sur la pêche de la baleine, et reproduites dans celle du 10 août 1841 sur la pêche du cachalot, et j'aurai le soin de faire ressortir celles des dispositions de l'ordonnance du 10 août 1841 qui sont spéciales à cette dernière pêche.

Les armateurs des navires armés à la pêche de la baleine ou du cachalot, sont tenus à une déclaration d'armement comme le sont les armateurs des navires destinés à la pêche de la morue, et dont il leur est également délivré une expédition *après le départ du navire.*

La déclaration doit indiquer le nom et le tonnage du navire ; les noms de l'armateur et du capitaine ; le nombre des marins composant l'équipage, avec la distinction des Français et des étrangers ; la destination du bâtiment, et, en outre, elle doit contenir l'engagement de faire suivre à l'armement sa destination ; de faire tenir par le capitaine un journal de sa navigation ; de ne rapporter que des produits de la pêche du navire et d'effectuer son retour dans un port de France, ainsi que de payer le double de la prime reçue ou demandée, dans le cas de violation et de non exécution des conditions souscrites. Une caution reçue par le président du tribunal de commerce de l'arrondissement, peut être exigée de l'armateur.

Après avoir parlé des obligations des armateurs, au départ, les ordonnances de 1836 et de 1841 prescrivent aux capitaines, en cours de campagne, de déclarer les principaux faits de leur navigation aux commandants des bâtiments de l'État qu'ils rencontrent à la mer, et aux fonctionnaires publics Français devant lesquels ils doivent se présenter dans les lieux de relâche. Mention doit être faite de ces déclarations sur le journal de bord.

Enfin, au retour de la pêche, le capitaine doit se présenter devant le commissaire de l'Inscription Maritime du port d'arrivée pour y déclarer le nom et le tonnage du navire; le port d'armement; le nom de l'armateur; la date du départ de France; les lieux où la pêche a été effectuée; la durée et les circonstances de la navigation; la date du retour, et la nature et le poids net des produits de la pêche, *en distinguant, pour les navires cachalotiers, les produits de baleine et ceux de cachalot.*

Le commissaire de l'Inscription Maritime, après avoir comparé la déclaration du capitaine au journal de bord, interroge collectivement ou séparément les hommes de l'équipage, et mentionne le résultat de son interrogatoire au bas de la déclaration du capitaine.

Une expédition de la dite déclaration est remise au capitaine pour être adressée, dans le délai de trois mois au plus tard, au Ministre de l'Agriculture et du commerce, et une seconde expédition est envoyée directement, par le commissaire de l'Inscription Maritime, au Ministre de la Marine qui en fait la transmission à son collègue de l'agriculture et du commerce.

Indépendamment de cette déclaration, le capitaine doit se pourvoir auprès de l'administration de la douane pour la constatation des produits rapportés. (*)

Il est une formalité essentielle recommandée aux commissaires de l'Inscription Maritime, dans une circulaire ministérielle du 21 octobre 1841 (Annales maritimes, page 1039); c'est la constatation, dans l'expédition de la déclaration qu'ils doivent adresser au Ministre, du nombre d'hommes dont l'absence a été reconnue au moment de l'arrivée, en France, des navires baleiniers, avec l'indication des causes de cette absence.

Dans le cas où une circonstance de force majeure empêcherait un navire d'accomplir sa destination, ou d'effectuer son retour en France, l'armateur devrait produire les justifications nécessaires dans le délai de deux ans, à dater du

(*) Ici, comme pour la pêche de la morue, l'obligation est imposée à l'administration de la marine et à celle de la douane, de tenir un registre des déclarations et certificats qu'elles sont appelées à recevoir ou à délivrer.

départ du navire, pour les armements à la pêche de la baleine, *et dans le délai de cinq ans pour les armements à la pêche du cachalot.*

L'ordonnance du 10 août 1841 s'occupe, en outre, des pièces à produire pour obtenir la liquidation des primes pour la pêche du cachalot, et les dispositions de cette ordonnance, en ce qui concerne cette partie, ont été rendues applicables aux primes pour la pêche de la baleine, par l'ordonnance du 12 mars 1842. Un délai de cinq ans, à partir de l'exercice auquel appartiennent ces primes, est accordé aux armateurs pour la production des pièces justificatives de leurs droits à l'obtention des primes; passé ce délai, la prescription et l'extinction définitive sont prononcées contre eux au profit de l'Etat, conformément à la loi des finances du 29 janvier 1831.

EFFETS DE L'EMBARQUEMENT D'UN CHIRURGIEN ÉTRANGER.

L'embarquement d'un chirurgien étranger sur un navire baleinier, doit-il faire perdre la prime supérieure, lorsque tout le reste de l'équipage est Français? Telle a été la question posée à M. le Ministre du commerce, qui l'a résolue affirmativement, ainsi qu'il résulte d'une dépêche du Ministre de la Marine en date du 15 juillet 1844. Ainsi donc, aux termes de cette dépêche, l'embarquement, sur un navire baleinier, d'un chirurgien qui n'est ni Français d'origine, ni Français naturalisé, a pour effet de faire considérer comme *mixte* la composition de l'équipage, et d'entraîner la réduction de la prime au départ à 48 francs, et de la prime au retour à 24 francs.

§ 4.

BRIS ET NAUFRAGES.

Le service des bris et naufrages comprend une des parties les plus délicates des attributions des officiers du corps du commissariat de la marine.

Chargés en effet de veiller à la conservation des intérêts des propriétaires des naviros et des marchandises, à ceux du trésor public et de la caisse des invalides, et, en même temps, de faire observer toutes les règles tracées en semblables matières afin d'être toujours à même de prouver et la légalité de leurs actes et l'exactitude de leurs opérations, les commissaires de l'Inscription Maritime ne peuvent parvenir à l'accomplissement de leurs devoirs que lorsqu'ils ont acquis une connaissance parfaite de l'étendue de leurs attributions, et qu'ils sont en outre doués d'un jugement sain qui les met à même d'apprécier, à leur juste point, l'analogie des faits nouveaux, si fréquents dans un semblable service, avec ceux que les instructions ont prévus et bien déterminés.

Cette dernière condition est un don de la nature; quant à la première, chacun peut se mettre à même de la remplir par une étude consciencieuse des ordonnances, règlements ou dépêches ministérielles.

M. Lebeau, alors commis de marine, a publié, en 1841, un recueil de ces divers actes, sous le titre de *Code des* *bris et naufrages*, et il est vrai de dire qu'aucun autre guide aussi exact et aussi complet n'a paru sur cette matière. (*)

Ma tâche semblerait devoir se réduire à indiquer cet ouvrage comme le meilleur ou, mieux encore, comme le seul document à consulter pour traiter les diverses questions posées sous le § 4 du chapitre 3 (titre V) du programme des aides-commissaires ; mais ces questions ne sont pas posées dans l'ordre qu'a suivi M. Lebeau dans la division de son code, et, enfin, beaucoup de parties essentielles pour les fonctionnaires de la marine appelés à diriger spécialement un quartier de l'Inscription Maritime, ne sont pas nécessaires pour des jeunes gens qui se disposent à subir un examen sur toutes les branches si variées de l'administration de la marine.

Le travail de ces derniers eut donc consisté à extraire du code des bris et naufrages tout ce qui leur est nécessaire pour répondre aux questions qui peuvent leur être posées, et à faire cet extrait dans l'ordre déterminé par le programme, afin de mieux se le graver dans la mémoire ; c'est cette tâche facile que je vais entreprendre et qui aura pour résultats, je l'espère, d'économiser aux jeunes gens laborieux auxquels je m'adresse quelques-uns des instants précieux qu'ils pourront utiliser pour l'étude d'une autre partie du programme qui leur sert de guide.

(*) M. Lebeau a publié, en 1844, une seconde édition du code des bris et naufrages ; depuis lors ont paru quelques instructions modificatives que j'aurai le soin d'indiquer.

M. Beaussant a consacré à cette législation les titres IX et X du livre 2 de son code maritime.

Les Annales maritimes (année 1835) contiennent, du f° 2 au f° 78, une série ou collection des décisions ministérielles rendues depuis l'année 1815 jusqu'en 1834, en matière de bris et naufrages; je ne saurais trop vivement en recommander la lecture attentive.

De la protection due aux personnes et aux objets naufragés.

L'ordonnance de 1681 ayant consacré tout le titre IX de son IVe livre à la législation des naufrages, ici, comme dans toutes les parties intéressantes de la législation maritime, c'est à Valin qu'il faut recourir pour bien saisir l'esprit des règlements. L'article 1er du titre IX (livre IV) de l'ordonnance de 1681 dit, en effet, que les navires, ainsi que leurs équipages et leurs chargements qui sont jetés à la côte par tempête ou par toute autre cause, sont placés sous la protection et la sauvegarde du Roi, ou de la loi.

Mais cette protection, jusqu'où s'étendait-elle relativement à la nationalité; n'eut-ce pas été beaucoup déjà qu'à une époque peu éloignée de celle où tout ce qui était poussé vers le rivage, par suite de sinistres de mer, devenait la proie des riverains, les navires français seuls fussent couverts de la protection royale? L'ordonnance que nous citons avait voulu davantage cependant, car, ainsi que le prouve son judicieux commentateur en attirant notre attention sur l'article 18 du même titre, aucune restriction n'était apportée à cette mesure bienfaisante.

Ainsi, il résulte des termes et de l'esprit de l'ordonnance de 1681 que tout ce qui vient à la côte est sous la protection de la loi et des autorités chargées d'en assurer l'exécution. Les personnes doivent être secourues par tous les moyens possibles, et les effets doivent être sauvés et recueillis avec soin.

Attributions de la marine. — Assistance de la douane.

L'administration de la marine est spécialement chargée de tout ce qui concerne la gestion des naufrages (*) (Arrêté du 17 floréal an IX, article 1er); mais l'administration des douanes, tout en restant étrangère à cette gestion, est tenue de se faire représenter sur les lieux des sinistres pour veiller à ce que les objets soumis à des droits ne soient pas introduits en fraude. (Circulaire du 17 février 1806, invalides, et décret des 6-22 août 1791, article 1er.)

Différentes sortes d'échouement.

Il y a deux sortes d'échouement bien distinctes :

Echouement sans bris; lorsque le navire est arrêté sur un bas fond ou un banc de sable où il ne se trouve pas assez d'eau pour le faire flotter;

Echouement avec bris; lorsque le navire est mis dans l'impossibilité de continuer la navigation, par l'effet d'un accident de mer qui a endommagé ou détruit ses parties essentielles.

Les premiers se divisent en deux catégories : échouement

(*) En 1681, la direction et la liquidation des sauvetages étaient dans les attributions de l'amirauté; en 1791, elles sont passées dans les attributions des Juges de Paix. L'arrêté du 17 Floréal an IX les a confiées à l'administration de la marine.

volontaire, pour échapper à un danger plus grand que celui que l'on court dans un échouement simple; échouement par force majeure, par fortune de mer. Le code de commerce établit, au titre des avaries, une distinction entre ces deux catégories d'échouement sans bris. (Articles 400 et 403.)

CAS DANS LESQUELS L'ADMINISTRATION DE LA MARINE DOIT INTERVENIR.

Dans le cas d'échouement sans bris, l'administration ne doit intervenir que sur la demande du capitaine et dans le but de lui procurer les secours dont il pourrait avoir besoin. La mise à terre de la cargaison, pour cause de bonification, ne nécessiterait pas non plus l'intervention de l'administration de la marine. (Circulaire du 30 juin 1820, Prises.)

Bien que, par suite de la continuation de la mission du capitaine, l'administration de la marine ne soit pas chargée du soin de remettre à flot le navire, elle ne doit pas moins s'entourer de tous les renseignements possibles sur la cause de l'échouement, sur la nationalité du navire et de l'équipage et sur la qualité des marchandises, afin d'être à même de prendre telles mesures que pourrait réclamer la sûreté ou l'intérêt public.

Si le navire est à l'état d'échouement avec bris, cet évènement entraînant la cessation du mandat du capitaine, l'administration de la marine intervient, à défaut des propriétaires, armateurs, subrécargues ou correspondants, et elle est alors saisie d'office de la direction du sauvetage et de tout ce qui concerne le naufrage. (Arrêté du 17 floréal an IX, article 1er, circulaire du 30 juin 1820.)

CAS DANS LESQUELS L'ADMINISTRATION DE LA MARINE DOIT SE RETIRER. RÈGLES PARTICULIÈRES A DIVERS NAVIRES ÉTRANGERS.

Si lors d'un échouement avec bris, ou après, les propriétaires ou assureurs du navire ou des marchandises, ou leurs correspondants munis de pouvoirs suffisants, c'est-à-dire représentant tous les intérêts, ou enfin les armateurs et les subrécargues (*) qui, à raison de leur titre, sont réputés investis de la confiance des propriétaires, réclament la direction du sauvetage, l'administration de la marine doit se retirer et laisser aux réclamateurs le soin de pourvoir aux opérations nécessaires (**). Mais il faut, condition essentielle, que la totalité des intérêts soit représentée; si non l'administration de la marine conserve son droit de direction de toutes les opérations de sauvetage. (Déclaration du Roi du 10 janvier 1770; arrêté du 17 floréal an IX, article 1er; dépêche du 27 mai 1823, police de la navigation.) (***)

Quand le navire naufragé appartient à une nation étrangère, s'il y a lieu de remarquer qu'en principe le droit de réclamation de la direction du sauvetage n'est pas dévolu au

---

(*) En pays étranger, la direction du sauvetage d'un navire français ne peut être confiée à un subrécargue que lorsqu'il justifie de pouvoirs spéciaux pour procéder au sauvetage en cas de sinistre. (Ordonnance du 29 octobre 1833, article 65; circulaire du 8 octobre 1839, prises.)

(**) Les frais faits jusqu'au moment de la remise aux intéressés de la direction du sauvetage, sont à la charge des intéressés. (Ordonnance de 1681, article 24.)

(***) Voyez, aussi, une circulaire publiée tout récemment sous la date du 10 juillet 1851. (Bulletin officiel, page 45.)

consul de la dite nation, (*) il faut du moins tenir compte des conventions particulières par suite desquelles certains consuls sont admis à diriger les opérations du sauvetage, sous la condition de réciprocité; tels sont :

Les consuls Espagnols; (*Loi du 9-13 août 1791 ; titre 1er, article 9.*)

Les consuls Prussiens ; (*Circulaire du 29 octobre 1816.*)

Les consuls Portugais ; (*Circulaire du 24 février 1818.*)

Les consuls Hanovriens ; (*Circulaire du 16 avril 1823.*)

Les consuls Toscans ; (*Circulaire du 23 juillet 1825.*)

Les consuls Brésiliens ; (*Convention du 8 janvier 1826, article 4.*)

Les consuls Mecklembourgeois-Shewrin ; (*Convention du 13 juillet 1836.*)

Les consuls Boliviens ; (*Ordonnance du 26 juillet 1837.*)

Les consuls Mexicains ; (*Lettre du directeur de l'administration des douanes, du 30 septembre 1839.*)

Les consuls de la République orientale de l'Uruguay ; (*Lettre du même directeur, du 3 juin 1840.*)

Les consuls Texiens ; (*Lettre du même directeur, 20 juillet 1840.*)

Les consuls des Pays-bas; (*Traité du 25 juillet 1840, et circulaire du 15 novembre 1841, police de la navigation.*)

Les consuls Vénézuéliens ; (*Convention du 25 mars 1843.*)

(*) Dépêche du 27 mai 1823, police de la navigation. Cette même dépêche dit que le droit de sauvetage accordé à certains consuls par des conventions particulières comprend, indépendamment du sauvetage du navire de leur nation, celui des cargaisons étrangères à la dite nation et placées à bord des dits navires.

Une autre dépêche du 11 août 1845 fait connaître que les consuls autorisés à diriger les opérations de sauvetage des navires de leur nation, qui n'ont pas usé de cette faculté, peuvent néanmoins réclamer des débris des dits navires tant qu'ils sont en nature; mais cette faculté cesse du moment où la vente de ces débris a été effectuée. Les propriétaires seuls peuvent être mis en possession des valeurs.

Les consuls Équatoriens; (*Convention du 6 juin 1843.*)
Les consuls Siciliens; (*Convention du 14 juin 1843.*)
Les consuls Russes; (*Convention du 16 septembre 1846.*)

Les consuls Suédois et Belges n'ont le droit de réclamer que les débris des navires naufragés et de leur cargaison, après le sauvetage opéré par l'administration de la marine. (Circulaires des 15 février 1820, police de la navigation; 4 mai 1842, prises, et 13 mars 1846.)

Les navires Danois naufragés sur les côtes de la France, donnent lieu aussi à des opérations de sauvetage auxquelles il est procédé par l'administration de la marine, mais sous la condition de se concerter avec les consuls de la dite nation Danoise. (Convention du 9 février 1842; circulaire du 23 mai suivant, police de la navigation.)

Enfin, bien que, dans les divers cas que nous avons indiqués, l'administration de la marine soit tenue de se retirer, elle doit néanmoins prendre toutes les informations de la nature de celles que nous avons indiquées en parlant des échouements simples; régider procès-verbal de toutes ses opérations jusqu'au moment de la remise à qui de droit de la direction du sauvetage, et continuer à exercer certaine surveillance sur le mode de faire des propriétaires ou de leurs représentants, afin d'éviter qu'une opération mal dirigée ne soit la cause de la mise à la charge de l'Etat des dépenses pour frais de subsistance et de retour de l'équipage du navire naufragé. (Circulaire du 21 septembre 1821, colonies et consulats; ordonnance de 1681, article 18 du titre IX, livre IV.)

De la remise aux intéressés des objets sauvés qui leur appartiennent; conditions préalables a remplir; justifications y relatives.

Nous avons vu que les propriétaires des navires et des marchandises naufragés pouvaient réclamer la direction du sauvetage; nous avons dit aussi que la réclamation ne pouvait être accueillie que lorsqu'elle comprenait la totalité des objets naufragés.

Ici, chaque propriétaire peut réclamer partiellement la partie des produits de sauvetage dont il justifie la propriété. La raison en est facile à saisir: les objets une fois en lieu de sûreté, le procès-verbal détaillé de l'opération de sauvetage a pu faire connaître les marques nécessaires pour mettre avec certitude sur les traces du propriétaire; pendant la durée du sauvetage, au contraire, la difficulté de reconnaître les marques de propriété pourrait quelquefois être l'objet d'entraves qui entraîneraient des lenteurs dans les opérations qui ont besoin d'être menées avec activité, et, en outre, la présence de plusieurs personnes dirigeant sur le même point de la côte une même opération ferait indubitablement naître des conflits et amènerait un désordre qui compromettrait les résultats de l'opération.

Les débris de navire ou de cargaison sauvés d'un naufrage sont, autant que possible, conservés en nature pendant un an et un jour, à moins que la crainte d'un prompt dépérissement n'oblige de procéder à leur vente immédiate. Les produits de la vente, soit immédiate, soit après le délai d'un an et un jour, sont versés à la caisse des gens de mer où ils restent déposés, dans le premier cas, un an et un jour, avant d'être versés à la caisse des invalides. (Règlement du 17 juillet 1816, articles 26, 34, 38, 52 et 64; règlement du 31 octobre 1840, article 239.)

Que les produits du sauvetage soient encore en nature ou qu'ils aient été vendus, les propriétaires des objets naufragés ou leurs représentants légaux ont seuls le droit de réclamer ces objets ou le produit de la vente. (Ordonnance de 1681, article 25.) (*)

La première condition à remplir par les réclamateurs ou leurs fondés de pouvoirs, est l'exhibition des titres justificatifs de leurs droits; ces titres sont :

POUR LE NAVIRE, l'acte de propriété ou celui de francisation, ou, à défaut de ce dernier, un certificat du bureau de la douane où la francisation a eu lieu faisant connaître les intéressés dans le navire ;

POUR LES MARCHANDISES, les connaissements, factures et

(*) En principe, le mandat du capitaine ayant cessé, le droit de réclamation ne lui est pas accordé, à moins qu'il ne justifie d'une procuration des intéressés ou de l'armateur. Il est fait, cependant, deux exceptions à ce principe : si le navire a été relevé et mis en état de continuer sa route, la remise peut en être faite au capitaine, ainsi que celle des marchandises, (article 238 du code de commerce); si, encore, le navire étant brisé, les marchandises sont chargées sur un autre navire, le capitaine peut obtenir la remise des dites marchandises. (Article 296 du code de commerce.)

Une circulaire du 10 mai 1850 (Bulletin officiel, page 329), a fait connaître que la majorité des propriétaires, représentée par une portion d'intérêt excédant la moitié de la valeur du navire, n'a pas qualité pour réclamer la totalité du produit net de la vente d'un navire naufragé. Chaque propriétaire a droit à la part qui lui appartient d'après ses droits justifiés par l'acte de francisation accompagné d'un certificat de la douane mentionnant les mutations.

autres semblables pièces. A défaut de ces pièces, la preuve testimoniale pourrait être admise par application de l'article 109 du code de commerce.

Les assureurs se présentant au lieu et place des chargeurs doivent, en outre, produire la signification du délaissement ou, à défaut, l'endossement du connaissement, par le chargeur, à l'ordre de l'assureur. (Circulaire du 17 juin 1820, prises.)

Lorsqu'un commissaire de l'Inscription Maritime a reconnu la validité des titres qui lui sont présentés, il doit former une *demande en main levée*. Cette demande comprend l'indication des pièces produites par les intéressés; la désignation et les marques des objets ; l'opinion du commissaire de l'Inscription Maritime sur le mérite de la réclamation ; celle du Commissaire-Général et du contrôleur et, enfin, la décision du Préfet Maritime. (*)

La demande en main levée étant revêtue de l'approbation du Préfet maritime, la remise en nature des objets sauvés, ou celle des produits de vente versés soit dans la caisse des gens de mer, soit dans la caisse des invalides, est faite d'après les ordres ou sur des mandats du commissaire de l'Inscription Maritime. (Règlement du 17 juillet 1816, articles 36, 65, 85 et 89.)

La remise des objets en nature n'a lieu que sous la condition du paiement des frais de sauvetage et de conservation, (**) et celle des produits de vente ne se fait qu'en produits nets.

(*) Dans les sous-arrondissements l'officier chargé du service du contrôle émet son avis, et le chef du service de la marine statue sur l'opportunité ou la non-opportunité de la délivrance. (Circulaire du 17 juin 1820, Prises.)

(**) A défaut de paiement immédiat, lorsque la répartition des frais n'a pas encore été faite entre tous les intéressés, le réclamateur prend l'engagement de payer ultérieurement les dits frais, et il peut même être tenu de fournir une caution. (Circulaire du 30 juin 1820.)

(Circulaire du 25 novembre 1820. Prises.) En outre, chaque réclamateur doit prendre l'engagement de verser ultérieurement, en cas de modification à la répartition des frais entre les intéressés, l'excédant des dits frais dont sa quote part se trouverait grevée. (Circulaire du 30 juin 1820. Prises.)

Fonctions de l'administration des douanes dans les sauvetages; surveillance a exercer.

Les administrateurs de la marine étant chargés, à défaut des propriétaires ou de leurs représentants, de la direction des opérations de sauvetage, l'administration des douanes n'intervient sur les lieux des sinistres que pour prendre les précautions nécessaires à l'effet d'empêcher l'introduction en fraude des objets naufragés. (Circulaires du 17 février 1806, invalides; et du 29 juillet 1813, administration des douanes.)

Un inspecteur dirige le service des brigades chargées de la garde des objets sauvés, et un receveur concourt à la rédaction des actes et des procès-verbaux de sauvetage.

Les préposés gardent les marchandises étrangères de concert avec ceux qui sont commis à cet effet par l'autorité dirigeant le sauvetage ; ils peuvent aussi être employés comme ouvriers sauveteurs, et ils doivent en outre escorter les marchandises transportées en magasin. (Décret du 6-22 août 1791, titre 7, articles 1er et 2; circulaire du 12 février 1810.)

La mission de surveillance des préposés des douanes se continue même dans le cas où les propriétaires ou les consuls que nous avons indiqués venant à se présenter, l'administration de la marine doit abandonner la gestion des naufrages.

Frais de conduite et de vacations auxquels les opérations de sauvetage peuvent donner lieu.

L'administration de la marine et celle de la douane étant obligées de se rendre sur les parties de la côte où ont lieu des naufrages, reçoivent des frais de conduite et de vacations lorsque la distance entre l'endroit de leur résidence et celui du sinistre est d'au moins une lieue de 2000 toises, ou quatre kilomètres. (Circulaires des 30 septembre 1820 et 6 octobre 1821.)

Les frais de conduite sont réglés à raison de la distance parcourue, et les frais de vacations sont alloués à raison du nombre de journées employées au sauvetage, jusqu'à l'époque de l'entrée en magasin des produits du dit sauvetage. Les opérations ultérieures de bénéficiement ou de vente peuvent aussi, selon le lieu où elles sont effectuées, entraîner le paiement de frais de conduite et de vacations. (Circulaire du 30 septembre 1820, invalides.)

Le taux ou le chiffre de l'indemnité à allouer aux agents de la marine est déterminé par l'arrêté ministériel du 30 avril 1848, inséré au Bulletin officiel n° 10, page 230; et une circulaire du 30 novembre 1848 (Bulletin officiel n° 28, page 476), a déterminé les bases de l'assimilation de l'administration de la douane avec celle de la marine, en matière de frais de conduite et de vacations; ainsi :

Pour les frais de route ou de conduite.

1° Les officiers supérieurs du Commissariat ont, par myriamètre. . . . . 4 francs.

2° Les officiers d'un grade inférieur (et les Inspecteurs, Receveurs principaux et Sous-Inspecteurs de la douane) ont par myriamètre. . . . . . 3 francs.

3° Les commis, employés et agents n'ayant pas rang d'officier (ainsi que les capitaines, receveurs particuliers, visiteurs, vérificateurs et lieutenants) ont, par myriamètre. . . . . 2 francs.

Pour les frais de séjour ou de vacations.

1° Les officiers de la première catégorie ci-dessus ont, par jour. . . . . 8 francs.

2° Les officiers de la deuxième catégorie, ont, par jour. . . . . 6 francs.

3° Les agents de la troisième catégorie ont, par jour. . . . . 4 francs.

Les gendarmes maritimes qui doivent accompagner le commissaire de l'Inscription Maritime sur le lieu du naufrage, (ainsi que les brigadiers, sous-brigadiers et préposés des douanes) n'ont droit qu'à une simple indemnité de un franc cinquante centimes par jour, qui leur tient lieu de frais de conduite et de vacations. (Dépêches des 12 février 1810 et 17 février 1806.)

Il y a lieu de remarquer, quant à l'administration de la douane, que le nombre des préposés nécessaires pour veiller à la garde des effets sauvés doit être déterminé par l'administration de la marine, de concert avec celle de la douane. Ainsi, les préposés employés en dehors de ce nombre pour exercer la surveillance générale qui forme les attributions particulières de l'administration de la douane, n'ont droit à aucune indemnité pour un service qui est tout entier dans l'intérêt du fisc.

Lorsque les opérations de sauvetage ne doivent consister que dans le relèvement de quelques effets de bris jetés à la côte, il n'est alloué aux commissaires de l'Inscription Maritime que des frais de route, et encore leur est-il recommandé de confier, autant que possible, le soin de ces sortes d'opérations aux syndics des gens de mer, afin de rendre moins onéreuse la dépense des frais de route. (Circulaire du 19 avril 1822. — Annales maritimes de 1835, page 31.)

SAUVETAGE ET EMMAGASINEMENT.

AVIS DES SINISTRES.

Les arrêtés du 27 thermidor an VII, article 1er, et du 17 floréal an IX, article 2, imposent à touts individus témoins d'un naufrage ou d'un échouement, l'obligation d'en donner sur le champ avis au commissaire de l'Inscription Maritime du quartier dont dépend la partie de la côte sur laquelle a lieu l'évènement. (*)

Les syndics des gens de mer, principalement, et les gardes maritimes, ont mission de se tenir au courant des évènements de mer qui doivent être portés à la connaissance des commissaires de l'Inscription Maritime. (Circulaire du 12 février 1836, Prises; circulaire du 18 décembre 1844.)

(*) La personne qui a donné le premier avis reçoit une indemnité de 3 francs par lieue, tant pour l'aller que pour le retour. (Déclaration du 10 janvier 1770, article 1er.)

DE L'ARRIVÉE SUR LES LIEUX DU NAUFRAGE DU COMMISSAIRE DE L'INSCRIPTION MARITIME OU DU SYNDIC DES GENS DE MER. CAS OU LES MAIRES DES COMMUNES VOISINES ONT PRÉCÉDÉ LEUR ARRIVÉE.

Les syndics des gens de mer doivent se rendre sur les lieux des sinistres aussitôt que l'avis leur en est parvenu, et donner les premiers ordres jusqu'à l'arrivée du commissaire, si le navire venu à la côte est en état de bris. (Décret des 9-13 août 1791, article 3; règlement du 17 juillet 1816, article 24.) (*)

Le commissaire de l'Inscription Maritime, aussitôt après son arrivée, prend la direction générale de toutes les opérations.

Une dépêche ministérielle du 8 novembre 1843, (Inscription Maritime et police de la navigation) a prévu le cas où le maire d'une commune voisine du littoral aurait pris la direction d'un sauvetage jusqu'à l'arrivée d'un fonctionnaire de la marine; ce dernier pourrait même se trouver dans l'impossibilité de continuer le sauvetage commencé, soit à raison de la simultanéité de plusieurs sinistres, soit pour toute autre cause, et alors le maire qui aurait commencé l'opération serait obligé de la continuer jusqu'à la fin.

(*) Les gardes-maritimes ont aussi mission de donner les premiers ordres en l'absence du commissaire ou du syndic. (Circulaire du 18 décembre 1844.)

Papiers de mer.

Chartes-parties, patentes de santé et autres papiers concernant le navire et son chargement.

A qui ils sont remis.

Le commissaire de l'inscription doit, aussitôt qu'il est arrivé sur le lieu du sinistre, se faire remettre, s'il est possible, les chartes-parties, patentes de santé, et touts autres papiers de mer. (Ordonnance de 1681, article 2.)

Il doit donner communication du rôle d'équipage aux employés de la douane pour faciliter les interrogatoires des gens de l'équipage, et, sur la demande de cette administration, il est tenu de délivrer une copie certifiée du dit rôle. (Circulaire du 5 juillet 1810.)

Les commissaires de l'Inscription Maritime doivent aussi recueillir toutes les informations nécessaires sur l'état du navire; les causes du naufrage ou de l'échouement, et la nature du chargement. Ils dressent procès-verbal de ces diverses constatations. (Ordonnance de 1681, article 6.)

Si, par suite de ses investigations, le commissaire de l'Inscription Maritime découvrait quelque fait de nature à être porté à la connaissance des tribunaux, il ferait remettre les délinquants à la disposition de l'autorité compétente. Il réclamerait aussi, en cas de besoin, le concours de la force armée que les commandants militaires sont tenus de lui prêter. (Ordonnance de 1681, articles 3 et 18; loi du 10 avril 1825.)

Dès qu'un sinistre a été constaté, le commissaire de l'Inscription Maritime doit faire afficher au lieu le plus apparent, ainsi qu'à la porte de son bureau, des renseignements précis et succincts sur le navire; des avis de même nature doivent être insérés dans les journaux des localités intéressées, et il doit en être transmis un directement au Ministère. (Déclaration du 10 janvier 1770, article 1er; circulaire des 27 avril 1846, 2 juillet 1847, et 19 juillet 1851.) (*)

Les commissaires de l'Inscription Maritime transcrivent, sur un registre ouvert à cet effet, les diverses indications principales concernant les naufrages survenus dans leur quartier, ainsi que les épaves qui ont été recueillies. Toutes les opérations ultérieures du sauvetage sont suivies sur ce registre jusqu'au moment de la remise aux propriétaires des objets en nature ou du produit net des ventes, ou, à défaut de réclamation, jusqu'au moment des versements des produits, de la caisse des gens de mer dans celle des invalides.

Un semblable registre est tenu, par quartier, dans les bureaux du commissaire général du chef-lieu d'arrondissement et dans ceux du chef du service de sous-arrondissement, au moyen des éléments fournis par les commissaires de l'Inscription Maritime. Le Ministère reçoit, en outre, indépendamment du premier avis qui lui est adressé, une information exacte de tous les faits que les commissaires

(*) Les intendances ou commissions sanitaires doivent aussi recevoir tous les avis nécessaires pour les mettre à même de prendre telles mesures qu'elles jugeraient utiles pour la salubrité publique. Les marchandises sauvées sont soumises à leur examen, à moins qu'elles ne proviennent d'un bâtiment faisant le petit cabotage d'un port français à un autre. (Ordonnance du 7 août 1822, articles 1 et 4.)

généraux ou chefs de service jugent nécessaires de porter à sa connaissance. (Circulaire des 12 février 1836, 27 avril 1846 et 3 juillet 1847.)

RÉQUISITION DES TRAVAILLEURS, VOITURIERS, CHARRETIERS ET MARINIERS, AVEC CHEVAUX, HARNAIS, VOITURES ET BATEAUX, SOIT POUR PROCÉDER AU SAUVETAGE, SOIT POUR OPÉRER LE TRANSPORT DES OBJETS SAUVÉS.

A QUI APPARTIENT LE DROIT DE RÉQUISITION.

L'ordonnance de 1681 (article 4) impose aux riverains l'obligation de s'occuper de sauver les effets naufragés et d'en empêcher le détournement, en attendant l'arrivée du commissaire de l'Inscription Maritime.

Aussitôt l'arrivée de ce fonctionnaire, si le nombre des gens employés au sauvetage ne lui paraît pas suffisant, il adresse des réquisitions (*) à l'effet d'obtenir le nombre d'hommes ou d'embarcations et de voitures qu'il juge nécessaire pour procéder au sauvetage du navire et des marchandises, et pour opérer le transport en magasin ou en tout autre lieu de sûreté, des objets sauvés. (Déclaration du 10 janvier 1770, article 6.)

C'est au commissaire de l'Inscription Maritime, ainsi que nous venons de le voir, qu'appartient le droit de requérir des travailleurs, des voitures ou des embarcations; mais,

(*) Les gens de l'équipage étant intéressés au sauvetage, doivent être employés de préférence. (Article 259 du code de commerce.)

avant son arrivée, le capitaine, les gens de l'équipage, les armateurs et touts autres intéressés peuvent user de la même faculté. (Ordonnance de 1681, article 40.)

En cas de refus de prêter secours, le juge de paix aurait à faire l'application de l'article 475 du code pénal, et 137, 138 et 154 du code d'instruction criminelle, en prononçant une amende de 6 à 10 francs.

TRAVAIL DE SAUVETAGE; TRANSPORT DES OBJETS; EMMAGASINEMENT; FERMETURE DES MAGASINS; DÉPÔT DES CLEFS.

Donner les premiers soins à l'équipage; (*) prendre des mesures pour sauver les marchandises formant la cargaison; relever, s'il se peut, le navire ou en recueillir les débris, constituent l'ensemble du travail de sauvetage dont la direction est confiée aux commissaires de l'Inscription Maritime.

Les objets sauvés sont déposés, provisoirement, le plus près possible du lieu du naufrage, sous la surveillance d'un gardien nommé par le commissaire de l'Inscription Maritime. (Décret du 6-22 août 1791, titre 7, article 1er; décla-

(*) Ces soins consistent dans le sauvetage des hommes en danger de périr; dans les secours à donner aux blessés; leur transport, s'il y a lieu et s'il est possible, à un hôpital voisin; enfin les secours particuliers à donner aux noyés ou aux asphyxiés par submersion, selon les prescriptions de l'instruction du 25 avril 1833.

En cas de disparition de l'un des hommes de l'équipage, cette circonstance est constatée par un procès-verbal qui est dressé par le commissaire de l'Inscription Maritime; si le cadavre est retrouvé, l'inhumation et la rédaction de l'acte de décès appartiennent à l'officier de l'Etat-Civil. (Instruction du 2 juillet 1828.)

ration du 10 janvier 1770, article 7.) Les terrains appartenant à des particuliers peuvent, dans les cas d'urgence, être mis en réquisition. (Lettre du 21 décembre 1835, police de la navigation.)

Les travailleurs sont employés par marées ou par journées; le commissaire de l'Inscription Maritime en tient un rôle nominatif, et il en fait faire l'appel au commencement et à la fin de chaque marée ou journée. (Ordonnance de 1681, article 8; déclaration du 10 janvier 1770, article 9.)

A la fin de chaque journée, ou lorsque l'opération de sauvetage est achevée, les objets recueillis sont transportés dans un magasin ou dans tout autre lieu où ils soient en sûreté. (*) Chaque voiturier reçoit du commissaire de l'Inscription Maritime un bulletin en double expédition indiquant les objets dont le transport lui est confié; ces deux expéditions sont remises au gardien du magasin ou du dépôt, qui en conserve une et remet l'autre au voiturier après y avoir apposé son récépissé. (Ordonnance de 1681, article 9; déclaration du 10 janvier 1770; article 10.)

Les agents de la douane sont chargés d'escorter les marchandises lors de leur transport en magasin (décret du 6-22 août 1791), et l'administration de la marine réclame de l'administration des contributions indirectes, les expéditions

(*) Le magasin ou autre lieu peut être pris d'autorité au dire de Valin; c'est une conséquence du droit de réquisition donné au commissaire de l'Inscription Maritime, sur les hommes et les choses, en matière de naufrage, sauf indemnité réglée à l'amiable ou à dire d'experts. Mais jamais le dépôt ne peut avoir lieu dans une dépendance des propriétés ou de l'habitation du commissaire de l'Inscription Maritime. (Déclaration du 10 janvier 1770, article 10.)

qui doivent accompagner les boissons de la côte au magasin. (Circulaire du 12 décembre 1828, prises.) Les préposés de l'administration des contributions indirectes peuvent toujours se faire ouvrir les magasins où sont déposées des boissons (Circulaire du 10 mai 1813, prises.)

Lorsque touts les objets sont en magasin, le commissaire de l'Inscription Maritime procède à leur reconnaissance, description et vérification ; il effectue la même opération pour les objets que leur éloignement de toute habitation ou toute autre cause obligerait à laisser près de la côte. Un inventaire, soumis à l'enregistrement dans les vingt jours de sa date, constate les résultats de cette reconnaissance. (Ordonnance de 1681, article 11 ; déclaration du 10 janvier 1770, article 11, et décision du ministre des finances du 28 juin 1808.)

Les bijoux, monnaies étrangères, billets de banque, traites et autres effets de portefeuille, sont l'objet d'un inventaire particulier, en double expédition, dressé par le commissaire de l'Inscription Maritime ; l'une des expéditions est conservée par lui, et l'autre est remise au trésorier des invalides avec les valeurs dont il effectue le dépôt dans la caisse de sûreté. Quant aux espèces monnayées ayant cours en France, elles sont versées sans délai dans la caisse des gens de mer. (Circulaires des 7 août 1829 et 28 octobre 1848. Bulletin officiel n° 27, page 401.)

Les magasins dans lesquels sont déposés les débris du navire ou les marchandises, doivent être fermés au moyen de deux clefs dont l'une est conservée par le commissaire de l'Inscription Maritime, et l'autre par le chef du service des douanes. (Règlement du 17 juillet 1816, article 26.) Lors même que les opérations de sauvetage auraient été dirigées par les propriétaires ou autres intéressés, ou par un consul, la douane n'en devrait pas moins être dépositaire d'une clef des magasins contenant les marchandises retirées du naufragé. (Circulaire de l'administration des douanes, du 10 novembre 1816.)

Lorsque la présence de l'équipage n'est plus reconnue nécessaire, le commissaire de l'Inscription Maritime dirige les marins français dans leur quartier respectif, en employant autant que possible la voie de mer. Les marins étrangers sont adressés au consul de leur nation. (Arrêté du 5 germinal an XII, article 4; ordonnance du 29 octobre 1833, article 34.)

PROCÈS-VERBAL A DRESSER DES OPÉRATIONS DE SAUVETAGE; COMMENT DIVISÉ; DANS QUEL DÉLAI IL DOIT ÊTRE SOUMIS A L'ENREGISTREMENT.

Toutes les opérations qui viennent d'être indiquées sous le titre: *Travail de sauvetage*, *etc*, sont consignées dans un procès-verbal rédigé par le commissaire de l'Inscription Maritime.

Ce procès-verbal doit rappeler d'abord le nom de la personne qui a donné le premier avis; la distance qui existe entre le lieu du naufrage et la résidence du commissaire de l'Inscription Maritime; les diverses circonstances du naufrage certifiées par le capitaine et l'équipage ou, à défaut de ceux-ci, déclarées par les témoins de l'évènement; touts les les renseignements utiles et possibles sur le navire, la cargaison et l'équipage, et, en outre, les mesures qui ont été prises jusqu'à l'arrivée du commissaire de l'Inscription Maritime. Vient ensuite la description minutieuse des travaux exécutés, des dépenses occasionnées par ces travaux, et de touts les incidents qui surgissent.

En un mot, le procès-verbal doit relater tout ce qui peut intéresser l'équipage, le navire et la cargaison; présenter la justification des opérations dirigées par les soins de l'administration; enfin contenir les éléments constitutifs de toutes les dépenses. Il est divisé en autant de parties qu'il y a eu de séances pendant toute la durée de l'opération.

Après chaque séance, soit d'avant, soit d'après-midi, le procès-verbal est arrêté et signé par le commissaire de l'Inscription Maritime et par l'agent principal de la douane, ainsi que par le capitaine ou un des principaux de l'équipage dont le refus de signer serait, s'il y avait lieu, l'objet d'une mention spéciale. (Ordonnance de 1681, article 12; déclaration du 10 janvier 1770, article 12; décret du 6-22 août 1790; dépêche du 26 mai 1806, invalides.)

Le procès-verbal, rédigé sur papier timbré, est soumis à l'enregistrement dans les vingt jours de sa date; il ne donne lieu qu'au paiement du droit fixe de deux francs, quel que soit le nombre de vacations. Il en est de même des procès-verbaux de reconnaissance des objets en magasin, dont nous avons parlé plus haut. (Circulaire du 14 septembre 1827, prises; loi du 6 prairial an VII, article 1er.)

De la rémunération due aux sauveteurs; modes divers d'opérer.

Le commissaire de l'Inscription Maritime règle les salaires à allouer à chacun, à raison de la nature de son emploi et aussi de l'importance des travaux qui lui sont confiés. (Ordonnance de 1681, article 11; décret du 9-13 août 1791; dépêche du 27 Ventôse an XIII, invalides.)

Les salaires des voituriers sont réglés sur la distance des lieux; ceux des maîtres de bateaux ou de barques, selon les dangers qu'ils ont courus, et ceux des travailleurs, manœuvres ou gens de métier, sur le prix ordinaire de leurs journées et d'après le nombre de marées ou de journées pendant lesquelles ils ont été employés.

Les marins de l'équipage naufragé sont aussi payés comme travailleurs, s'ils concourent au sauvetage du navire ou des marchandises (Code de commerce, article 261); il en est de même des soldats qui, en dehors de leur service militaire, pourraient être employés comme surveillants ou travailleurs. (*) (Valin. — Commentaire de l'article 31 de l'ordonnance de 1681.)

En cas de contestations sur la fixation des salaires faite par le commissaire de l'Inscription Maritime, le conseil d'Etat est appelé à prononcer en dernier ressort. (Dépêche du 8 novembre 1822, prises.)

(*) En ce qui concerne les droits des matelots qui montent des embarcations de l'Etat, une décision ministérielle du 30 septembre 1820 a dit que la qualité de *sauveteur* rend tout marin, sans exception de ceux salariés par l'Etat, aptes à recevoir l'indemnité allouée par les règlements. (Annales maritimes 1835, page 17.)

Cas de bénéficiement des marchandises; procès-verbal a en dresser; circonstances dans lesquelles il y a lieu de procéder a leur vente; durée du dépôt des objets non périssables.

Les bâtiments naufragés, ainsi que les marchandises et autres objets provenant du sauvetage, sont, à défaut de réclamations, conservés un an et un jour en nature, à compter de la date de la clôture du procès-verbal de sauvetage. A l'expiration de ce délai, et si la réclamation n'en a pas été faite par les propriétaires, ces objets sont vendus. (Ordonnance de 1681, article 24.)

Cependant, si certains objets sont tellement détériorés qu'il ne soit possible ni de les conserver dans leur état actuel, ni même de leur faire subir soit des réparations, soit des améliorations qui puissent prolonger suffisamment leur durée, la vente doit en être effectuée, ainsi que celle des objets dont les frais de garde ne seraient pas en proportion avec le produit qu'en pourrait amener la vente. L'urgence de la vente est déclarée par des experts nommés par le tribunal de commerce ou, à défaut, par le juge de paix. (Circulaire du 5 mai 1837, prises.) (*)

(*) Lorsque les objets sont exposés à être repris par la mer, et que leur valeur est si minime que l'administration ne pourrait faire utilement de nouveaux frais de sauvetage ou de conservation, la vente doit avoir lieu sur le champ par les soins du commissaire de l'Inscription Maritime, et le procès-verbal de l'opération relate les motifs qui ont dû porter l'administrateur à prendre cette détermination sous sa responsabilité.

Mais lorsqu'il n'y a pas *péril imminent de perte*, il est du devoir du commissaire de l'Inscription Maritime d'adresser au port chef-lieu une demande en autorisation de vendre *par urgence*. Les formes sont alors les mêmes que pour les demandes en main-levée (voyez f° 255) : le commissaire-général reçoit la demande, exprime son opinion sur son contenu, la transmet au contrôle pour avoir son avis, puis le soumet à la décision du Préfet Maritime.

Si le navire est lui-même reconnu hors d'état d'être relevé ou réparé, la vente en est annoncée avant l'expiration du délai d'un an et un jour, sur l'avis d'experts nommés comme il est dit ci-dessus, et sur la requête du capitaine du navire ou, à défaut de ce dernier, sur la demande du commissaire de l'Inscription Maritime. (Circulaire du 5 mai 1837, prises; déclaration du 10 janvier 1770, article 14; circulaire du 6 novembre 1829, prises.)

Dans tous les cas, s'il ne se présente pas de réclamateur dans le délai de trente jours à compter de celui du naufrage, les objets les plus susceptibles de dépérissement sont vendus jusqu'à concurrence du montant des frais de sauvetage. (Ordonnance de 1681, article 13; décret du 9-13 août 1791, titre 1er, article 6; instruction du 1er octobre 1814.)

Lorsque, parmi les marchandises sauvées, il s'en trouve dont la conservation pendant le délai d'un an et un jour n'est possible qu'au moyen de certains travaux d'amélioration, reconnus utiles par des experts nommés par le tribunal de commerce ou, à défaut, par le juge de paix, le commissaire de l'Inscription Maritime dresse un procès-verbal constatant l'état où les marchandises ont été trouvées par les experts, et indiquant, s'il est possible, les marques

---

Quant à la question d'expertise, lorsqu'en dehors des délais réglementaires, une vente d'objets naufragés est demandée par urgence, le préfet peut, sur l'avis conforme du Contrôleur et du Commissaire-Général, se dispenser de recourir à une nomination d'experts assermentés; toutes les fois que l'opération ne présente pas une importance réelle, et, par exemple, lorsque les frais à faire pour la nomination de ces experts tendraient à absorber le produit net de la vente.

(Circulaire du 30 mars 1850, Bulletin officiel, page 245.)

et numéros dont elles étaient revêtues. Après l'opération de bénéficiement, le commissaire de l'Inscription Maritime dresse un second procès-verbal constatant le nouvel état dans lequel se trouvent les marchandises, par suite des travaux qui ont été effectués. (Valin — Ordonnance de 1681, article 14; décret du 6-22 août 1791, article 3.)

Les propriétaires peuvent intervenir dans les opérations de bénéficiement de leurs marchandises, opérations qu'ils ont le droit de diriger alors sous la condition d'acquitter tous les frais de ce travail. Sur la demande écrite des dits propriétaires, la vente immédiate des marchandises est effectuée. (Circulaire du 24 octobre 1828, prises.)

Les employés de l'administration des douanes sont tenus d'assister aux opérations de bénéficiement des marchandises avariées. (Décret du 6-22 août 1791, titre 7, article 3.)

Sabordement d'un navire naufragé; par qui prononcé; désignation et nomination des experts.

L'action de saborder un navire consiste à pratiquer dans le dit navire des ouvertures destinées à faciliter ou à accélérer l'extraction des marchandises qui y sont contenues.

Cette opération ayant évidemment pour effet, aussi, d'endommager fortement le navire et quelquefois même de le réduire à l'état d'innavigabilité, elle ne peut être effectuée que quand la nécessité en a été reconnue. Des experts sont alors nommés par le tribunal de commerce ou, à défaut, par le juge de paix du lieu le plus voisin du naufrage, et ce n'est que sur leur avis qu'il est procédé à l'opération du sabordement du navire.

La marche à suivre pour la nomination des experts destinés à constater l'état d'innavigabilité du navire, et qui est déterminée par la circulaire du 6 novembre 1829, peut trouver encore ici son application.

Dispositions a prendre pour assurer la répression des crimes, délits et contraventions commis a l'occasion du naufrage et pendant les opérations de sauvetage; déclaration a en faire; dans quel délai elle doit être faite.

L'obligation de donner avis au commissaire de l'Inscription Maritime, de l'échouement ou du naufrage d'un bâtiment, étant imposée à tout témoin d'un semblable évènement, celui qui n'accomplirait pas cette obligation serait, en cas de pillage des effets naufragés, soumis à un interrogatoire par l'officier de police judiciaire compétent, afin de s'assurer s'il n'y aurait pas complicité. (Arrêtés du 27 thermidor an VII, article 1er, et du 17 floréal an IX, article 2.)

Tout individu qui, au moyen de feux trompeurs, attirerait un navire dans un lieu où il serait en danger de périr, encourrait la peine de mort. (Ordonnance de 1681, article 45.) Cette même peine serait encourue par le capitaine, maître, patron ou pilote, qui ferait périr, volontairement et dans une intention frauduleuse, le navire dont la conduite lui serait confiée. Dans ce dernier cas, le commissaire de l'Inscription Maritime ferait conduire le capitaine et les hommes de l'équipage devant le Procureur de la République, chargé de les poursuivre et de les faire juger suivant les formes et par les tribunaux ordinaires. (Loi du 10 avril 1825, articles 10 et 20.)

Nous avons vu aussi f° 262, l'amende qui serait prononcée contre les personnes qui refuseraient ou négligeraient d'effectuer les travaux, ou de prêter les secours dont elles seraient requises.

Si des objets provenant de naufrage sont enlevés furtivement, le commissaire de l'Inscription Maritime ou même le syndic, en l'absence du juge de paix, a le droit de faire toutes les informations nécessaires, et même de procéder à des perquisitions dans le domicile des personnes prévenues de soustraction ou de recel. (Arrêté du 27 thermidor an VII, article 6.)

Le concours des agents municipaux doit être réclamé si le pillage a lieu à force ouverte, par attroupement; la commune où le délit a été commis en est civilement responsable. (Arrêté du 27 thermidor an VII, article 7; dépêche du 31 décembre 1817, police de la navigation.)

Lorsqu'une contravention, un délit ou un crime (*) vient à la connaissance du commissaire de l'Inscription Maritime,

---

(*) L'infraction que les lois punissent des peines de police est une *contravention*; l'infraction que les lois punissent de peines correctionnelles est un *délit*; l'infraction que les lois punissent d'une peine afflictive ou infamante est un *crime*. (Code pénal, article 1er.)

Dans le cas de poursuite pour cause de vol en matière de naufrages, l'autorité maritime est apte à se constituer partie civile, conformément aux dispositions de l'article 1er de l'arrêté du 17 floréal an IX. (Jugement du tribunal de Montreuil. — Annales maritimes de 1840, page 579.)

il doit en dresser un procès-verbal qu'il transmet au commissaire de police ou au maire, s'il s'agit d'une simple contravention, et au procureur de la République, s'il s'agit d'un crime ou d'un délit. (Décret du 9-13 août 1791, titre 1er, article 10; code d'instruction criminelle, articles 11 et 29.)

Les juges de paix, les officiers de gendarmerie, les maires ou leurs adjoints, et les commissaires de police, reçoivent également les dénonciations des crimes ou délits commis dans les lieux où ils exercent leurs fonctions habituelles Dans le cas de flagrant délit, ils font les actes qui sont de la compétence des procureurs de la République, tels que rédaction de procès-verbaux, audition de témoins, etc. (Code d'instruction criminelle, articles 48, 49 et 50.)

En matière de naufrages, si le délit est flagrant, le commissaire de l'Incription Maritime, ou même toute autre personne, doit arrêter sur-le-champ le coupable et le faire conduire avec le procès-verbal d'arrestation, devant l'officier de police judiciaire le plus voisin, (*) sans qu'il soit besoin de mandat d'amener. (Décret du 6-22 août 1791, titre 7, article 7; code d'instruction criminelle, article 106.)

(*) La police judiciaire sera exercée, sous l'autorité des cours d'appel et suivant les distinctions qui vont être établies, par les gardes-champêtres et les gardes forestiers, *code d'instruction criminelle, article* 16 *et suivants*; par les commissaires de police, *même code*, *article* 11, *et article* 48 *et suivants*; par les maires et les adjoints du maire, *même code*, *articles* 11, 14, 15, 50, 166 *et suivants*; par les procureurs de la République et leurs substituts, *même code*, *articles* 16, 20, 21, 48, 139 *et suivants*; par les officiers de gendarmerie, *même code*, *article* 48 et suivants; par les commissaires généraux de police, *même code*, *articles* 10, 48 et suivants, par les juges d'instruction, *même code*, *articles* 55, 279, 330, 383, 433, 480, 484, 511, 614, 613, 816 et suivants. (Code d'instruction criminelle, article 9.)

VENTES, DROITS DE DOUANE ET D'OCTROI.

COMMENT ET PAR QUI IL EST PROCÉDÉ A LA VENTE ASSISTANCE DE LA DOUANE; PUBLICITÉ.

Lorsque, dans l'un des cas que nous avons indiqués f° 268, il y a lieu de procéder à la vente de marchandises ou de débris de navire provenant d'un naufrage, ou encore lorsque la vente du navire lui-même doit être effectuée, le commissaire de l'Inscription Maritime adresse au chef du service maritime de l'arrondissement ou du sous-arrondissement un inventaire des objets qui doivent être vendus, avec l'indication du jour, du lieu et des conditions de la vente.

Lorsque le Préfet Maritime ou le chef de service du sous-arrondissement a approuvé que la vente soit effectuée, l'avis en est publié tant par la voie des journaux que par des affiches placardées dans les communes et dans les ports voisins.

Au jour fixé, le commissaire de l'Inscription Maritime, à l'exclusion de tous autres, procède à la vente des objets dont il a dirigé le sauvetage. (Circulaire du 20 avril 1832, prises.) (*)

L'administration des douanes, prévenue dans un délai suffisant par le commissaire de l'Inscription Maritime, doit assister à la vente, pour veiller à ce que les adjudicataires des marchandises observent les formalités prescrites pour les déclarations, visites et acquits des droits. (Décret du 6-22 août 1791, article 4).

(*) S'il s'agissait d'un bâtiment de l'Etat, les objets reconnus hors de service seraient vendus par l'administration des domaines. (Circulaire du 5 janvier 1829.)

Le trésorier des invalides doit être aussi présent à la vente des bijoux et des monnaies étrangères dont il était dépositaire, et une copie du procès-verbal de vente doit être adressée au Ministre, directement par le commissaire de l'Inscription Maritime. (Circulaire du 11 août 1832, invalides.)

DROITS DE DOUANE ET D'OCTROI; PAR QUI SUPPORTÉS.

Nous avons vu l'administration des douanes assister à toutes les opérations de sauvetage, principalement pour veiller à ce qu'aucune marchandise ne put être introduite en fraude; nous avons vu aussi que la circulation des liquides était l'objet de la surveillance de l'administration des contributions indirectes D'où il résulte que les marchandises ou denrées provenant de bris et naufrages, sont soumises à la législation des douanes et à celle des contributions indirectes, comme toutes celles qui sont introduites ou qui circulent en France. (Avis du conseil d'Etat du 18 juillet 1806.)

Les objets d'origine française étant exempts de droits de douane, cette origine doit être prouvée par la vérification de l'espèce et par la preuve de l'expédition primitive d'un port de France. (Circulaires du 24 août 1807, invalides, et du 30 janvier 1832, prises.) S'il y a doute sur l'origine et en même temps présomption d'origine française, des échantillons des objets sont adressés à Paris, au directeur général des douanes, pour être soumis à l'expertise des commissaires du gouvernement près le ministre du commerce. (Circulaire de l'administration des douanes du 19 mai 1815 et circulaire du 13 août 1825, prises; Annales maritimes de 1835, page 33.)

Quand les droits qu'il y aurait à payer, si les objets n'étaient pas reconnus d'origine française, ne doivent pas s'élever au-delà de 300 francs, ou lorsque le dépérissement est imminent, l'expertise, pour les liquides seulement, peut être faite à la douane du lieu du sauvetage, par deux experts que désigne le receveur. (Même circulaire de 1825)

Enfin, dans certains cas d'avaries, des réductions proportionnelles des droits sont opérées à raison du degré de dépérissement des objets ou marchandises. (Voir sur cette partie le chapitre V, titre 3, du code des bris et naufrages, de M. Lebeau.)

Les frais ordinaires de douane et d'octroi sont à la charge des acquéreurs des marchandises ou autres objets; ce sont là les seuls frais dont sont passibles les objets vendus (circulaire du 13 mars 1841, prises), indépendamment, cependant, de la part contributive dans les frais de sauvetage et de conservation, et des 15 centimes par 100 francs prélevés en faveur du trésorier des invalides, mais seulement sur le montant des sommes déposées à la caisse des gens de mer et payées, pendant la durée du dit dépôt, par le trésorier des invalides du lieu où le sauvetage a été opéré. (Arrêté du 17 floréal an IX, article 7; règlement du 17 juillet 1816, article 81; circulaires du 9 avril 1830 et 11 mars 1834, invalides; voyez annales maritimes de 1835, page 77, *et une circulaire importante publiée sous la date récente du 19 juillet 1851, bulletin officiel, page 45.*)

Chaque adjudicataire reçoit du commissaire de l'Inscription Maritime un extrait du procès-verbal d'adjudication, contenant l'indication des objets qui lui ont été adjugés et leur prix d'adjudication. Il n'obtient ensuite les dits objets que sur la justification de l'acquittement de leur prix de vente et des divers droits dont ils sont passibles. (Circulaire du 13 avril 1824, prises; décret du 6-22 août 1791, titre 13, article 30.)

A défaut de réclamation de la part de l'acquéreur, dans les délais déterminés, et trois jours après sommation, les objets qui lui ont été primitivement adjugés sont revendus à la folle enchère et à ses risques et périls. (Décret du 17 avril 1812, article 9.)

Rédaction du procès-verbal de vente ; délai dans lequel doit être remplie la formalité de l'enregistrement.

Le procès-verbal de vente est rédigé par le commissaire de l'Inscription Maritime, et signé aussi par l'administrateur des douanes; il est divisé par séances, au bas de chacune desquelles est établi un arrêté signé par les fonctionnaires qui viennent d'être désignés.

Ce procès-verbal contient toutes les indications qui se rattachent aux formalités de la vente; savoir:

Le lieu, le jour et l'heure où la vente s'est faite;

L'autorisation en vertu de laquelle la vente a eu lieu;

La présence du receveur de la douane;

Les conditions de la vente;

Le temps pendant lequel les marchandises avaient été en dépôt;

Les noms et qualités des adjudicataires ;

Les prix d'adjudication portés en toutes lettres, et répétés hors ligne en chiffres ; (loi du 22 Pluviôse an VII, articles 5 et 7.)

Les objets retirés sans être adjugés, comme n'ayant pas été l'objet d'offres avantageuses. (Ordonnance du 1er mai 1816.)

Ce procès-verbal doit être enregistré dans les vingt jours de sa date (loi du 27 Ventôse an IX, article 7 ; circulaire du 17 Nivôse an XI, prises), et il est soumis, comme tous les autres actes administratifs dont nous avons parlé plus haut, au droit fixe d'enregistrement de deux francs, par application de l'article 8 de la loi du 18 mai 1850. (Circulaire du 7 avril 1851. Bulletin officiel n° 11, page 323.)

DROIT DE PRÉHENSION (*) DE LA DOUANE SUR LES MARCHANDISES VENDUES.

Aux termes de la loi du 21 avril 1818 (article 53), l'administration des douanes peut, dans les cas de vente de marchandises avariées par suite d'évènements de mer, et dans les vingt-quatre heures, déclarer qu'elle prend l'adjudication à son compte, en payant à l'acquéreur 5 p. % de la valeur du prix d'adjudication. Cependant il n'y a pas lieu à préhension, si le droit dont sont susceptibles les marchandises ne s'élève pas au-delà de $\frac{2}{4}$ p. % de leur valeur. (Circulaire de l'administration des douanes du 6 septembre 1823.)

L'acte de préhension, portant opposition à la remise des marchandises, doit être notifié juridiquement, dans les

(*) Préhension ou préemption.

vingt-quatre heures de la vente, au commissaire de l'Inscription Maritime qui a procédé à la dite vente. Cet acte doit être enregistré. (Tarif des douanes de 1822, page 17.)

Les bois de construction et autres objets propres au service peuvent aussi, après un an et un jour de dépôt sans réclamation, être acquis par l'administration de la marine, qui les prend sur estimation en en payant immédiatement la valeur. (Règlement du 17 juillet 1816, article 26.)

Les poudres ne peuvent être mises en vente. A défaut de réclamation, et si elles sont propres au service, elles sont acquises par la marine; si elles sont hors de service, remise en est faite à l'administration des contributions indirectes qui les paie à raison de la quantité de salpêtre qu'elles contiennent. (Loi du 13 Fructidor an V, article 32.)

ETAT DE LIQUIDATION.

Le but d'une liquidation de sauvetage est d'établir et de régulariser le compte des dépenses; de déterminer la portion de frais à la charge du navire, et de distinguer dans le surplus les dépenses qui s'appliquent en particulier à chaque partie de la cargaison; de comparer, enfin, le montant total des dépenses à celui des recettes, pour faire ressortir le produit net à remetire aux intéressés, ou la somme qu'ils ont à verser dans le but d'obtenir la délivrance des objets en nature.

RÉDACTION DE L'ÉTAT DE LIQUIDATION DES FRAIS DE SAUVETAGE.

La rédaction de l'état de liquidation appartient au commissaire de l'Inscription Maritime qui a procédé au sauvetage; elle a lieu lorsque le transport en magasin des objets sauvés, ainsi que leur reconnaissance ou récollement, a été effectué. Cependant, s'il n'y a pas eu, de la part des propriétaires, de réclamation des objets sauvés, la liquidation peut n'être établie que postérieurement à la vente qui doit être effectuée après l'expiration d'un mois, ainsi que nous l'avons vu f° 269, pour couvrir les frais de sauvetage. (Ordonnance de 1681, article 11; arrêté du 10 Floréal an IX.)

Les éléments nécessaires pour l'établissement de l'Etat de liquidation, doivent touts être puisés dans les divers procès-verbaux de sauvetage, d'expertises, de reconnaissance et de vente; c'est là que se trouvent les indications du montant de chaque espèce de recette et dépense, et aussi la justification de chacune d'elles.

Renseignements que doit présenter l'état de liquidation; comparaisons a faire ressortir.

Aux termes de la dépêche du 16 juin 1826, (prises; Lorient), les liquidations présentent les renseignements ci-après :

1° Dans un premier tableau divisé en deux colonnes distinctes, l'une pour le navire et l'autre pour la cargaison, est compris le détail de tous les objets sauvés, avec leur valeur calculée d'après estimation pour les objets remis ou à remettre aux propriétaires, et d'après les procès-verbaux de vente pour ceux qui ont été vendus;

2° Les diverses recettes, telles que les produits de ventes, ou les versements effectués à titre de frais de sauvetage pour éviter la vente d'une partie des marchandises;

3° Enfin les dépenses établies avec détail, et divisées par articles dans chacun desquels sont comprises les dépenses de même nature ou analogues.

Les recettes et les dépenses incombant au navire ou à la cargaison sont établies distinctement, comme l'est la valeur totale du sauvetage, comprise dans le premier tableau de la liquidation ; les recettes et les dépenses dont l'application spéciale ne peut être déterminée d'une manière précise, sont réparties au marc le franc, entre le navire et la cargaison, proportionnellement à la valeur des produits du sauvetage des parties de l'un ou de l'autre.

Une récapitulation de tous les articles de dépense forme un total qui est comparé à celui des recettes; de la comparaison ressort un excédant de recettes ou un excédant de dépenses. Dans le premier cas, la somme formant l'excédant reste déposée à la caisse des gens de mer, à la conservation des droits des parties intéressées, ou, à défaut de réclamations, jusqu'à l'époque du versement dans la caisse des invalides ; dans le second cas, l'excédant de dépenses, c'est-à-dire l'insuffisance des recettes, peut donner lieu à la mise à la charge de l'Etat de certains frais que nous aurons à indiquer.

L'état de liquidation est suivi ou accompagné d'un autre état présentant la répartition, entre tous les intéressés, des frais incombant à chacun d'eux proportionnellement à la valeur qui leur est attribuée dans le chiffre des recettes. (Circulaire du 30 juin 1820, prises; dépêche du 20 février 1829, même timbre.)

Eléments de dépenses que doit comprendre l'état de liquidation.

Les dépenses sont divisées en un certain nombre d'articles tels que :

1° Journées d'ouvriers ;

2° Frais de transport ;

3° Loyers de magasins ;

4° Frais de surveillance ;

5° Frais d'expertise ;

6° Frais de nourriture et de logement ; salaires et conduite à l'équipage ;

7° Frais d'administration ;

8° Frais de vente, papier timbré, enregistrement, traductions, etc. ;

9° Frais divers qui ne peuvent trouver leur classification dans l'une des catégories ci-dessus, tels que les droits des invalides au désarmement du rôle d'équipage.

Les éléments de vérification des diverses dépenses comprises dans l'état de liquidation, se trouvent dans les procès-verbaux de sauvetage, de récollement et d'expertise. Les journées d'ouvriers sont aussi justifiées par le rôle nominatif au moyen duquel a lieu l'appel que nous avons dit être fait au commencement et à la cessation de chacune des marées ou des journées de travail ; les frais de transport, les loyers de magasins, les frais de conduite de l'équipage, les frais d'administration et de surveillance, et les frais d'expertise et de vente, sont constatés particulièrement par des états nominatifs arrêtés par le commissaire de l'Inscription Maritime ; les salaires de l'équipage et les droits de la caisse des invalides sont justifiés par les rôles d'armement et de désarmement ; les frais de nourriture et de logement de l'équipage, et d'autres frais divers, sont appuyés de mémoires visés par le commissaire de l'Inscription Maritime.

CAS D'INSUFFISANCE DU PRODUIT DU NAVIRE; ÉNUMÉRATION DES FRAIS QUI RETOMBENT PAR SUITE A LA CHARGE DE L'ÉTAT.

Il peut arriver que les frais occasionnés par le sauvetage des débris d'un navire soient plus élevés que les produits obtenus par la vente de ces débris; il peut arriver même que le navire soit entièrement perdu, et que les travaux de sauvetage n'aient eu d'autre effet que de mettre en sûreté l'équipage.

Dans ces divers cas, l'Etat, aux termes des instructions, doit supporter les frais ou partie des frais que nous allons indiquer; savoir :

Le prix des journées des hommes et des embarcations employés à sauver l'équipage, ainsi que le paiement des avaries souffertes par ces embarcations; (Circulaire du 6 juin 1828, colonies et consulats);

Les frais de subsistance et de vêtements des marins naufragés, ainsi que les frais de retour des dits marins dans leurs quartiers.

La caisse des invalides fait elle-même l'abandon de ses droits au désarmement du navire, bien que le temps passé à bord par les marins, pendant la durée du voyage, doive être compris, sur les matricules de l'Inscription Maritime, comme temps de service donnant les mêmes titres à pension que lorsqu'il y a acquittement des droits des invalides. (Dépêche du 14 mai 1836, invalides; édit de 1720, titre 6, article 20; dépêche du 24 janvier 1837.)

Toutefois, les divers frais énumérés ci-dessus ne retombent à la charge du trésor que lorsque le produit des débris du navire, joint à celui du fret des marchandises sauvées, s'il en existe, sont insuffisants pour couvrir les dits frais. (Arrêté du 5 Germinal an XII, article 7; circulaires des 19 novembre 1819 et 21 septembre 1821, colonies et consulats.)

Pour bien comprendre l'esprit des dispositions rappelées dans ce dernier paragraphe, il est nécessaire de se reporter à une circulaire du 19 mai 1848 (*) qui, modifiant celle du 23 octobre 1824, a décidé que les dépenses à imputer sur les produits des débris de navire et sur ceux du fret des marchandises sauvées, seraient payées dans l'ordre ci-après :

1° Journées employées au sauvetage, et autres frais de même nature;

2° Loyers des équipages, échus au jour du sinistre, déduction faite des avances payées;

3° Frais de subsistance, d'entretien, de passage, de conduite et autres, occasionnés par les marins naufragés, et classés sous le titre général de frais de rapatriement.

SANCTION APPROBATIVE A DONNER AU TRAVAIL DE LA LIQUIDATION; COPIES OU EXTRAITS, SANS FRAIS, A DÉLIVRER A LA DOUANE ET AUX INTÉRESSÉS.

Les liquidations de frais de sauvetage sont transmises, en double expédition, au port chef-lieu d'arrondissement ou de sous-arrondissement, accompagnées de toutes les pièces justificatives. (**) Après que la vérification en a été effectuée,

(*) Bulletin officiel, 1848, premier trimestre, page 254.

(**) Une minute, préalablement établie, est déposée au quartier d'Inscription Maritime, après vérification au port chef-lieu d'arrondissement ou de sous-arrondissement.

le Préfet Maritime ou le chef du service de la marine les transmet au Ministre pour qu'elles puissent être revêtues, s'il y a lieu, de sa sanction définitive. (*)

Lorsque les liquidations sont revêtues de cette sanction ou approbation, l'une des expéditions est conservée au ministère, et l'autre est renvoyée au port pour être exécutée. (Circulaires des 5 février 1835, commissariat de la marine, et 3 juillet 1847, prises, bris et naufrages.)

Les résultats présentés par la liquidation sont notifiés aux propriétaires, qui doivent faire connaître leur assentiment par écrit ; à défaut de cette adhésion, il n'est donné suite à la liquidation qu'à l'expiration du délai de trois mois accordé aux parties pour se pourvoir devant le conseil d'Etat. (Dépêches du 22 octobre et du 19 novembre 1833, prises.)

Les pièces de recettes et de dépenses sont communiquées sur place aux intéressés, mais il leur est donné copie du compte de liquidation. La rédaction et l'expédition des procès-verbaux qui se rattachent aux opérations immédiates et successives relatives aux sauvetages, ne donnent lieu à aucune indemnité pour le rédacteur ou l'expéditeur, de même que les copies ou extraits de l'état de liquidation sont délivrés sans frais à l'administration de la douane et aux intéressés. (Circulaire du 8 octobre 1839, prises.)

Une circulaire du 7 juin 1847, insérée aux annales maritimes, rappelle les dernières dispositions du paragraphe précédent ; il y est dit que l'article 2 du titre 7 du décret

(*) Une des expéditions doit être sur *papier tellière*. (Circulaires des 3 juillet 1847 et 19 juillet 1851. — Bulletin officiel, page 43.)

du 22 août 1791 accordait des frais de copie d'actes aux juges de paix, mais que l'arrêté du 17 Floréal an IX, en confiant la gestion des naufrages à l'administration de la marine, a donné aux actes qui en sont la conséquence, un caractère administratif qui repousse toute idée de rémunération ou de salaires pour leur rédaction ou pour les copies qui en sont délivrées.

ÉPAVES. (*)

DÉFINITION ; DIFFÉRENTES SORTES D'ÉPAVES ; ÉNUMÉRATION DES SUBSTANCES ET POISSONS CONSIDÉRÉS COMME TELLES.

En principe, tout ce qui est trouvé à la mer ou sur les côtes, et qui ne peut être présumé provenir d'un naufrage auquel on travaillerait dans le même temps sur un ou plusieurs points des mêmes côtes, est réputé *épave maritime*.

Il y a deux sortes principales d'épaves : les épaves provenant de jet, de bris ou de naufrage, et les épaves qui n'ont pas pour cause l'un de ces motifs, et que l'on nomme *épaves hors naufrage*.

Les premières comprennent les objets qui proviennent, ainsi qu'il vient d'être dit, de jet, de bris ou de naufrage, et qui ont été trouvés sur les flots, retirés du fond de la mer, ou déposés par elle sur le rivage ; on comprend aussi sous le titre d'épaves les navires qui, ayant été abandonnés par leur équipage, sont rencontrés à la mer ou sont jetés sur les côtes.

(*) On entend en général par *Épaves*, toutes choses égarées et dont on ne connaît pas le propriétaire.

Les secondes comprennent les choses du crû de la mer, comme ambre, perles et corail, (ordonnance de 1681, livre 4, titre 9, article 29), et les poissons à lard, tels que les baleines, les veaux marins, les marsouins, les thons, les souffleurs et autres semblables de grande espèce, dont on peut tirer de la graisse ou de l'huile. (Ordonnance de 1681, livre 5, titre 7, article 2.)

Règles de sauvetage.

Les règles que nous avons rappelées en ce qui concerne les naufrages, ont une grande analogie avec celles qui doivent être suivies pour les épaves.

Ainsi l'obligation est imposée à tous ceux qui ont retiré du fond de la mer, recueilli sur les flots, ou trouvé sur le rivage des objets provenant de bris, naufrages et échouements, ou même des poissons à lard et des choses du crû de la mer, de les mettre en sûreté et d'en faire, dans le délai de 24 heures, la déclaration au commissaire de l'Inscription Maritime. (*) (Ordonnance de 1681, articles 19 et 20.)

Le commissaire de l'Inscription Maritime, informé que des épaves ont été sauvées, doit procéder à leur reconnaissance et description en présence d'un agent de l'administration de la douane, qui signe le procès-verbal. Il les fait aussi déposer, s'il y a lieu, dans un magasin dont une clef est con-

---

(*) Les objets provenant d'un navire naufragé, au sauvetage duquel on serait en train de procéder, devraient être déclarés immédiatement et portés au lieu indiqué pour le dépôt général. (Valin. — Article 19 de l'ordonnance de 1681.)

Le bulletin officiel de 1851, nº 17, page 440, cite un jugement du tribunal correctionnel de Brest, par lequel une personne qui n'avait pas déclaré une épave dans les délais prescrits, a été condamnée à 6 jours de prison, 5 francs d'amende et aux frais.

servée par lui, et l'autre est remise à la douane. (Décret du 6-22 août 1791, titre 7, articles 1 et 2; règlement du 17 juillet 1816, article 26.)

Un avis très-sommaire doit être publié dans les journaux, par les soins du commissaire de l'Inscription Maritime, pour faire connaître quels sont les objets qui ont été sauvés, et provoquer ainsi les réclamations des propriétaires. (Circulaire du 15 janvier 1820, invalides.)

Les objets non réclamés sont conservés en nature pendant le délai d'un an et un jour, à moins que la crainte d'une prompte détérioration n'en nécessite la vente anticipée; (*) les objets propres au service peuvent être acquis par l'administration de la marine, qui les prend sur estimation en en payant immédiatement la valeur. (Règlement du 17 juillet 1816, article 26.)

Les formes déterminées pour la conservation des marchandises ou autres objets provenant de navires au sauvetage desquels il a été procédé, pour leur vente ou pour leur remise aux propriétaires, sont applicables aux épaves maritimes.

Les salaires ou indemnités aux sauveteurs d'épaves varient à raison du lieu où a été effectué le sauvetage; ainsi:

Lorsque les objets ont été jetés par les flots sur le rivage, il n'est dû qu'un simple salaire basé sur le prix de la journée;

Si les objets ont été sauvés en mer et à vue de terre, il est accordé aux sauveteurs une gratification sur le produit de la vente;

Lorsque les objets ont été sauvés en pleine mer, *avec risques et périls*, ou retirés du fond de la mer, les sauveteurs

(*) Voyez plus loin ce qui est dit pour les *Epaves hors naufrage*.

reçoivent *incessamment*, à titre d'indemnité, le tiers brut du produit de la vente (*) ; (Ordonnance de 1681, articles 24, 26 et 27 ; règlement du 17 juillet 1816, article 26.)

Ces diverses indemnités sont réglées savoir :

Pour les objets recueillis sur le rivage, par le Ministre de la Marine, sur la proposition du chef maritime de l'arrondissement ou du sous-arrondissement, lorsque l'indemnité excède le quart de la valeur du sauvetage, ou s'élève à plus de 150 francs. L'indemnité, dans ces dernières limites, est réglée par le chef du service maritime et peut être payée immédiatement ; (Circulaire du 25 mai 1821, invalides) ;

Pour les objets sauvés en vue de terre, les gratifications sont toujours réglées par le Ministre ; (Règlement du 17 juillet 1816, article 26) ;

Pour les objets trouvés en pleine mer ou retirés de son fond, l'indemnité du tiers est réglée par l'administration de la marine, sauf l'approbation ministérielle. (Circulaire du 4 octobre 1833, prises.)

Lorsque plusieurs navires ou embarcations ont concouru simultanément au même sauvetage, le Ministre est appelé à prononcer sur la fixation de l'indemnité à allouer à chaque embarcation, à raison du nombre respectif des hommes composant chaque équipage. (Circulaire du 17 juin 1828, prises ; décision du 17 novembre 1826, notifiée par circulaire du 3 février 1837, prises.)

Toutes réclamations formées contre les décisions de l'administration, en ce qui concerne les indemnités de sauve-

---

(*) Ce tiers tient lieu de toute indemnité pour frais de sauvetage ; les sauveteurs peuvent opter entre l'indemnité du tiers des objets sauvés et le montant des dépenses utiles faites pour le sauvetage et justifiées. (Circulaire du 16 novembre 1821, prises ; arrêt de la cour royale de Rouen, du 14 juillet 1832.)

Le droit de sauvetage est des deux tiers quand les objets proviennent de propriétés ennemies. (Loi du 26 Nivôse an VI, articles 1 et 2.)

tage, doivent être adressées au conseil d'Etat dans le délai de trois mois, à compter de la date de la notification, aux propriétaires ou aux sauveteurs, de la décision du ministre. (Dépêche du 8 novembre 1822, prises; dépêche du 2 juin 1826, invalides.)

Les contestations relatives au partage de l'indemnité entre les sauveteurs sont portées devant le Ministre de la Marine, si le sauvetage a été opéré exclusivement ou en partie par des bâtiments de l'Etat; mais si le sauvetage a été fait uniquement par des bâtiments du commerce, ce sont les tribunaux qui doivent en connaître. (Ordonnance du 30 janvier 1828.)

Liquidation des épaves vendues.

Aux termes d'une circulaire en date du 3 juillet 1847, les commissaires de l'Inscription Maritime doivent adresser à Paris, par l'intermédiaire des ports chefs-lieux d'arrondissement ou de sous-arrondissement, toutes les liquidations des épaves maritimes recueillies en mer ou sur le littoral. Ces liquidations sont adressées en double expédition; l'une est conservée à Paris, et l'autre est renvoyée revêtue de la sanction ministérielle.

Un modèle d'état spécial pour les liquidations des épaves maritimes a été transmis par le ministre le 27 mars 1848; il est inséré au Bulletin officiel de la dite année, 1er semestre, n° 9, page 162.

Ce modèle présente trois parties distinctes, savoir:

Le montant en seul chiffre des recettes provenant de la vente des épaves;

Le montant des frais généraux divisés en frais d'administration et en frais communs ;

La répartition de ces frais généraux entre les diverses épaves, avec l'application des frais particuliers à chacune d'elles ; en outre le montant de la vente de chacune des dites épaves. D'où ressort, dans une colonne spéciale, le produit net de leur valeur.

Enfin, la liquidation est terminée par une balance faisant ressortir l'excédent de recette provenant de la soustraction du montant des frais du total de la recette.

Des dispositions spéciales ont été prescrites pour certains objets particuliers, tels que les ancres (*), les chaînes et les câbles.

Ainsi la réclamation doit être faite par les propriétaires, dans le délai de deux mois à compter du jour où la déclaration de sauvetage a eu lieu au bureau de l'Inscription Maritime. Ce délai expiré, ces objets appartiennent en totalité au sauveteur. (Ordonnance de 1681, article 28; circulaire du 22 avril 1831, prises.) (**)

Si, dans le délai de deux mois, les ancres, chaînes ou câbles sont réclamés, il y a lieu de payer au sauveteur une indemnité fixée au tiers de la valeur des objets ; si le sauveteur est un pilote, l'indemnité à payer est déterminée par

---

(*) Voir, pour la faculté accordée aux parties intéressées de nommer des experts pour apprécier la valeur ou l'état d'ancres sauvées, l'article 39 du décret du 12 décembre 1806 et la circulaire ministérielle du 8 juin 1859. (Bulletin officiel n° 14, page 536.)

(**) L'avis sommaire que nous avons dit, f° 289, devoir être inséré dans les journaux, étant publié pour faciliter la réclamation des objets sauvés, dans la pratique, on ne fait courir que de la date de l'insertion le délai de deux mois.

le règlement du 12 décembre 1806, spécial au service des pilotes-lamaneurs. (Ordonnances de 1681, article 27; dépêche du 12 mai 1826, Rochefort, prises.)

Les bouches à feu et les projectiles retirés du fond de la mer par circonstance fortuite, ne peuvent être mis en vente que s'ils sont reconnus complètement hors de service; dans le cas contraire, c'est-à-dire lorsqu'il est possible d'en tirer parti à tout autre titre que comme matière première, la marine les retient. (Circulaire du 22 septembre 1847.)

Dans tous les cas, il est payé aux sauveteurs (soit sur le montant de la vente, soit par la marine), une indemnité dont le taux est réglé par la décision du 8 février 1820, artillerie.

Enfin, les choses du crû de la mer, et les poissons à lard que nous avons dit être désignés sous le titre d'*Epaves hors naufrage*, appartiennent, à défaut de réclamateurs, en totalité aux sauveteurs, s'ils ont été tirés du fond de la mer ou recueillis sur les flots; mais s'ils ont été trouvés échoués sur le rivage, la caisse des invalides bénéficie des deux tiers, le troisième tiers seul appartient aux sauveteurs. (Ordonnance de 1681, livre 4, titre 9, article 29.)

Si quelqu'un justifie de la propriété antérieure des épaves hors naufrage, les droits du sauveteur sont ainsi réglés :

Si les épaves ont été tirées du fond de la mer ou recueillies sur les flots, l'indemnité est de la valeur du tiers;

Si elles ont été recueillies sur le rivage, les frais de sauvetage seuls sont remboursés. (Même article que ci-dessus.)

Les poissons à lard sont vendus sans retard ; les autres épaves hors naufrage peuvent l'être également, attendu qu'il y a présomption qu'elles n'ont appartenu à personne. (Même article.)

Après avoir répondu à chacune des questions posées dans le programme, sous le titre : *Bris et naufrages*, il est bien, je crois, de donner quelques autres indications sommaires qui peuvent mettre sur la trace d'études plus approfondies de la législation dont nous nous occupons en cet instant, et qui se rattachent aux trois points particuliers ci-après indiqués ; savoir :

1° *Cadavres trouvés sur les grèves ;*

2° *Naufrages absolus ;*

3° *Naufrages en pays étrangers.*

Cadavres. Le commissaire de l'Inscription Maritime, informé qu'un cadavre a été jeté à la cote, doit en donner avis au juge de paix ou à tout autre officier de police judiciaire, chargé de constater l'état du cadavre et la cause de la mort, ainsi qu'à l'officier de l'Etat-Civil à qui appartient le soin de l'inhumation et de la rédaction de l'acte de décès. (Ordonnance de 1681, articles 32 et 33.)

Le commissaire de l'Inscription Maritime dresse un procès-verbal des objets trouvés sur le cadavre, et il donne à ces objets la destination suivante :

Les vêtements sont déposés au Magasin-Général si les marins étaient au service de l'Etat, et au bureau de l'Inscription Maritime s'ils étaient embarqués sur des navires du commerce ; après un an et un jour de dépôt sans réclamation, ou plus tôt s'il y a nécessité, la vente de ces vêtements est opérée, et le versement du produit a lieu dans la caisse des gens de mer. (Règlement du 17 juillet 1816, articles 21 et 23; circulaire du 7 août 1829, invalides);

Les espèces monnayées ayant cours en France, sont versées immédiatement dans la caisse des gens de mer; (Circulaire du 7 août 1829);

Les monnaies étrangères, billets de banque, bijoux et toutes autres valeurs analogues, sont l'objet d'un procès-verbal descriptif en double expédition. L'une des expéditions est remise au trésorier des invalides avec les valeurs qui sont renfermées immédiatement dans la caisse de sûreté; l'autre expédition du procès-verbal, portant le reçu du trésorier, reste entre les mains du commissaire de l'Inscription Maritime. Après un an et un jour de dépôt sans réclamation, les objets sont vendus aux enchères publiques, et le produit de la vente est déposé dans la caisse des gens de mer. (Circulaire du 28 octobre 1848, bulletin officiel, n° 27, page 401.)

Tous ces divers produits, réputés *produits de successions maritimes*, sont versés dans la caisse des invalides après un séjour de deux ans sans réclamation, dans la caisse des gens de mer. (Règlement du 17 juillet 1816, articles 34 et 38.)

Le commissaire de l'Inscription Maritime règle ensuite les frais de justice et d'inhumation, qui doivent être pris sur la valeur des effets et objets trouvés sur le cadavre. (Ordonnance de 1681, article 36.)

En cas d'insuffisance, les frais de justice et de visite sont supportés par la caisse des invalides, si le cadavre n'est pas réclamé. (Dépêche du 14 Thermidor an XIII,) et les frais d'inhumation restent à la charge des communes sur lesquelles les cadavres ont été trouvés. (Décret du 18 juin 1811, article 3, § 4.)

Des démarches incessantes doivent être faites par l'administration de la marine pour la recherche des familles des marins décédés. (Circulaire du 7 août 1829, invalides.)

NAUFRAGES ABSOLUS. On donne ce titre aux naufrages par suite desquels un navire disparaît complètement dans la mer, sans qu'il en reste aucune trace sur la surface des eaux.

Ces sortes de naufrages pouvant offrir, selon le point où ils ont lieu, des dangers pour la navigation, le Roi, par une déclaration en date du 15 juin 1735, a prescrit certaines dispositions qui ont été complétées par l'instruction ministérielle du 20 avril 1841, dont je vais présenter une courte analyse.

Les commissaires de l'Inscription Maritime doivent donner, au port chef-lieu d'arrondissement ou de sous-arrondissement, les renseignements les plus précis qu'ils ont pu recueillir sur les naufrages de la nature de ceux qui sont indiqués ci-dessus.

Lorsque des entrepreneurs demandent à procéder au sauvetage des dits navires, les propriétaires ou assureurs sont mis en demeure d'y procéder eux-mêmes. Si, après un délai de deux mois, ils n'ont fait aucune réponse à la mise en demeure qui leur a été adressée, ou si, après avoir manifesté l'intention d'effectuer eux-mêmes le sauvetage, ils laissent écouler un délai de six mois sans donner aux travaux un commencement d'exécution, le conseil d'administration peut, sur la proposition du Commissaire-Général, prononcer la déchéance des propriétaires.

Il est alors procédé à l'adjudication des travaux de sauvetage, à exécuter par voie d'entreprise ; les conditions d'adjudication, ainsi que la formule du cahier des charges et de la soumission, sont indiquées à la suite de l'instruction précitée du 20 avril 1841, dont M. Lebeau a donné une analyse détaillée Cette instruction prévoit principalement les cas ordinaires ; mais le ministre doit être consulté sur les modifications que pourraient réclamer des circonstances exceptionnelles.

NAUFRAGES EN PAYS ÉTRANGERS. Les consuls ont, en pays étrangers, les attributions qui sont dévolues à l'administration maritime en France et dans les possessions françaises ; ces attributions font l'objet du titre V de l'ordonnance du 29octobre 1833, sur les fonctions des consuls dans leurs rapports avec la marine commerciale, et elles ont été rappelées, en partie, dans la circulaire du 31 août 1848, insérée au bulletin officiel de la même année, n° 23 page 273. (*)

On y remarque qu'indépendamment du droit de 15 cen-

(*) Il y a lieu de faire observer, toutefois, qu'aux termes des articles 58 et 59 de l'ordonnance du 29 octobre 1833, ces attributions ne peuvent être exercées que lorsque les dits consuls français ont été investis, par des conventions particulières conclues entre la France et les pays où ils résident, du droit de diriger les opérations de sauvetage des bâtiments de leur nation.

Voyez une circulaire du 2 octobre 1850 (bulletin officiel, page 244), pour les bâtiments naufragés à l'étranger, lorsque les comptes du consul présentent un excédant de dépenses à la charge du navire.

times par 100 francs, alloué aux chancelleries, les agents consulaires, placés sous l'autorité des consuls, ont droit à une allocation de 2 p. °/₀ sur les sommes nettes déposées dans leurs caisses comme provenant de bris et naufrages.

Enfin il y est rappelé que c'est en France que doit être établi le règlement général et définitif des opérations relatives aux naufrages, lesquelles se composent :

1° Des résultats consignés dans la liquidation du consulat, *(Voyez le modèle de cette liquidation à la suite de la circulaire du 31 août 1848)*, sauf redressement, s'il y a lieu :

2° Des paiements faits dans les ports pour frais de passage et de conduite des marins rapatriés.

Ces divers éléments réunis permettent de déterminer quelles sont les dépenses à la charge de l'armement, celles qui incombent à la cargaison, et enfin celles qui doivent être supportées par le département de la marine, en cas d'insuffisance du produit des débris du navire et du fret acquis sur les marchandises sauvées.

Principaux états périodiques a fournir par les commissaires de l'Inscription Maritime, en ce qui concerne la navigation commerciale et la statistique de leurs quartiers.

Nous avons fait connaître, au f° 59, quels étaient les principaux états périodiques à fournir par les commissaires de l'Inscription Maritime, concernant les gens de mer proprement dits. Nous allons indiquer quels sont aussi les documents périodiques établis par ces mêmes fonctionnaires, en ce qui se rapporte à la police de la navigation, aux pêches maritimes et aux mouvements des navires du commerce; documents dont toutes les indications sont résumées, en fin d'année, dans le mémoire statistique établi par chaque commissaire de l'Inscription Maritime. La centralisation de ces mémoires s'opère au chef-lieu de l'arrondissement maritime, chargé de former un mémoire général destiné au ministère.

Par mois.

État des naufrages survenus sur les côtes du quartier, et des épaves recueillies ou amenées sur les mêmes côtes. (*Cet état, qui est indépendant des avis à donner aussitôt qu'un évènement de cette nature a été constaté, sert à apostiller le registre des naufrages et épaves tenu au chef-lieu de l'arrondissement ou du sous-arrondissement maritime; circulaire du 12 février 1836.*)

Par trimestre.

État de situation des bâtiments du commerce français. (*Cet état, fourni par chaque quartier au chef-lieu de l'arrondissement ou du sous-arrondissement, est centralisé par le commissaire général du port chef-lieu d'arrondissement, et il sert à dresser l'état général destiné pour le ministère. Il comprend, par catégories de dimension, c'est-à-dire par port en tonneaux, le nombre des bâtiments appartenant au quartier, avec l'indication de leur position : au long cours, à la pêche, au cabotage, en activité, ou absents sans nouvelles. L'état est terminé par une balance présentant les augmentations et les diminutions survenues pendant le trimestre écoulé, par suite de nouvelles constructions, de provenances d'autres quartiers, et de démolitions, de naufrages, de passage à d'autres quartiers, etc*)

État des armements, désarmements, nouvelles inscriptions et radiations des navires du commerce. (*Cet état est adressé direc-*

tement à Paris pour mettre la direction des invalides à même de tenir à jour la matricule générale des bâtiments. — Circulaires des 18 février et 20 août 1839.)

État des navires du commerce qui, pour leur défense, ont été autorisés à embarquer des armes et de l'artillerie. (*Un état général, dont l'envoi à Paris a été prescrit par une circulaire du 29 décembre 1847, est établi au chef-lieu d'arrondissement, sur le vu des états des quartiers.*)

Par an.

État des membres composant la commission chargée de la visite des coffres de médicaments des navires du commerce. (*L'état de chacun des quartiers sert, au port chef-lieu, à former un état général qui est transmis à Paris. — Dépêche du 3 août 1848.*)

Mémoire statistique. *Cet état est établi dans chaque quartier; le bureau central placé près du commissaire général du chef-lieu d'arrondissement maritime en forme un général pour le ministère, qui comprend distinctement toutes les indications portées sur les états particulières des quartiers.*

Le mémoire statistique renferme douze tableaux ou titres dont voici les différentes désignations:

Titre premier. *Nombre de bâtiments appartenant au quartier; on y indique la dimension des bâtiments et leur état de conservation;*

Titre deuxième. *Indication des contructions neuves, des radoubs et des réparations de navires, avec le prix moyen des principales matières employées à ces travaux, ainsi que le montant de la valeur des constructions neuves;*

Titre troisième et titre quatrième. *Nombre d'hommes et de bâtiments employés à la petite pêche (sur les côtes et dans les rivières) et à la grande pêche (de la morue et de la baleine), avec l'évaluation du produit de ces pêches;*

Titre cinquième, titre sixième, titre septième et titre huitième. *Nombre de bâtiments et de marins employés au long cours, au grand cabotage, au petit cabotage et à la navigation intérieure;*

Titre neuvième. *Etat numérique des marins et ouvriers, tant valides qu'invalides, incrits sur les diverses matricules de l'Inscription Maritime, avec l'indication du nombre de jeunes gens ayant suivi le cours d'hydrographie et de ceux qui ont été reçus capitaines au long cours ou maîtres au cabotage;*

Titre dixième. *Indication des principaux travaux d'améliorations concernant les ports et les rades, ainsi que les phares et les balises;*

Titre onzième. *Nombre de pilotes et d'aspirants pilotes, avec la désignation des stations auxquelles ils sont affectés;*

Titre douzième. *Résumé des principaux détails relatifs aux bris et naufrages, comprenant:*

Le nom et la nationalité des navires, avec la date de leur naufrage; la désignatioa des épaves;

La valeur des navires, de leurs débris et de leurs cargaisons, ainsi que celle des épaves;

Les dépenses occasionnées par le sauvetage;

La valeur des objets remis en nature ou à remettre aux propriétaires, ainsi que le montant des sommes déposées à la caisse des gens de mer ou payées à qui de droit, et provenant des produits de la vente des objets qui n'ont pas été conservés en nature.

Comme on a pu le voir par l'énoncé du titre neuvième et du titre dixième, le mémoire statistique se rattache à l'Inscription Maritime en même temps qu'à la police de la navigation, aux pêches maritimes et aux bris et naufrages. Il y a lieu de remarquer aussi que les résultats présentés dans le mémoire statistique de l'année précédente, sont mis en regard de ceux de l'année pour laquelle le mémoire est établi, et que, par la comparaison de ces deux résultats, on peut apprécier l'importance de l'accroissement ou des diminutions survenues dans les mouvements de la navigation commerciale.

Relevé des armements pour la navigation commerciale. *Ce relevé, qui accompagne le mémoire statistique et qui est, comme lui, centralisé au chef-lieu d'arrondissement maritime, présente, par dimensions, le nombre des bâtiments armés pour les differents genres de navigation, et, par catégories, celui des marins employés sur les dits bâtiments; on y indique aussi le nombre des marins levés pour le service des bâtiments de l'Etat. Une expédition est adressée directement au Ministre par le commissaire de l'Inscription Maritime. (Circulaire du 28 avril 1847.)*

Cet état comprend, sommairement, les mêmes indications pour les cinq années antérieures à celle qui vient de s'écouler. (Circulaires des 16 avril 1822 et 6 mai 1823.)

Eventuellement.

Demandes en main-levée d'objets provenant de naufrages ou d'épaves, ou du produit de la vente de ces objets. *(Nous avons vu que ces états étaient adressés au chef-lieu d'arrondissement, pour être revêtus de l'avis du commissaire-général, de celui du contrôleur et de la sanction du préfet maritime. Dans les sous-arrondissements, l'avis est donné seulement par le contrôleur, et l'approbation, par le chef du service maritime; circulaire du 17 juin 1820. Ces états doivent être examinés par urgence; circulaire du 24 octobre 1828.)*

Liquidations de frais de sauvetage de débris de navires ou de marchandises, ou d'épaves. *(Nous venons de voir aussi, pour ces sortes d'états, que les commissaires de l'Inscription Maritime, après avoir soumis la minute à la vérification du port chef-lieu, établissent deux expéditions qui sont adressées au Ministre par le dit port chef-lieu d'arrondissement ou de sous-arrondissement.)*

§ 3.

ÉTABLISSEMENT DES INVALIDES DE LA MARINE.

L'établissement des invalides de la marine, souvent attaqué, savamment défendu, a été l'objet de nombreuses dispositions dont il ne nous sera possible de rappeler que le sommaire, tant à raison du cadre qui est tracé par le programme des aides-commissaires, qu'à raison de la nécessité de comprendre dans ce deuxième volume tout ce qui se rattache, dans le programme qui vient d'être cité, à la deuxième section du chapitre 3 du titre V. (Inscription Maritime.)

Nous devons donc recommander, avant tout, à ceux qui voudront étudier avec plus de fruit, de consulter les écrits divers de M. Boursaint, volume in-8° publié à Paris en 1837; l'exposé préparatoire présenté en 1831 à la commission d'enquête chargée d'examiner l'établissement des invalides; les procès-verbaux de cette commission, formant une brochure publiée en 1832; divers écrits de M. Lacoudrais, et, entre autres, un mémoire publié en 1832, sous le titre : *De la cour des comptes, considérée dans ses rapports avec la marine et l'établissement des invalides*; le rapport de la commission supérieure des invalides de la marine, qui est publié chaque année avec le compte de l'établissement, imprimé à la suite du compte du département de la marine et des colonies; enfin, les ordonnances et règlements qui vont être fréquemment cités.

ORIGINE DE CET ÉTABLISSEMENT.

Les militaires que leur grand âge, leurs infirmités ou leurs blessures mettaient dans l'impossibilité de pourvoir à leur subsistance, avaient été depuis longtemps l'objet de mesures devenues chaque jour plus insuffisantes, lorsque Louis XIV fit ériger, pour recueillir ces vieux serviteurs, l'hôtel des invalides, dont l'édit de fondation porte la date du mois d'avril 1674.

Deux semblables établissements avaient été projetés pour les marins; un règlement du 23 septembre 1673 prescrivait une retenue sur la solde des officiers et des marins de tous grades employés au service de l'Etat, à l'effet de construire et d'entretenir deux hôpitaux pour les marins invalides, l'un à Rochefort, l'autre à Toulon, et, aussi, pour secourir ceux de ces marins qui préféreraient se retirer dans leur famille. (*)

Ce dernier mode de secours à domicile a paru depuis lors plus en harmonie avec les mœurs des marins, car bien que, dans quelques ordonnances postérieures, on retrouve la pensée des hôpitaux projetés, jamais la construction n'en a été effectuée.

Mais les secours dont l'allocation ne paraissait d'abord établie qu'en faveur des simples matelots, prirent un caractère plus général dans le règlement du 6 octobre 1674, qui affecta les revenus créés par le règlement de 1673 au soulagement des officiers, matelots et soldats blessés au service

(*) Une ordonnance du 19 avril 1670 avait promis aux marins blessés un secours mensuel de deux écus (6 francs) qui ne fut jamais payé.

de la marine. L'ordonnance du 15 avril 1689 apporta une amélioration notable dans ces secours, dont le taux fut porté à la moitié de la paie *(ou demi-solde)* d'activité.

L'édit du mois de mai 1709 soumit aussi à une retenue sur ses salaires le personnel naviguant à bord des navires du commerce, en même temps qu'il l'appela à participer aux bienfaits des récompenses instituées antérieurement en faveur des marins invalides.

Son but.

L'édit de 1709 renferme, enfin, le principe complet de l'établissement des invalides tel qu'il existe aujourd'hui, et dont le but, indiqué dès l'origine (en 1673) et successivement développé, est de prélever sur la solde, tant des officiers que des agents inférieurs de la marine militaire et de la marine commerciale, des retenues destinées à alimenter un fonds au moyen duquel sont payés plus tard, à ces mêmes officiers ou agents, des pensions, des demi-soldes ou des secours. (*)

Son importance.

Depuis 1709, les revenus et les charges de l'établissement des invalides prirent de grands développements; les familles des gens de mer furent appelées à participer à la récompense et au prix des services de leurs pères; la comptabilité fut organisée, et la loi du 13 mai 1791, votée sur le rapport de M. Begouen, négociant, député de la Seine-Inférieure, vint donner une nouvelle force à toute cette législation.

(*) Nous verrons, sous le titre *Pensions*, que les demi-soldes sont plus particulièrement, une compensation des charges exceptionnelles qui pèsent sur les gens de mer.

En l'an II, cependant, un décret du 22 Vendémiaire (13 octobre 1793) prescrivit la réunion au trésor national des fonds appartenant à la caisse des invalides; cette réunion ne dura que jusqu'à l'époque de la promulgation de la loi du 9 Messidor an III (27 juin 1795), qui sépara la caisse des invalides du trésor national. Mais, par un décret du 13 août 1810, les caissiers des invalides furent déclarés agents du trésor public relevant de l'autorité directe de ce ministère, quoique placés cependant sous le contrôle de l'administration de la marine; cette double dépendance fit naître chaque jour de nouvelles entraves dans la marche du service, jusqu'à ce que, par l'ordonnance du 12 mai 1816, la caisse des invalides ayant été replacée dans les attributions exclusives du Ministère de la Marine, l'établissement des invalides eût repris toute son indépendance première, et aussi toute son importance dont nous ne pourrons nous faire une idée bien exacte que lorsque nous parlerons avec détail de la source de ses recettes et de la nature de ses dépenses.

Sa constitution.

L'ordonnance du 22 mai 1816 a été suivie du règlement du 17 juillet de la même année qui énumère les ressources et les charges de l'établissement des invalides, et qui détermine les formes de la comptabilité dont le règlement du 30 septembre 1829 a modifié quelques parties. Enfin l'ordonnance du 31 mai 1838, sur la comptabilité publique, consacre à la caisse des invalides le chapitre 24, dont les dispositions, puisées en partie dans l'ordonnance et les règlements que nous venons de citer, ont été reproduites dans le règlement d'administration publique du 31 octobre 1840, spécial au département de la marine.

Il résulte des termes de ces ordonnances et règlements que la comptabilité de l'établissement des invalides de la marine est confiée en France à des trésoriers appartenant au département de la marine (*), et que l'administration de cet établissement, ainsi que la surveillance de la comptabilité, est également placée dans les attributions du même département, le corps du commissariat dans les ports et la direction des invalides à Paris. (**)

Toutefois le ministère des finances a conservé le droit de faire vérifier la comptabilité des trésoriers des invalides par ses inspecteurs; et la caisse centrale et de service, relevant de ce même ministère, reçoit en compte courant toutes les sommes dont l'établissement des invalides n'a pas immédiatement besoin. (***)

(*) Dans les pays étrangers, les consuls de France remplissent les fonctions de trésoriers des invalides; les mêmes fonctions peuvent être remplies aux colonies par les trésoriers des dites colonies. (Règlement du 31 octobre 1840, article 249.)

Les receveurs généraux des départements sont aussi chargés :

1° Des paiements que la caisse des invalides peut avoir à effectuer dans l'intérieur de la France;

2° De la remise des sommes nécessaires aux trésoriers des invalides sur les crédits qui sont ouverts, à cet effet, par la caisse de service, à la demande du ministre de la marine. (Même règlement, article 250.)

(**) Sans préjudice des vérifications et du visa réservés au corps du contrôle de la marine. (Circulaires des 27 août 1845 et 23 décembre 1846.)

(***) Les sommes ainsi déposées en compte courant ne procurent d'intérêt (3 p. % payés par le trésor), que lorsqu'elles s'élèvent au-delà de 1,500,000 francs; jusqu'à cette limite, elles ne rapportent aucun intérêt à l'établissement des invalides, le trésor se réservant ce boni à titre d'indemnité pour les mouvements de fonds qu'il opère selon les besoins du dit établissement. (Budget.)

Division en trois services.

L'établissement des invalides est formé de trois services distincts qui s'entr'aident, qui se prêtent un mutuel secours pour conserver avec le plus de sécurité possible les deniers des gens de mer, et pour les leur faire parvenir de la manière la plus convenable à la nature de leur industrie qui, les tenant fréquemment éloignés du centre de leur famille, ne leur permettrait pas de remplir les formalités que leur épargne la constitution bienveillante de l'établissement des invalides. Ces trois services sont : *la caisse des Prises*, *la caisse des Gens de mer et la caisse des Invalides.*

L'objet de l'institution de ces caisses et les formes de leur comptabilité seront bientôt examinés sous le titre particulier à chacune d'elles.

Administration et comptabilité de l'établissement des invalides a Paris, dans les ports et dans les quartiers de l'Inscription Maritime.

Nous venons de voir comment, par suite de l'ordonnance du 22 Mai 1816, dont la mise en application a été l'objet du règlement du 17 juillet 1816, était constitué le service de l'établissement des invalides.

L'administration, tant de la caisse des prises et de celle des gens de mer, que de la caisse des invalides, est confiée à Paris, à la direction des invalides; dans les quartiers, l'administration de ces trois services est comprise dans les attributions des commissaires de l'Inscription Maritime, dont les opérations, qui se résument le plus souvent en émission de pièces de recettes et de dépenses, sont suivies et vérifiées par un bureau spécial placé près du Commissaire-Général dans les chefs-lieux d'arrondissements maritimes, et près du chef du service de la marine, dans les ports secondaires. (*)

Le corps du contrôle, à Paris, comme dans les ports, conserve sur le service de l'établissement des invalides les mêmes droits de surveillance que ceux qui lui sont dévolus sur toutes les autres parties du service de la marine.

L'ensemble de la comptabilité des invalides est tenu, à Paris, sous la surveillance de la direction des invalides, par le trésorier général; dans les ports et quartiers de l'Inscription Maritime, des trésoriers particuliers, placés sous la surveillance des fonctionnaires que nous avons indiqués dans les paragraphes précédents, sont chargés d'effectuer toutes les opérations journalières de recettes et de dépenses. Le trésorier général et les trésoriers particuliers sont en même temps caissiers des prises et des gens de mer. (Règlements du 31 octobre 1840, articles 248, 252 et 253, et du 17 juillet 1816, article 3.)

Les trésoriers des invalides peuvent être chargés de la comptabilité de plusieurs quartiers (Voyez le 1er volume, f° 193); mais alors ils sont tenus d'avoir, dans chacun des quartiers où ils ne résident pas et où le besoin en est reconnu, un préposé des opérations duquel ils sont responsables. (Règlement du 31 octobre 1840, article 249.)

(*) Circulaire du 23 décembre 1846.

COMMISSION SUPÉRIEURE DE L'ÉTABLISSEMENT DES INVALIDES.

La commission supérieure de l'établissement des invalides a été créée par une ordonnance royale du 2 octobre 1825, dans le double but d'une surveillance et d'une protection également avantageuses.

Composition.

Le nombre des membres, qui était de cinq d'après l'ordonnance de création du 2 octobre 1825, a plusieurs fois varié; il est aujourd'hui fixé à six, ainsi qu'il résulte d'un arrêté en date du 22 septembre 1848. Les membres sont choisis, par le chef du pouvoir exécutif, parmi des fonctionnaires d'un ordre élevé.

Ils sont nommés pour trois ans et peuvent être réélus; ils exercent leurs fonctions gratuitement.

Un secrétaire est désigné par le Ministre parmi les principaux agents administratifs de l'établissement. (Le directeur des invalides de la marine.)

Attributions. — Rapport annuel sur la situation de l'établissement.

La commission supérieure est chargée de la haute surveillance des recettes et des dépenses de l'établissement des invalides. Elle prend connaissance de l'administration et de la comptabilité de cet établissement; elle peut requérir de la direction des invalides toutes les communications qu'elle juge nécessaires, et elle propose au Ministre les modifications qui lui paraissent avantageuses.

Elle s'assure de la concordance des comptes destinés à la cour des comptes et à l'Assemblée législative, avec les écritures tenues par le ministère et par le trésorier général de l'établissement.

La commission se réunit au moins une fois chaque trimestre; à la fin de chaque année, elle fait, sur la situation de l'établissement, un rapport qui, après avoir été soumis à l'examen du chef du pouvoir exécutif, est annexé aux comptes destinés à être présentés à l'Assemblée législative.

TRÉSORIER GÉNÉRAL. — TRÉSORIERS PARTICULIERS.

Nous venons de voir quelle était la mission du trésorier général et des trésoriers particuliers des invalides. Les détails dans lesquels nous allons entrer, en parlant de la comptabilité de chacune des trois caisses des prises, des gens de mer et des invalides, nous donneront toutes les indications suffisantes sur les attributions de ces comptables, dont la création remonte à l'édit du mois de mai 1709.

Quant à leur organisation, il faut se reporter à ce qui a été dit, dans le premier volume, aux f°s 192, 193 et 194. J'ajouterai seulement que des tableaux annexés à la circulaire ministérielle du 12 août 1816 déterminent le traitement fixe des trésoriers, leur cautionnement, l'indemnité de leurs préposés, etc; le tout calculé à raison de l'importance de chaque trésorerie.

Ils reçoivent la conduite et les vacations lorsqu'ils se déplacent à l'occasion des ventes de bris et naufrages, et une circulaire du 21 janvier 1840 a reconnu leurs droits à cette double indemnité en cas de changement de résidence; enfin une décision royale du 21 juin 1841 leur a alloué des frais de logement.

CAISSE DES PRISES.

Ce n'est qu'à partir de l'an III que, par suite de l'arrêté rendu le 18 Thermidor de la dite année (5 août 1795), la caisse des prises fut constituée et vint ainsi compléter le système de l'établissement des invalides tel qu'il existe aujourd'hui.

SON OBJET. INDICATION DES DÉPÔTS QUI PEUVENT Y ÊTRE FAITS.

La caisse des prises est destinée à recevoir en dépôt :

1° Le produit brut des prises faites par les bâtiments de l'Etat, jusqu'à la clôture des liquidations administratives qui en déterminent l'application ;

2° Pour les armements en course, le produit des ventes provisoires de prises qui peuvent être opérées avant le prononcé des jugements de confiscation. (Règlement du 31 octobre 1840, article 237.)

DESTINATION ULTÉRIEURE A DONNER AUX DÉPOTS.

Lorsque la liquidation des produits déposés provisoirement a été arrêtée, la caisse des prises paie les frais de vente et touts autres reconnus dans la liquidation; elle verse dans la caisse des gens de mer les sommes revenant aux capteurs, et dans la caisse des invalides le montant des droits attribués à celle-ci par la liquidation. (Même règlement, article 238.)

Pour les prises faites par les corsaires, le montant des

ventes provisoires est remis aux armateurs après le jugement de confiscation, à moins que des circonstances particulières n'en exigent la conservation dans la caisse des prises jusqu'après la reddition des comptes définitifs. (Règlement du 17 juillet 1816, articles 12, 13 et 14.)

ENREGISTREMENT DES RECETTES ET DÉPENSES. COMPTES SPÉCIAUX A TENIR, TANT POUR LES PRISES FAITES PAR LES BATIMENTS DE L'ÉTAT QUE POUR CELLES DES NAVIRES ARMÉS EN COURSE.

Les registres tenus au bureau de l'Inscription Maritime, et qui correspondent à ceux du trésorier, sont destinés à présenter avec détail l'enregistrement des recettes et des dépenses ressortissant, aux termes du règlement du 31 octobre 1840 (articles 237 et 238), à la caisse des prises.

Un journal comprend spécialement les recettes, et un autre les dépenses; en outre, chacune de ces opérations de recette ou de dépense est classée, sous le titre de bâtiments de l'Etat ou de corsaires, selon que les prises ont été faites par des bâtiments appartenant au gouvernement ou par des navires armés par des particuliers. (Règlement du 17 juillet 1816, article 91, § 2.)

Les recettes provenant de prises faites par les bâtiments de l'Etat, et vendues, sont justifiées par une expédition du procès-verbal de vente ; si les objets capturés ont été conservés par la marine pour son service, un procès-verbal d'estimation remplace le procès-verbal de vente.

Les recettes qui proviennent de la vente des prises faites par les corsaires sont justifiées par une expédition du procès-verbal de vente.

Toutes ces recettes, du reste, de même que les dépenses, sont effectuées en vertu de mandats du commissaire de l'Inscription Maritime, accompagnés des pièces justificatives.

CAISSE DES GENS DE MER.

La caisse des gens de mer a été créée par un règlement du Roi du 1er juin 1782 ; sa création a eu pour objet de faire cesser un mode vicieux en usage jusqu'alors, et qui consistait à laisser aux commissaires et officiers des classes le maniement de valeurs dont la transmission s'effectuait au moyen d'un service de lettres de change organisé entre les les localités maritimes. (Exposé préparatoire — 1831.)

DESTINATION DE CETTE CAISSE.

La caisse des gens de mer est chargée de recueillir, dans les ports militaires et dans les ports de commerce, ainsi que dans les colonies et les consulats, pour les transporter, sans frais et sans retard, au domicile des parties intéressées, les sommes dont nous allons indiquer la provenance sous le titre suivant.

RECETTES.

Les recettes de la caisse des gens de mer comprennent :

Les appointements, parts de prises, gratifications, et enfin les salaires et indemnités de toute nature acquis, tant au service de l'Etat que sur les navires du commerce, par les agents de toute classe du département de la marine non présents ;

Les produits de succession des mêmes agents morts en cours de voyage maritime ou dans les colonies ;

Les sommes que les marins délèguent à leurs familles pendant qu'ils servent sur les bâtiments de l'Etat ;

Le produit des objets provenant de bris et naufrages ou d'épaves.

(Règlement du 31 octobre 1840, article 239.)

Dépenses.

Les dépenses de la caisse des gens de mer se composent :

Des paiements faits manuellement aux parties intéressées ;

Des remises aux autres localités maritimes ;

Des versements à la caisse des invalides des sommes non réclamées dans les délais déterminés. (Article 29 du règlement du 17 juillet 1816.)

Mode de comptabilité.

La caisse des gens de mer, qui n'est, comme celle des prises, qu'une simple caisse de dépôt, ne compte aussi que par gestion, ses opérations n'étant pas non plus de nature à se reporter d'une année sur une autre.

Les comptes de ces deux caisses présentent donc seulement les recettes et les dépenses effectuées du 1er janvier au 31 décembre inclus de chaque année. (Règlements des 17 juillet 1816, article 108, et du 30 septembre 1829, articles 1 et 2)

Mode de transmission des états de remise.

On peut distinguer dans la comptabilité des gens de mer trois catégories principales de remises :

1° Les remises locales (*directes ou transitoires*); c'est-à-dire remises faites par un des services d'une localité maritime au bureau de l'Inscription Maritime de la dite localité, soit pour être payées dans cette même localité (*elles sont directes alors*), soit pour être adressées dans une autre localité (*elles sont alors transitoires*);

2° Les remises d'autres ports; c'est-à-dire reçues dans un port comme provenant d'un autre port où elles avaient été faites sous le titre de remises locales transitoires;

3° Les contre-remises, qui sont des transmissions ultérieures dans un autre quartier de remises qui, primitivement, devaient être payées dans le quartier où elles avaient été adressées.

Les remises sont toutes faites en double expédition par le service qui effectue l'opération. Voici le mode de transmission de ces remises, selon la catégorie à laquelle elles appartiennent :

1° Pour la première catégorie (*remises locales*), les remises sont accompagnées d'un mandat de paiement tiré sur le payeur de la marine, au nom du trésorier des invalides, caissier des gens de mer. Ce mandat est destiné à mettre le caissier des gens de mer en possession des fonds qui forment le montant des remises. Un mandat expédié par le commissaire de l'Inscription sert de titre de recette dans la comptabilité du service gens de mer.

Si la remise locale est *directe*, les états de remise sont enregistrés avec détail au bureau de l'Inscription Maritime, et les deux expéditions originales sont remises, l'une au bureau central, l'autre au trésorier. La dépense donne lieu à l'expédition de mandats au fur et à mesure des paiements manuels, ou lors du versement à la caisse des invalides après un certain temps de dépôt sans réclamation.

Si la remise est *transitoire*, elle donne lieu à l'expédition immédiate d'un mandat de dépense (*), et les états de remise sont enregistrés sommairement au bureau de l'Inscription Maritime, puis transmis au port de destination avec un virement ou traite blanche du trésorier ;

2° Pour la deuxième catégorie, (*Remises d'un autre port*), à l'arrivée des états de remises accompagnés d'un virement, ou traite du trésorier du port expéditeur, un mandat de recette à la caisse des gens de mer est immédiatement expédié, et les deux expéditions de la remise reçoivent, après enregistrement détaillé au bureau de l'Inscription Maritime. la destination que nous avons déjà indiquée pour les remises locales directes : l'une est déposée au bureau central, l'autre est remise au trésorier ;

3° Pour la troisième catégorie (*Contre-remises*), la recette étant déjà effectuée, le commissaire de l'Inscription Maritime fait expédier un mandat de dépense pour la caisse des gens de mer, en même temps que deux extraits ou copies de la remise primitive, afin que ces extraits, accompagnés d'un virement du trésorier, soient adressés au port de destination, c'est-à-dire au port où on demande que le paiement soit effectué.

RÉPARTITION DE LEUR MONTANT DANS LES QUARTIERS. OBLIGATIONS IMPOSÉES AUX COMMISSAIRES DE L'INSCRIPTION MARITIME PAR RAPPORT AUX SOMMES DÉPOSÉES DANS LA CAISSE DES GENS DE MER. (**)

Tous les états de remises sont centralisés, ainsi que nous venons de le voir, au chef-lieu de l'arrondissement ou du

(*) Au dos du mandat de dépense est établie la copie d'un bordereau sommaire présentant le montant de la remise; l'original du bordereau est laissé entre les mains du trésorier lors de la délivrance du mandat de recette.

(**) Voyez le règlement du 17 juillet 1816, articles 30 à 32.

sous-arrondissement où est placé, près du commissaire-général ou du chef du service de la marine, un *bureau central* de vérification. Ce bureau est chargé du mouvement général des remises et des virements qui les accompagnent; il dirige sur le lieu de leur destination les états de remise émanant des quartiers où se trouvent des caisses obliques, et il répartit entre ces caisses les remises qui lui parviennent sous quelque titre que ce soit.

Enfin, dans chaque chef-lieu, soit de caisse principale, soit de caisse oblique, le commissaire de l'Inscription Maritime transmet, dans les quartiers où ne sont que des préposes des trésoriers (quartiers obliques), des extraits des remises originales qui, après enregistrement par le commissaire de l'Inscription Maritime de ces quartiers obliques, sont déposés entre les mains du préposé du trésorier des invalides.

Les commissaires de l'Inscription Maritime font donner toute la publicité possible aux extraits de remises qui leur parviennent, afin que les parties intéressées soient mises à même de se présenter pour recevoir un mandat de dépense, en vertu duquel les sommes qui leur reviennent leur sont immédiatement payées. Le Ministre rappelle à cette occasion, dans une circulaire du 5 juillet 1848, que les commissaires de l'Inscription Maritime ont le devoir de compulser les matricules dès qu'il leur parvient une remise pour tels ou tels de leurs administrés, et de faire avertir ceux-ci, soit par l'intermédiaire des syndics, soit par correspondance avec les maires, soit par voie d'affiches placardées dans les bureaux de l'Inscription Maritime et autres lieux fréquentés par les gens de mer. Voyez les nouvelles recommandations contenues dans la circulaire du *31 juillet 1851*. (Bull. offi. page 73.)

DES SECOURS QUI PEUVENT ÊTRE DONNÉS AUX FAMILLES DES MARINS ABSENTS, SUR LE MONTANT DES SOMMES DÉPOSÉES EN LEUR NOM.

Le règlement du 17 juillet 1816 a reconnu le principe de l'allocation de semblables secours; il y est dit, à l'article 33, que, sur les sommes appartenant aux gens de mer, en dépôt à la caisse, il peut être payé à leurs familles des secours qui sont réglés par l'administration de la marine proportionnément aux besoins des réclamants et à la quotité des sommes déposées.

Ainsi en 1847, le Ministre de la Marine, par dépêche du 20 mai de la dite année, a autorisé le paiement de secours, jusqu'à concurrence d'un mois de solde, aux femmes des marins alors embarqués, et qui avaient des produits de leur solde de l'exercice 1846 ou des exercices antérieurs, déposés à la caisse des gens de mer; mais le Ministre déclare, en même temps, que ce paiement n'est autorisé qu'à titre exceptionnel et à raison du renchérissement des denrées sur tous les points du littoral.

DE LA DURÉE DES DÉPÔTS A LA CAISSE DES GENS DE MER.

La durée du dépôt à la caisse des gens de mer des sommes qui, à défaut de réclamation de la part des intéressés, doivent être versées à la caisse des invalides, varie selon la nature de l'origine du dépôt, ainsi qu'il résulte du réglement du 17 juillet 1816 dont nous allons rapporter les dispositions sur cette matière.

Aux termes de l'article 34 de ce règlement, la solde et les allocations assimilées, les délégations, les parts de prises, les gratifications et indemnités de toutes sortes, ainsi que les produits de successions, restent déposés à la caisse des gens de mer pendant *deux ans*, à partir de l'encaissement des sommes versées.

La valeur des objets provenant de naufrages, bris et échouements, et vendus immédiatement après le naufrage, reste déposée dans la caisse des gens de mer *un an et un jour* à compter du versement. (*)

Le produit des ventes d'objets provenant de naufrages, effectu[illegible] après un an et un jour de dépôt des dits objets dans [illegible]gasins, n'entre pas dans la caisse des gens de mer; il est immédiatement versé dans la caisse des invalides. (Articles 38 et 52 du règlement du 17 juillet 1816.)

FORMES DU VERSEMENT A LA CAISSE DES INVALIDES DES SOMMES NON RÉCLAMÉES PENDANT LA DURÉE DE LEUR DÉPÔT A LA CAISSE DES GENS DE MER. MODE D'EXÉCUTION.

Les versements à la caisse des invalides des sommes non réclamées pendant la durée de leur dépôt à la caisse des gens de mer, sont effectués chaque année, le 15 février,

(*) Exception : lorsque le navire naufragé est reconnu propriété ennemie, le produit de la vente, déduction faite des frais, est versé dans la caisse des invalides aussitôt après l'approbation de la liquidation. (Règlement du 17 juillet 1816, article 35.)

pour les sommes qui ont accompli, au 31 décembre de l'année précédente, un an ou deux ans, selon leur provenance, de dépôt à la caisse des gens de mer. (Règlement du 17 juillet 1816, article 34; circulaire du 12 octobre 1835.) (*)

Le versement est opéré en vertu d'un mandat du commissaire de l'Inscription Maritime, accompagné d'un état détaillé dressé par le bureau de l'Inscription Maritime pour les produits de bris et naufrages, et par le trésorier pour tous autres produits; ces derniers états servent de mandats de recettes pour la caisse des invalides.

Si, postérieurement à ce versement, les parties intéressées réclament les sommes ainsi versées comme provenant de la caisse des gens de mer, il n'est opposé aucune prescription à leurs réclamations. Le paiement a lieu sur un mandat du commissaire de l'Inscription Maritime; l'autorisation de la direction des invalides est, toutefois, nécessaire lorsque le versement à la caisse des invalides a été effectué depuis au moins cinq ans. (Circulaire du 12 octobre 1835.)

Registre des recettes et des dépenses. Comment il est établi. Divisions qu'il doit présenter.

Nous avons vu qu'en ce qui concerne la caisse des prises, le commissaire de l'Inscription Maritime tient un journal des recettes et un journal des dépenses.

(*) Le Ministre, prévoyant le cas où une personne réclamerait le paiement d'une somme après le 31 décembre, mais avant le 15 février, a tracé la marche à suivre, dans une circulaire du 14 juin 1842. On mandate la somme sur le compte accessoire: *Dépenses à régulariser*, et l'opération se régularise postérieurement par une dépense définitive à l'un des chapitres du service invalides: *Remboursements sur sommes non réclamées*.

Ces mêmes journaux comprennent les opérations de la caisse des gens de mer ; leur titre est en effet : pour l'un, *Caisses des prises et des gens de mer (Journal de recette)*; pour l'autre : *Caisse des prises et des gens de mer (Journal de dépense.)*

Nous connaissons la division des opérations de la caisse des prises en deux parties : *Bâtiments de l'Etat* et *Corsaires*. La caisse des gens de mer comprend un plus grand nombre de divisions que nous verrons plus loin sous le titre : *Comptabilité, surveillance et mouvements de fonds, etc.*

CAISSE DES INVALIDES.

La caisse des invalides étant chargée de rembourser, aux parties intéressées qui les demandent, les sommes qu'elle a reçues après un certain temps de séjour sans réclamation dans la caisse des gens de mer; les pensions et secours alloués aux anciens serviteurs de la marine ou à leurs familles étant aussi à la charge de cette caisse, qui y pourvoit au moyen de revenus fixes ou éventuels, de là est venu qu'elle est considérée, tout à la fois, comme une caisse de dépôt toujours prête à rendre ce qui lui a été confié, et comme une caisse de retenue centralisant divers produits ou revenus destinés à former un fonds de pensions et de secours. (Règlement du 31 octobre 1840, article 240.)

Revenus fixes.

Les revenus de la caisse des invalides sont divisés en deux catégories dans le règlement du 17 juillet 1816 : *Revenus fixes* et *Revenus éventuels*.

Cette distinction de deux natures de revenus n'est pas faite dans le règlement du 31 octobre 1840, mais néanmoins on y retrouve les revenus fixes compris dans la nomenclature générale des revenus de la caisse des invalides, et ces revenus fixes sont reproduits dans le budget de 1852, sous les titres suivants :

Dividende des actions de la banque de France, appartenant à la caisse des invalides;

Rentes 5 p. °/₀ sur le grand-livre, appartenant aux invalides de la marine. (Immobilisées.)

Ressources éventuelles.

Les ressources ou revenus éventuels sont, aux termes du règlement du 31 octobre 1840, désignés comme suit :

Retenue de 5 centimes par franc, et autres retenues spéciales au personnel des bureaux de l'administration centrale;

Retenue de 3 centimes par franc sur la solde et sur les accessoires de solde de tout le personnel employé dans les divers services du département de la marine et des colonies;

Retenues sur les salaires des marins employés, soit au commerce, soit à la pêche;

Solde entière des déserteurs de la marine militaire, et moitié de la solde des déserteurs de la marine commerciale;

Produits de solde, de parts de prises et de successions maritimes, non réclamés pendant les deux années de dépôt à la caisse des gens de mer;

Produits de bris et naufrages non réclamés pendant la durée de leur dépôt d'un an et un jour, en nature dans des magasins, ou en deniers à la caisse des gens de mer;

Droits des invalides sur le produit des prises, y compris les prises non répartissables; (*)

Plus-value des feuilles des rôles d'équipage, délivrées aux navires du commerce;

Produits des amendes et confiscations pour contraventions aux lois et règlements maritimes; (**)

Retenues exercées en cas de congé, sur la solde fixe des divers officiers ou agents appartenant au département de la marine et des colonies;

Un centime par franc pour le transport des fonds privés qui s'effectue au moyen de traites remises à des personnes appartenant à la marine.

Il est fâcheux que nous soyons obligés de nous renfermer dans des limites qui ne nous permettent pas de donner ici l'origine de ces divers revenus, ainsi que l'analyse des dispositions qui les régissent aujourd'hui. Nous ne pouvons que renvoyer à deux documents déjà cités : *l'exposé préparatoire publié en 1831 et le budget de la caisse des invalides pour l'exercice 1852*. Ce dernier document, facile à se procurer, doit être indispensablement consulté.

FORME DES RECETTES. COMMENT ELLES S'EFFECTUENT.

Les recettes de la caisse des invalides s'effectuent, à Paris, sur l'ordonnancement provisoire du directeur des Invalides, et dans les ports, sur l'ordonnancement également-

(*) Les produits de prises dont le montant à répartir donne moins de 3 francs pour la part d'état-major, et moins de 50 centimes pour la part d'équipage, ne sont point mis en répartition; il en est fait recette au profit de la caisse des invalides. (Règlement du 17 juillet 1816, article 62.)

(**) Le directeur de l'enregistrement et des domaines doit adresser, tous les trois mois, au chef du service de la marine, un état des sommes à verser à la caisse des invalides sur mandat du commissaire de l'inscription Maritime qui a engagé les poursuites. (Note mise au bas de la circulaire ministérielle du 21 juin 1831. Bulletin officiel, page 476.)

ment provisoire des commissaires de l'Inscription Maritime. Ces ordonnancements provisoires sont soumis, à des époques périodiques, à une régularisation définitive ou ordonnancement du Ministre de la Marine.

La forme des recettes varie à raison de leur nature qui nécessite, tantôt un simple mandat, tantôt un mandat accompagné de pièces justificatives, d'autres fois, enfin, seulement des états vérifiés ou arrêtés par le commissaire de l'Inscription Maritime, et certifiés ou acquittés par le trésorier. Ainsi :

Les rentes sur le grand-livre sont recouvrées à Paris en vertu des extraits d'inscriptions dont le trésorier général des Invalides est dépositaire;

La retenue de 3 p. % effectuée sur les salaires du personnel de la marine militaire, est l'objet d'un mandat expédié tous les 10 jours, et auquel reste joint un bordereau fourni par le payeur de la marine; ce bordereau, vérifié par le bureau de la comptabilité centrale des fonds, présente le montant des retenues effectuées pendant les 10 jours écoulés; (Circulaire du 11 décembre 1843.)

Les retenues sur les salaires des marins du commerce, c'est-à-dire les droits sur les armements ou désarmements du commerce, donnent lieu aussi à l'expédition d'un mandat accompagné d'un extrait ou imprimé spécial de rôle d'armement, ou d'une copie du rôle du désarmement; (Règlement du 17 juillet 1816, article 43.)

Les retenues sur les salaires des marins déserteurs sont versées à la caisse des invalides au moyen d'un mandat accompagné d'un état dressé par le commissaire aux armements ou certifié par les armateurs, selon qu'il s'agit de déserteurs de la marine militaire ou de la marine commerciale; (Même règlement, articles 45, 49 et 50.)

Les sommes versées à la caisse des invalides, après un certain temps de dépôt, sans réclamation, dans la caisse des gens de mer, ne sont justifiées que par l'état que nous avons déjà dit devoir accompagner le mandat de dépense de la caisse des gens de mer. Cet état est dressé par le bureau de l'Inscription Maritime, s'il s'agit de produits de bris et naufrages, et par le trésorier pour tous autres produits;

Les droits sur les prises font l'objet d'un mandat accompagné d'un extrait de la liquidation arrêtée par le conseil d'administration du port, pour les bâtiments de l'État, et par le tribunal de commerce pour les corsaires; (Règlement du 17 juillet 1816, articles 53 et 55.)

Enfin, parmi les recettes diverses :

1° Les amendes prononcées pour contraventions aux règlements maritimes, sont versées dans la caisse des invalides au moyen d'un mandat accompagné d'un état de liquidation établi par l'administration des domaines; (Dépêche du 15 septembre 1840);

2° Le produit d'un centime par franc, sur les fonds privés que les personnes attachées à la marine versent à la caisse des invalides d'après l'ordonnance du 9 octobre 1837, (*) et qui sont l'objet de l'expédition de traites jaunes de la part des trésoriers, est porté en recette d'après les prescriptions suivantes de la circulaire du 17 octobre 1837 : « Un imprimé spécial, « rempli au bureau de l'Inscription Maritime, est remis à la « partie qui verse les fonds; cet imprimé sert, tout ensemble, « d'autorisation pour la délivrance de la traite jaune, et de

(*) Voyez les dispositions prescrites par la circulaire du 12 février 1834 sur la transmission des fonds privés par la voie des traites jaunes.

« mandat pour la recette à faire, au service invalides, du « produit de la taxe de 1 p. °/₀ à compter au trésorier en sus « du chiffre de la traite. »

CHARGES DE L'ÉTABLISSEMENT DES INVALIDES.

LEURS PRINCIPALES DIVISIONS.

Le règlement du 31 octobre 1840 consacre l'article 242 au développement des charges ou dépenses de la caisse des invalides; l'article 243 ajoute à ces dépenses le montant de la pension représentative de l'Hôtel des Invalides de la guerre, pour tout marin ou militaire du service de la marine admis à l'Hôtel des Invalides.

On trouve, en outre, dans le budget le plus récent sur la caisse des invalides (celui de 1852), la division des dépenses en huit chapitres, et, aussi, dans une colonne d'observations, des détails des plus intéressants sur l'origine de ces dépenses.

Voici les six divisions principales qui ressortent de la comparaison des dépenses de la caisse des invalides dans les deux documents qui viennent d'être cités :

Pensions dites demi-soldes et suppléments alloués en vertu de la loi du 13 mai 1791 ;

Pensions de retraite réglées d'après la loi du 18 avril 1831 ;

Pensions et secours annuels aux veuves et orphelins des maris ou pères compris dans les deux catégories ci-dessus;

Secours variables alloués d'après les principes posés dans la loi du 13 mai 1791, et subside fixé à 6000 francs en faveur de l'hospice de Rochefort, par arrêté consulaire du 9 Messidor an X;

Frais d'administration et de trésorerie pour les trois services *Prises*, *Gens de mer et Invalides*;

Remboursements des dépôts provenant des versements faits par la caisse des gens de mer;

Dépenses diverses, telles que frais de justice, remboursement pour trop perçu, et autres dépenses imprévues.

Toutes les dépenses sont aussi effectuées en vertu de mandats émis par l'administration de la marine, et accompagnés, lorsqu'il y a lieu, de pièces justificatives. Quant aux pensions et demi-soldes, la justification du paiement (*) a lieu au moyen d'états de revue que dressent les commissaires de l'Inscription Maritime, ce qui épargne généralement aux titulaires les formalités et les frais d'un certificat de vie. (Budget.)

COMPTABILITÉ, SURVEILLANCE ET MOUVEMENTS DE FONDS APPARTENANT AUX TROIS CAISSES.

La comptabilité de l'établissement des Invalides a été exclusivement remise, ainsi que nous l'avons déjà dit, dans les attributions du Ministère de la Marine, par l'ordonnance du 22 mai 1816. Elle est tenue à Paris par le trésorier-général; dans les ports, par les trésoriers particuliers, et dans les quartiers obliques de l'Inscription Maritime, par des préposés ou agents des trésoriers particuliers. Ceux ci, dit l'article 258 du règlement du 31 octobre 1840, doivent considérer

(*) Ce paiement est fait au bureau de l'Inscription Maritime, par le trésorier des invalides, en présence des délégués des services exerçant un contrôle habituel sur les actes de ce comptable. C'est là ce qu'on entend par *paiement à la banque*.

comme effectuées par eux-mêmes les opérations de leurs préposés, et en sont seuls responsables envers l'administration.

La surveillance de cette comptabilité, et les mouvements de fonds des trois caisses, sont placés aussi dans les attributions du même département. Afin de rendre cette surveillance plus efficace, c'est-à-dire plus prompte et plus sûre, les commissaires de l'Inscription Maritime tiennent, à *l'exception du livre de caisse*, des registres correspondant à ceux des trésoriers. Ces registres reçoivent la désignation et comprennent les divisions que nous allons indiquer. (Règlement du 31 octobre 1840, article 255.)

CAISSE DES INVALIDES.

JOURNAL DE RECETTE. Numéro d'ordre des mandats; dates des mandats; détail des recettes; excédant de recette du compte de l'exercice précédent;

3 p. °/₀ sur les dépenses de la marine; retenues sur congés; droits sur les armements et désarmements; solde des déserteurs; recettes diverses. (*Ces quatre titres comprennent chacun deux colonnes : l'une pour les sommes qui se rapportent à l'exercice antérieur à l'année du compte, et l'autre pour celles qui se rapportent à l'exercice courant*);

Produits de bris et naufrages non réclamés pendant leur dépôt à la caisse des gens de mer; toutes autres sommes également non réclamées; droits sur les prises; produits d'un centime par franc sur les envois de fonds privés. (*Une seule colonne suffit pour chacun de ces titres dont les opérations ne comportent pas la classification par exercices; circulaire du 3 avril 1838. — Annales maritimes.*)

Total des sommes par exercices (*deux colonnes*); total général.

Journal de dépense. Numéros d'ordre des mandats ; dates des mandats ; détail des dépenses ; excédant des dépenses du compte de l'exercice antérieur ;

Demi-soldes ; pensions et soldes de retraite ; gratifications et secours ; frais d'administration et de comptabilité ; dépenses diverses. (*Chacun de ces titres nécessite deux colonnes, attendu qu'ils comportent la classification par exercice, aux termes de l'article 6 du réglement du 30 septembre 1820*) ;

Remboursements de produits de bris et naufrages ; remboursements de tous autres produits. (*Une seule colonne. Circulaire du 3 avril 1838*) ;

Total des sommes par exercice (*deux colonnes*) ; total général.

Caisses des prises et des gens de mer.

Journal de recette. Numéros d'ordre des mandats ; dates des mandats ; détail des recettes ;

Caisse des prises, se divisant en trois colonnes : Bâtiments de l'Etat ; corsaires ; total ;

Caisse des gens de mer, comprenant: Solde de campagne (bâtiments de l'Etat et navires du commerce) ; mois de famille ou délégations ; parts de prises (bâtiments de l'Etat et navires du commerce) ; gratifications ; solde à terre ou journées d'ouvriers ; réduction de rations ; indemnités pour pertes de hardes ; produits d'inventaires et de successions ; produits de bris et naufrages ; dépôts divers ; total ;

Origine des recettes. (Remises locales et remises des autres ports.)

Journal de dépense. Le journal de dépense comprend les mêmes divisions et les mêmes titres que le journal de recette, à l'exception des indications comprises dans le dernier paragraphe ci-dessus (origine des recettes), qui sont remplacées par celles-ci :

Nature des dépenses. (Paiements manuels ; remises aux autres ports ; versements à la caisse des invalides.)

COMPTES ACCESSOIRES ET COMPTES DE VALEURS DE L'ÉTABLISSEMENT DES INVALIDES.

JOURNAL DE RECETTE. Numéros d'ordre des mandats; dates des mandats; détail des recettes;

Comptes accessoires. (Avances au service marine; dépenses à régulariser; à-compte aux pensionnaires; recettes à régulariser; trésorier général, son compte courant; caisse des chiourmes, *seulement à Brest, à Rochefort et à Toulon*;

Comptes de valeurs. (*) (Préposés du trésorier; rôles d'équipage des navires du commerce; effets à recevoir; droits et dépôts à recouvrer);

La colonne d'observations sert à détailler le compte préposés, par localité.

JOURNAL DE DÉPENSE. Mêmes divisions que le journal de recette.

Au moyen de ces divers livres-journaux, les commissaires de l'Inscription Maritime sont donc à même de surveiller la comptabilité de l'établissement des invalides, tenue par les trésoriers, et de suivre les mouvements de fonds appartenant aux trois caisses.

PÉRIODE DE GESTION.

Le compte du service *Prises*, et celui du service *Gens de mer*, sont établis par gestion annuelle; il en est de même du service *Invalides*, ainsi que des comptes de correspondants et autres relatifs aux opérations de trésorerie. Néanmoins la distinction des exercices est observée, en ce qui concerne spécialement le service *Invalides*, pour les

(*) Nous avons déjà vu, f° 328, que le commissaire de l'Inscription Maritime n'a pas de compte pour suivre spécialement les mouvements de fonds dans la caisse du trésorier.

divers chapitres réputés comporter cette classification. (Voyez le règlement du 30 septembre 1829, la circulaire du 3 avril 1838 et le règlement du 31 octobre 1840, articles 270 et 271.)

La gestion est la durée d'une année; c'est-à-dire la période qui s'écoule du 1er janvier au 31 décembre. (*)

L'Exercice permet d'empiéter au contraire sur l'année suivante, pour liquider, ordonnancer et payer des dépenses afférentes à des services accomplis pendant l'année qui donne son nom à l'exercice.

De là il résulte que, dans une même gestion, se trouvent comprises des opérations se rattachant à deux exercices :

1° A l'exercice antérieur à l'année du compte de gestion, pour le complément des opérations de cet exercice;

2° A l'exercice courant.

D'où ressort la nécessité d'avoir, pour le service de la caisse des invalides, deux colonnes pour une même nature de recette ou de dépense, ainsi que nous l'avons fait remarquer f° 328, en rappelant les divisions que comprennent les registres tenus par les commissaires de l'Inscription Maritime.

Système d'écritures.

« De ce que toute valeur en mouvement part d'un point et « se dirige sur un autre, il résulte que, dans chaque fait de « comptabilité, il y a toujours un compte qui est *dessaisi* ou « *libéré*, et un autre compte qui est *chargé* ou *saisi*.

(*) Voir page 314 le mode de comptabilité de la caisse des gens de mer.

« Cette réciprocité nécessaire a fait établir en principe,
« qu'on ne pouvait jamais énoncer une opération :

« 1° Sans y engager *deux comptes* ;

« 2° Sans *débiter* l'un et *créditer* l'autre.

« Tel est le principe fondamental et unique de la méthode
« des *écritures en parties doubles*. »

(Extrait d'un ouvrage intitulé : *De la comptabilité des dépenses publiques*..)

Cette méthode ou ce système d'écritures a été appliqué à la comptabilité que tiennent les trésoriers des invalides, caissiers des prises et des gens de mer. Une instruction du trésorier général des invalides, datée du 15 décembre 1838 et insérée aux Annales maritimes de la dite année, f° 1121, a tracé des règles précises pour l'application entière de ce système.

Comptes distincts par caisse.

Il n'y a à proprement parler que trois comptes distincts appartenant à l'établissement des Invalides : *Prises*, *Gens de mer* et *Invalides*.

Les autres titres que nous avons présentés, en parlant des enregistrements tenus par le commissaire de l'Inscription Maritime, ne sont que des rouages destinés à faciliter la marche des trois services principaux.

Les uns en effet, *les comptes de valeurs*, ont pour objet de présenter la décomposition de l'encaisse du trésorier.

Les autres, *les comptes accessoires*, reproduisent touts les mouvements de fonds entre le trésorier général et les trésoriers particuliers, ainsi qu'entre ceux-ci et leurs préposés, et le plus souvent par des opérations de recette ou de dépense fictive.

Par exemple, nous avons vu, f° 315, en parlant des remises transitoires, que le trésorier des invalides du port où la remise est effectuée, reçoit du payeur des fonds qu'il encaisse, et qu'aussitôt, sans déboursé d'aucune somme, il en fait dépense au service gens de mer et transmet au port qui doit payer le montant de la remise un virement ou traite blanche sur le trésorier général.

D'un autre côté, le port auquel est adressé le virement, et qui ne reçoit aucune valeur en numéraire, expédie néanmoins un mandat de recette au service gens de mer, et paie ultérieurement le montant des remises.

Ainsi, dans le premier cas, le trésorier qui reçoit les fonds fait dépense en écritures sans faire sortir aucune somme de sa caisse, tandis que, dans le second cas, le trésorier paie le montant des remises sans avoir reçu aucune valeur. Mais les divers termes de la comptabilité ne s'en trouvent pas moins balancés au moyen du compte accessoire: *Trésorier général, son compte courant.*

Les trésoriers particuliers ne sont en effet que les agents ou préposés du trésorier général pour le compte et au nom duquel ont lieu leurs opérations; or, dans l'exemple que nous avons pris, le trésorier qui a reçu les fonds et qui a expédié le virement ou traite blanche sur le trésorier général, après avoir fait dépense au service gens de mer d'une somme qu'il a cependant conservée dans sa caisse, *crédite* le compte du trésorier général du montant de cette traite, c'est-à-dire déclare dans ses écritures qu'il est toujours responsable envers le trésorier général de l'emploi de la somme qu'il a reçue, tandis que le port à qui a été expédié le virement et qui doit payer le montant des remises sans avoir reçu d'argent, a, au moment où il recevait du commissaire de l'Inscription Maritime (voir f° 316) un mandat de recette au compte gens de mer, sans rien encaisser cependant, déchargé ses écritures en portant au *débit* du compte trésorier général le montant du virement dont il doit effectuer le paiement pour son compte.

Les comptes accessoires interviennent aussi dans la comptabilité des trésoriers, lorsque ces comptables ont besoin de fonds pour effectuer quelque paiement manuel.

Le Ministre de la Marine, après s'être concerté avec celui des finances, délègue des lettres de crédit à l'administration des ports; lorsqu'un trésorier a besoin de fonds, le receveur des finances lui en délivre au nom du trésorier général des invalides, sur la présentation d'un mandat expédié par le commissaire de l'Inscription Maritime. Le trésorier fait alors recette de ces fonds dans sa caisse; il *débite* par conséquent le compte caisse, ouvert au grand-livre, par ces mots : *Caisse doit à trésorier général son compte courant*, et *crédite* le compte de ce dernier.

Lorsqu'au contraire un trésorier a dans sa caisse des fonds dont il ne prévoit pas le prochain emploi, il en fait le versement chez le receveur des finances, au nom du trésorier général ; il *débite* alors le compte trésorier général son compte-courant par ces mots : *Trésorier général doit à caisse*, et *crédite* le compte de la caisse d'où sont sortis les fonds versés chez le receveur des finances.

ETABLISSEMENTS ET DIVISIONS DES REGISTRES DE DÉTAIL.

Les exemples que nous venons de donner prouvent la nécessité pour les trésoriers de tenir des écritures détaillées, afin de reproduire d'une manière claire la marche des opérations qu'ils effectuent.

La circulaire déjà citée du trésorier général, en date du 15 décembre 1838, contient tout à la fois des instructions et des modèles sur la tenue de la comptabilité des trésoriers des invalides.

Voici l'indication des registres à tenir par les trésoriers, dont la circulaire précitée donne le modèle :

JOURNAL. On y porte chaque jour toutes les opérations effectuées par le trésorier, de quelque nature qu'elles soient; deux colonnes spéciales, l'une pour la recette et l'autre pour la dépense, font ressortir les mouvements de fonds qui affectent l'avoir en caisse;

GRAND-LIVRE. Un ou plusieurs comptes y sont ouverts : pour chaque service (*Prises*, *Gens de mer et Invalides*); pour chaque compte accessoire (*Recettes à régulariser ; avances au service marine ; trésorier général son compte courant*, *etc*), et pour chaque compte de valeurs (*Caisse ; Rôles d'équipage ; Préposés du trésorier*, *etc*). Chaque compte présente d'un côté le débit et de l'autre le crédit. (*Doit et avoir*).

LIVRES DE DÉTAILS. Un titre y est ouvert pour chacun des chapitres ressortissant aux différents services *Prises*, *Gens de* *mer* et *Invalides*, ainsi qu'aux *comptes accessoires* et aux *comptes de valeur*. (*)

Un titre spécial est ouvert pour les recettes et un titre pour les dépenses.

Selon l'importance des opérations des trésoriers, il peut être tenu un ou plusieurs livres de détail pour un même service ou un même compte; de même, plusieurs comptes peuvent être portés sur un même livre de détail.

Un exemple va nous faire voir la marche à suivre pour passer écritures d'une opération dans une comptabilité en parties doubles.

Prenons le cas le plus simple que nous avons déjà cité, d'une remise locale directe (**) faite par le bureau des armements par exemple, au titre: *Mois de famille* (ou délégations).

Le trésorier des invalides qui reçoit de l'argent du payeur, et en même temps un mandat de recette du commissaire de l'Inscription Maritime, porte sur le livre de détail, à l'article: *Mois de famille*, *recettes*, le développement de la recette effectuée; cette indication est reportée plus sommairement à la fin de la journée sur le journal et, en outre, sur le grand-livre, aux deux comptes ci-après indiqués:

1° Au compte caisse, qui est *débité* du montant de la somme reçue par l'inscription de cette somme au titre: *doit;*

2° Au compte gens de mer, qui est *crédité* de la même somme par son inscription au titre: *avoir*.

(*) Voir, f° 328, la nomenclature de ces chapitres, qui a été donnée en parlant des écritures tenues par le commissaire de l'Inscription Maritime.

Nous savons que ce dernier ne tient pas de livre de caisse, c'est-à-dire de compte spécial pour suivre les mouvements de fonds de la caisse du trésorier.

(**) Voir f° 315.

Lorsque le paiement manuel de ces délégations doit être effectué, chaque paiement donne lieu, de la part du commissaire de l'Inscription Maritime, à l'émission d'un mandat de dépense : *Gens de mer*. Le développement de ce mandat est porté sur le livre de détail, à l'article: *Mois de famille, dépenses* ; puis sur le journal, et, enfin, aux deux comptes ci-après indiqués du grand-livre :

1° Au compte Gens de mer, qui est *débité* du montant du mandat par son inscription au titre : *doit ;*

2° Au compte Caisse, qui est *crédité* de la même somme par son inscription au titre : *avoir*.

LIVRE DE CAISSE. LIVRE DES EFFETS A ÉCHÉANCE.

Le compte Caisse étant un des chapitres ou titres des comptes de valeur, les trésoriers des invalides devraient avoir un livre de détail pour ce compte, c'est-à-dire un *livre de caisse*. Mais nous avons vu que le journal comprenait deux colonnes (Recettes et Dépenses) destinées à faire ressortir tous les mouvements de fonds dans la caisse, et le trésorier général, dans l'instruction ou circulaire précitée du 15 décembre 1838, émet l'avis que les trésoriers des invalides, tenant eux-mêmes leur caisse, peuvent se dispenser d'avoir un livre de caisse, leur journal leur en tenant lieu, et le compte Caisse ouvert au grand-livre servant du reste de contrôle aux mouvements de fonds indiqués sur le journal.

Un des livres de détail des trésoriers comprend un titre pour les *effets à recevoir ;* au *débit* sont inscrits les effets à recevoir, aussitôt leur entrée, et au *crédit* les réalisations de ces valeurs le jour même de leur sortie.

Aux termes des articles 1407 et 1639 de l'instruction générale du ministre des finances en date du 17 juin 1840, les livres d'échéances à tenir par les receveurs des finances ne sont nécessaires que pour les comptables dont l'encaissement des effets à recevoir ou à payer est d'une grande importance.

Il en est de même du compte : *Effets à recevoir* des trésoriers des invalides, dont l'objet est le même que les livres d'échéances des receveurs des finances, et dont on trouve peu d'occasions de faire l'application.

Formalités auxquelles sont soumis ces divers registres.

Aux époques que nous allons indiquer sous l'un des titres suivants, les registres tenus par les trésoriers sont arrêtés par les commissaires de l'Inscription Maritime ; mais préalablement à toute inscription, quelques-uns d'entre eux sont l'objet d'une formalité indispensable. Le journal et les livres de détail sont cotés et paraphés, par premier et dernier feuillet, par le Commissaire-Général de la marine ou par le chef du service de la marine dans les arrondissements ou les sous-arrondissements, et par les commissaires de l'Inscription Maritime dans les quartiers obliques.

Matricules des pensionnaires.

Par qui sont tenus les renseignements et enregistrements qu'elles doivent présenter.

Les pensions accordées à quelque titre que ce soit aux officiers ou agents de la marine, ainsi qu'à leurs veuves ou orphelins, qu'elles aient été réglées d'après la loi du 15 mai

1791 ou d'après celle du 18 avril 1831, sont portées sur un registre intitulé : *Matricules des pensionnaires.*

Ces matricules présentent, pour chaque titulaire de pension, trois parties distinctes :

1° Le nom et les prénoms; le grade au service sur lequel a été réglée la pension, ainsi que la loi qui a servi de base à ce règlement; la date de la concession et la quotité de la pension. On indique en outre, pour les demi-soldiers, les suppléments qui leur sont alloués à raison de l'âge de leurs enfants, et, enfin, pour les veuves des diverses catégories, le nom et les prénoms du mari, ainsi que le nom et les prénoms du père, s'il s'agit d'orphelins;

2° Un tableau contenant diverses colonnes destinées à recevoir, pendant le cours de chaque année, l'enregistrement des paiements trimestriels; une colonne sert à porter le total des quatre trimestres ;

3° Un espace blanc est réservé pour l'apostille des mouvements postérieurs à l'inscription.

Une matricule générale des pensionnaires de la marine est tenue à Paris, à la direction des invalides. (Bureau central des invalides et des pensions.)

Dans chaque quartier, le commissaire de l'Inscription Maritime en tient une particulière pour le quartier qu'il administre, et les ports chefs-lieux de caisse des invalides en tiennent une présentant l'ensemble de touts les pensionnaires des quartiers obliques relevant de la dite caisse. (Règlement du 17 juillet 1816, article 94.) (*)

(*) Les matricules générales tenues au bureau central ont été supprimées. (Circulaire du 27 août 1845.)

Les commissaires de l'Inscription Maritime tiennent à jour la matricule des pensionnaires de leur quartier, et, à cet effet, ils y inscrivent, chaque trimestre, le montant des paiements compris *aux états de revue* et qui ont été effectués à la banque.

Ceux des pensionnaires auxquels les commissaires de l'Inscription Maritime reconnaissent qu'il y a lieu de payer des à-comptes dans le courant d'un trimestre, sont néanmoins compris sur les états de revue de fin de trimestre, qui, accompagnés d'un mandat général, deviennent les pièces de dépense du trésorier des invalides. Ce comptable conserve par devers lui les mandats d'à-compte qui ont été délivrés pendant le cours du trimestre, et que l'état de revue rend inutiles. (Règlement du 17 juillet 1816, article 112.)

Les matricules centrales de chaque chef-lieu de caisse des invalides sont tenues à jour au moyen des états de revue que leur envoient les quartiers obliques, et quant aux extinctions qui peuvent survenir parmi les pensionnaires, elles font, ainsi que nous l'avons vu f° 62, l'objet d'états trimestriels adressés au port chef-lieu de caisse que nous venons d'indiquer, et qui est chargé de former, pour le ministère, un état général concernant tout le personnel pensionné relevant de la même caisse.

Arrêté des registres du trésorier. Epoques auxquelles cette opération doit avoir lieu; a qui elle est confiée. Constatation de la situation de caisse.

Chaque trésorier des invalides doit arrêter ses divers registres de comptabilité à la fin de chaque mois. (Règlement du 31 octobre 1840, article 256), en présence du commissaire de l'Inscription Maritime et d'un officier du corps du contrôle, qui se transportent le 1er de chaque mois chez le trésorier, pour procéder à cette opération.

A la même époque, les trésoriers des invalides établissent une situation contenant le relevé sommaire, par service et par chapitre, des opérations de recette et de dépense effectuées, pendant le mois expiré, au titre de chacun des services prises, gens de mer et invalides, ainsi que des comptes accessoires et des comptes de valeur. (Règlement du 31 octobre 1840, article 259.)

Afin que les trésoriers des invalides puissent comprendre dans leur situation le montant de la situation de leurs préposés, de la même manière que le trésorier général comprend dans la sienne les situations des trésoriers particuliers, les commissaires de l'Inscription Maritime, dans les quartiers obliques, arrêtent, dès le 25 de chaque mois, les écritures des préposés et les bordereaux constatant la situation de leur caisse.

Ces divers arrêtés mensuels, pour les onze premiers mois de l'année, ne donnent lieu à d'autres écritures qu'à la formation, par les préposés, des bordereaux en triple expédition, dont nous venons de parler, et par les trésoriers, qu'à la production des situations de caisse mentionnées également ci-dessus. Ces situations sont dressées en cinq expéditions : Ministre, Trésorier général, Commissaire de l'Inscription Maritime, Bureau central, Trésorier; elles sont certifiées par le dit trésorier, vérifiées par le commissaire de l'Inscription

Maritime et par le chef du bureau central, et visées par le Commissaire-Général et par le contrôleur.

L'arrêté des écritures au 31 décembre donne lieu en outre à l'établissement, par le commissaire de l'Inscription Maritime, d'un procès-verbal très-détaillé présentant l'énumération de toutes les valeurs dont le trésorier est débiteur; (*) les résultats des mouvements opérés depuis le commencement du mois pour les divers services que nous avons déjà indiqués : Prises, Gens de mer, Invalides, Comptes accessoires et Comptes de valeurs; le soin apporté par le comptable dans la tenue de ses écritures. (Circulaire du 30 avril 1825.) (**)

Les procès-verbaux de vérification, établis pour le dernier mois de l'année, sont signés tant par le trésorier que par les fonctionnaires qui procèdent chaque mois à l'arrêté des écritures, et ces procès-verbaux sont produits en un même nombre d'expéditions que les situations de caisse.

VÉRIFICATIONS INOPINÉES DES ÉCRITURES ET DE LA CAISSE DES TRÉSORIERS.

Indépendamment des vérifications mensuelles dont nous venons de parler, il est procédé chaque année à des vérifi-

(*) Une circulaire du 29 mars 1825 rappelle le soin avec lequel il doit être procédé à l'énumération scrupuleuse des espèces, tant pour les vérifications mensuelles que pour les vérifications inopinées.

(**) Dans les quartiers où ne sont que des préposés des trésoriers, (quartiers obliques) les commissaires de l'Inscription Maritime dressent aussi un procès-verbal constatant la situation de la caisse et des écritures des préposés. Ces procès-verbaux comprennent quelquefois des opérations consommées dans les quartiers obliques, mais qui ne sont pas encore parvenues à la connaissance du trésorier dont dépendent les préposés; alors le commissaire de l'Inscription Maritime du chef-lieu de caisse, en même temps qu'il dresse le procès-verbal en cinq expéditions dont nous parlons en cet instant, établit un *état de rapprochement* également en cinq expéditions. Cette disposition est applicable aux vérifications inopinées. (Circulaire du 30 avril 1825.)

cations inopinées ordonnées par l'autorité maritime, et qui doivent être effectuées le jour même où l'ordre de les faire parvient dans les quartiers, à moins que ce ne soit un jour férié. (Règlement du 17 juillet 1816, article 100; circulaire du 30 avril 1825.)

Ces vérifications ont lieu dans la même forme et sont constatées de la même manière que les vérifications ordinaires du mois de décembre dont nous venons de parler.

Le ministre des finances a aussi la faculté de faire vérifier la caisse générale à Paris (*), et les caisses particulières dans les ports, par les inspecteurs des finances, qui doivent préalablement donner avis à l'administration de la marine du jour et de l'heure de ces vérifications.

Les administrateurs de la marine doivent être présents à ces vérifications extraordinaires, afin de seconder les agents du trésor qui constatent le résultat de leur vérification dans un procès-verbal établi sur un imprimé particulier. (Règlement du 31 octobre 1840, article 261.)

Epoques auxquelles il doit être procédé a la régularisation des recettes et des dépenses de la caisse des invalides.

Mode a suivre.

Nous avons vu que l'établissement des invalides comprend trois services distincts dont nous avons parlé successivement: caisse des Prises, caisse des Gens de mer et caisse des Invalides.

(*) Les dispositions établies dans les ports pour les inspections mensuelles et pour les inspections inopinées sont entièrement applicables à la caisse générale. Ces vérifications sont faites par le directeur des invalides ou par un chef de bureau qu'il est autorisé à déléguer pour le représenter. (Règlement du 17 juillet 1816, article 121.)

Le mode de reddition des comptes de ces trois services diffère essentiellement.

Le compte annuel du service *Prises* se rend seulement par gestion ; il ne comprend que les recettes et les dépenses effectuées du 1er janvier au 31 décembre.

Ce compte est établi en trois expéditions (*) et certifié par le trésorier ; il est soumis à la vérification du commissaire de l'Inscription Maritime et du chef du bureau central, et visé par le commissaire général. Il doit être parvenu à Paris dans les 5 premiers jours du mois de mars, accompagné des mandats de recette et de dépense, et de toutes les autres pièces justificatives (Règlements des 30 septembre 1829, article 11, et 31 octobre 1840, article 266.)

Le compte annuel du service *Gens de mer*, comme le compte du service *Prises*, est rendu par gestion et comprend seulement les opérations effectuées du 1er janvier au 31 décembre. Il est divisé en deux parties :

Première partie : Remises antérieures à l'année du compte, sur lesquelles il restait au premier janvier des paiements ou des versements à faire ;

Deuxième partie : Remises faites pendant l'année du compte.

Chacune de ces parties fait ressortir les opérations par chapitre, en indiquant le port d'où proviennent les remises ;

(*) Il doit être fourni trois expéditions des comptes et des états en demande d'ordonnances : la première pour le bureau central du chef-lieu d'arrondissement ou de sous-arrondissement ; la deuxième pour le ministère, et la troisième pour le trésorier général qui la joint à l'appui du compte général soumis à l'examen de la cour des comptes. (Circulaire du 27 août 1845.)

on y indique aussi, d'une manière distincte, les trois catégories de dépense : *Paiements manuels ; Remises de port à port, et Versements à la caisse des Invalides.*

Ce compte est établi en trois expéditions par le trésorier qui en certifie l'exactitude Il est vérifié par le commissaire de l'Inscription Maritime, au moyen des pièces justificatives et de ses enregistrements particuliers ; le bureau central procède aussi à une vérification détaillée, dont les résultats sont consignés dans un procès-verbal signé par le chef de ce bureau et visé par le commissaire général. (Règlement du 30 septembre 1829, article 19.)

Le compte du service gens de mer, accompagné du procès-verbal mentionné ci-dessus, est adressé à Paris à la même époque que celui du service prises ; mais les pièces justificatives, au lieu d'être transmises à Paris, sont déposées au bureau de l'Inscription Maritime. (Même règlement, article 18.)

Avant de parler de la caisse des invalides, il est nécessaire de dire que, pour les *comptes accessoires*, il n'est pas rendu de compte proprement dit. Le trésorier établit seulement, pour chacun des comptes, un bordereau présentant :

Le solde créditeur ou débiteur au 31 décembre de la gestion précédente ;

Le montant des recettes et des dépenses de la gestion pour laquelle le bordereau est produit ;

Le total ;

Le montant des recettes ou des dépenses à déduire ;

Le solde créditeur ou débiteur au 31 décembre ;

La composition de ce solde.

Ces bordereaux sont vérifiés au bureau du commissaire de l'Inscription Maritime et au bureau central; ils sont visés par le commissaire général et, comme toutes autres pièces se rattachant à quelque partie que ce soit du service des commissaires de l'Inscription Maritime, ils sont visés ou vérifiés par le contrôleur. (Circulaires des 27 août 1845 et 23 décembre 1846.)

Les résultats présentés par ces bordereaux doivent être en concordance avec ceux de la situation au 31 décembre.

Quant au compte *Chiourmes*, il n'est pas établi sous la forme d'un simple bordereau, mais il présente le compte général des recettes et des dépenses; ce compte est examiné par le conseil d'administration du port, qui constate le résultat de son examen dans une délibération qui est adressée au Ministre. (Règlements des 24 janvier 1825, article 13, et 30 septembre 1829, article 38.)

Les formalités que nous avons indiquées avant de parler des comptes accessoires, comprennent toutes celles auxquelles sont soumis les comptes du service Prises et du service Gens de mer.

La caisse des *Invalides* nécessite des écritures plus compliquées, et d'autant plus importantes que ses opérations n'étant définitivement consacrées que par l'ordonnancement ministériel, les formalités que nous allons indiquer sont destinées à obtenir cette consécration ou régularisation définitive.

Les trésoriers des invalides établissent, à cet effet, des *états en demande d'ordonnances* ou bordereaux sommaires présentant succinctement les motifs des recettes et des dépenses, ainsi que leur montant.

Chacun des chapitres de la caisse des Invalides fait l'objet d'un semblable état en 3 expéditions. (*) L'une est destinée au trésorier général, et on y joint les pièces justificatives originales (Règlement du 17 juillet 1816, article 104); les deux autres (Ministre et bureau central de l'Inscription Maritime) doivent être appuyées d'ampliations des mêmes pièces. (Règlement du 17 juillet 1816, article 103.)

Les états en demande d'ordonnances sont accompagnés d'un bordereau général indiquant le nombre de ces états, le nombre des pièces à l'appui, et le montant de chacun des dits états; ce montant est totalisé séparément pour les recettes et pour les dépenses, et présente ainsi le chiffre total de tous les états en demande d'ordonnances. (Règlement du 30 septembre 1829, article 37.)

La caisse des invalides compte par gestion; mais la distinction des exercices étant applicable à divers chapitres de cette caisse, ainsi que nous l'avons indiqué f° 328, il y a nécessité de rendre, pour ce service, d'abord des comptes qui comprennent les opérations effectuées pendant la durée de la gestion, c'est-à-dire pendant l'année qui donne son nom à l'exercice, et, en outre, des comptes particuliers pour les opérations complémentaires qui ont eu lieu sur le même exercice, pendant la gestion ou l'année suivante.

Les comptes ou états en demande d'ordonnances de la première partie (comptes de gestion), sont arrêtés au 31

(*) Circulaire du 27 août 1845.

décembre et doivent être parvenus à Paris du 1er au 5 du mois de mars. (Règlements des 30 septembre 1829, article 27, et 31 octobre 1840, article 266.) Les comptes de la deuxième partie, ou comptes complémentaires, doivent être arrêtés pour les dépenses au 31 juillet, et pour les recettes au 5 septembre, afin qu'on puisse y comprendre les 3 p. % à verser par le payeur de la marine sur les derniers paiements qu'il a exécutés (Circulaire du 14 novembre 1850, réglant l'application à la comptabilité des invalides du décret du 11 août même année qui abrège de deux mois la durée légale de l'exercice); ces comptes de la deuxième catégorie doivent parvenir à Paris du 15 au 20 août pour les dépenses et du 15 au 20 septembre pour les recettes. (*)

Les ordonnances que délivre le Ministre de la marine, après examen des états de demandes que nous venons d'indiquer, sont adressées au trésorier général pour être jointes, avec les pièces à l'appui, au compte qu'il a à rendre. Il transmet des extraits de ces ordonnances aux trésoriers particuliers.

Il est donné avis de l'expédition des ordonnances ministérielles au chef-lieu de chaque arrondissement ou sous-ar-

(*) Les chefs-lieux de *caisses* obliques établissent les mêmes états que les chefs-lieux d'arrondissement ou de sous-arrondissement, et les adressent au bureau central de l'un de ces derniers chefs-lieux. Après vérification, le bureau central en conserve deux expéditions : l'une pour lui-même, l'autre pour le ministre; la 3e est renvoyée au commissaire de l'Inscription Maritime, qui la remet au trésorier chargé de la transmettre directement au trésorier général avec les pièces originales à l'appui.

rondissement, pour servir à la régularisation des écritures administratives, comme les ordonnances elles-mêmes servent à la régularisation des écritures comptables. (Règlement du 17 juillet 1816, article 105.)

Indépendamment des états dont nous venons de parler et qui sont destinés à obtenir les ordonnancements définitifs du ministre, les trésoriers des invalides établissent, pour la caisse des Invalides, un compte de gestion comme pour les deux autres services Prises et Gens de mer.

Ce compte présente toutes les opérations effectuées du 1er janvier au 31 décembre, avec la distinction de celles de ces opérations qui se rapportent à l'exercice antérieur à l'année du compte, et de celles qui concernent l'exercice auquel l'année pour laquelle le compte est établi donne son nom. Il est certifié par le trésorier; vérifié par le commissaire de l'Inscription Maritime et par le bureau central; visé par le commissaire général et le contrôleur, et transmis à Paris en même temps que les états en demande d'ordonnances pour les opérations qui se rattachent à cette même gestion; c'est-à-dire que ce compte doit être, comme tous les autres, parvenu à Paris du 1er au 5 mars. (Règlement du 31 octobre 1840, article 266.)

Au moyen des comptes produits par les trésoriers particuliers, et qu'il réunit à son propre compte, le trésorier général dresse un compte général comprenant toutes les recettes et toutes les dépenses de l'établissement des Invalides, se rattachant à une même gestion, tant pour les services *Prises*, *Gens de mer* et *Invalides*, que pour les comptes de correspondants (comptes accessoires) et les comptes de trésorerie. (Même règlement, articles 269 et 270.) (*)

Ce compte général, dans lequel la distinction des exercices est observée en ce qui concerne spécialement le service *Invalides*, pour les divers chapitres qui comportent cette classification, est certifié par la commission de surveillance (commission supérieure des invalides), et visé par le ministre, qui déclare que le dit compte comprend toutes les recettes faites dans la gestion et toutes celles qui devaient l'être. Il est ensuite soumis, avec les ordonnances de régularisation à l'appui, (**) et dans les 6 mois de la clôture de de la gestion, à l'examen et au jugement de la cour des comptes. (Même règlement, articles 273, 276 et 278.)

Le compte général de gestion, pour toutes les opérations effectuées du 1er janvier au 31 décembre, et un relevé des écritures pour les opérations du service Invalides qui, comportant la classification par exercice, ne sont achevées que dans les premiers mois de l'année suivante, forment les éléments du compte administratif distribué chaque année à l'Assemblée nationale, et imprimé à la suite du compte général du département de la marine et des colonies. (Lois des 15 mai 1818, article 22; 9 juillet 1836, article 7.)

(*) Voir les articles 274 et 275 de ce même règlement pour la contexture du compte général.

(**) Les ordonnances de régularisation délivrées par le ministre pour les opérations de l'exercice courant, et les ordonnances délivrées pour les opérations de l'exercice antérieur à l'année du compte.

§ 6.

DES PENSIONS.

Les pensions, dans la marine, sont réglées par une législation très-compliquée ; indépendamment d'une partie puisée dans le département de la guerre (Décret du 2 février 1808, relatif aux employés du ministère ; loi du 11 avril 1831, spéciale à l'armée de terre,) et rendue applicable à la marine, ce dernier département est particulièrement régi par la loi du 18 avril 1831, calquée en grande partie sur celle du 11 du même mois, et par la loi du 13 mai 1791 qui accorde des pensions dans des cas qui ne trouvent leur équivalent dans aucun autre département ministériel.

Cette dernière loi, par cela même qu'elle comprend, dans la fixation des pensions, des services tout particuliers, des services rendus à bord des bâtiments du commerce, et même à bord des bateaux de pêche, est encore aujourd'hui l'objet de certains doutes en ce qui concerne son application à tel ou tel cas, bien qu'elle ait déjà, ou, peut-être, parce qu'elle a eu jusqu'à ce jour une durée de plus de 60 ans. Aussi me trouverai-je forcé de me renfermer strictement dans les limites des questions posées dans le programme, et de ne faire connaître que ce qui a été formellement décidé, afin de ne pas me trouver en contradiction avec des décisions qui pourraient surgir peu de jours après la publication de la pensée que j'aurais émise.

Un manuel détaillé des actes qui régissent les pensions de l'armée de terre a été publié en 1831 ; il fait partie de la collection du journal militaire qu'il est toujours facile de consulter. Ce manuel comprend treize divisions, parmi lesquelles se trouve, du f° 53 au f° 72, un recueil des solutions relatives à l'application de la loi du 11 avril 1831.

Mais un document publié plus récemment, et qui contient la législation en vigueur en matière de pension dans les départements ministériels de la guerre et de la marine, doit être indispensablement étudié par ceux qui veulent acquérir des connaissances plus étendues en semblable matière ; c'est le 8e volume de l'ouvrage intitulé : *Droit et législation des armées de terre et de mer, par Durat-Lasalle.*

Le même auteur avait déjà publié, en 1839, un autre ouvrage intitulé : *Code de l'officier*, et qui peut d'autant plus avantageusement suppléer le manuel des pensions cité plus haut, qu'il comprend la législation relative non-seulement aux pensions de l'armée de terre, mais aussi celle qui concerne spécialement les pensions de l'armée de mer.

PENSIONS DITES DEMI-SOLDE.

Les pensions dites demi-solde ne doivent pas tant être considérées comme des rémunérations de services rendus, que comme une compensation des charges qui pèsent sur les gens de mer. En effet, le temps passé à bord des bâtiments du commerce, pendant que les marins ne font qu'exercer leur industrie, donne les mêmes droits à la demi-solde que le temps de service à bord des bâtiments de l'Etat ; lorsqu'en outre les marins ont atteint le nombre d'années déterminé pour l'obtention de cette demi-solde, aucun accroissement de service, même à l'Etat, ne vient en augmenter le taux.

Une circulaire du 31 mars 1835 a bien précisé quelles sont les catégories d'individus auxquelles la loi du 18 avril 1831 ou celle du 13 mai 1791 doit être appliquée.

Ainsi, y est-il dit, sont placés sous l'empire de la loi du 18 avril 1831, savoir :

1° De plein droit, les officiers de vaisseau, les officiers du génie, d'administration, de santé, et généralement les officiers et autres agents entretenus, désignés au tarif de la dite loi ; (*)

2° Et, par assimilation aux entretenus, conformément à l'ordonnance du 12 mars 1826, les officiers auxiliaires, les maîtres non entretenus, seconds maîtres, quartiers-maîtres et matelots, soit lorsqu'ils ont été blessés, soit lorsqu'ils ont complété à bord, ou dans une position comprise au tarif de la nouvelle loi, les 25 ans exigés de service à l'Etat ; (**)

3° Les contre-maîtres, aides et ouvriers des professions maritimes (charpentiers, perceurs, calfats et voiliers), après 25 ans de service effectif à l'Etat, et lorsqu'ils ont 50 ans d'âge (***) ou des infirmités dûment constatées. (Ordonnances des 5 octobre 1844 et 24 novembre 1848.)

(*) Les officiers et soldats des troupes de la marine sont traités d'après la loi du 11 avril 1831, sauf les avantages particuliers attachés à l'embarquement ou au service dans les colonies. (Articles 1er et 25 de la loi du 18 avril 1831.)

(**) Le temps passé par tous officiers ou marins sur les paquebots-postes de la Méditerranée est assimilé au service de l'Etat. (Ordonnance du 23 février 1839, article 171.)

(***) Dans tous les cas, le droit des veuves leur est acquis par le seul fait des 25 ans de service des maris ; il en est de même du droit des orphelins. (Ordonnance du 24 novembre 1848, article 2, § 2.)

Quant à la loi du 13 mai 1791, elle s'applique, comme par le passé :

1° Aux officiers auxiliaires, officiers-mariniers, matelots et ouvriers classés servant alternativement sur les vaisseaux ou dans les arsenaux de l'Etat, et sur les navires du commerce ou les bateaux de pêche ;

2° Aux ouvriers des arsenaux de toutes professions non classées. Ces pensions prennent pour base le montant des salaires les plus élevés dont on a joui pendant deux ans dans le cours de sa carrière, (dépêche du 5 août 1843) y compris les suppléments moyens fixés, par l'arrêté ministériel du 22 février 1849, à 40 centimes pour les contre-maîtres, aides et ouvriers, et à 20 centimes pour les apprentis et journaliers. (Ordonnance du 24 novembre 1848, article 3) ; (*)

3° Et généralement aux non entretenus, aux salariés de toute classe qui, n'étant pas compris au tarif de la loi du 18 avril 1831, ne peuvent pas invoquer l'application de cette loi, mais conservent le droit d'être traités d'après la loi du 13 mai 1791. (**)

BASES D'APRÈS LESQUELLES SONT ACCORDÉES LES PENSIONS DITES DEMI-SOLDE.

CONDITIONS D'AGE ET DE NAVIGATION.

Ainsi que nous venons de le dire, le temps passé sur les

(*) La disposition qui fixe les suppléments moyens n'est applicable qu'aux directions ou services dont les ouvriers sont payés d'après les bases fixées par l'arrêté du 22 septembre 1848. (Circulaire du 29 octobre 1849. Bulletin officiel, page 687.)

Par une circulaire du 22 juin 1849, rappelée dans une autre en date du 31 octobre 1850, il est prescrit d'indiquer, sur les mémoires de proposition de pension et certificats de service, la paie afférente à chaque grade, pour les personnes dont la pension prend sa base dans le chiffre de la solde.

(**) C'est ainsi que doivent être traités, aux termes de la circulaire du 6 août 1834 (Annales maritimes, page 806), les écrivains de la marine; leur demi-solde est basée sur les salaires les plus élevés dont ils ont joui, pendant au moins deux ans, dans le cours de leur carrière. (Voyez encore, dans le même sens, une dépêche du 9 janvier 1850, Pensions.)

bâtiments du commerce et les services rendus à l'Etat, servent concurremment de bases à la concession des demi-soldes.

Lors donc qu'un marin, ouvrier ou autre non entretenu ou non assimilé, âgé de 50 ans accomplis, justifie de 25 ans de service dans les arsenaux, ou de navigation tant sur les navires du commerce que sur les bâtiments de l'Etat, il a droit à une pension dite demi-solde. (Ordonnance du 12 mars 1826, article 4.)

Le taux de cette pension est ainsi déterminé par le règlement annexé à la loi du 13 mai 1791 :

Ceux dont la paie au service était au-dessous de 27 francs, reçoivent une demi-solde mensuelle de . . . 8 fr. 00 c.

Ceux dont la paie était de	27 à 36 fr.	reçoivent	10	00
d°	39 à 48 fr.	d°	12	50
d°	51 à 63 fr.	d°	15	00
d°	66 à 81 fr.	d°	18	00

Ceux dont les appointements ou la solde d'activité excédait 81 francs par mois, reçoivent le quart du dit traitement ou solde. (*)

Les capitaines au long-cours et les maîtres au cabotage ont été l'objet d'une ordonnance spéciale en date du 10 mai 1841 ; en voici l'analyse : (**)

Capitaines au long-cours. A 50 ans d'âge, et après 25 ans de services mixtes (*dont* 2 ans sur les bâtiments de l'Etat, en qualité d'enseigne de vaisseau auxiliaire, *ou* dont six années de commandement au long-cours ou au cabotage), ils ont droit à la pension dite demi-solde, accordée aux enseignes de vaisseau

(*) Pour ceux dont la paie se trouve comprise entre les chiffres 36 à 39, 48 à 51, ou 63 à 66, on prend pour base de la pension les chiffres qui se rapprochent le plus de la paie au service.

(**) Voir, pour l'application, le rapport au Roi qui précède l'ordonnance.

auxiliaires par la loi de 1791 ; ceux qui ne remplissent pas l'une des deux conditions indiquées ci-dessus entre parenthèses, obtiennent la pension réglée, d'après la même loi, pour les maîtres de timonnerie de 1re classe.

Maîtres au cabotage. A 50 ans d'âge, et après 25 ans de services mixtes (*dont* 12 ans de commandement pour le cabotage, *ou* un temps, qui n'est pas déterminé, à la paie de pilote-côtier de 1re classe sur les bâtiments de l'Etat), ils ont droit à la pension dite demi-solde des dits pilotes-côtiers de 1re classe ; ceux qui ne remplissent pas l'une de ces deux dernières conditions obtiennent la pension de pilote-côtier de 2e classe.

CAS DANS LEQUEL LES PENSIONNAIRES ONT DROIT A UN SUPPLÉMENT MENSUEL.

LIMITE DANS LAQUELLE UN SECOURS MENSUEL PEUT ÊTRE ACCORDÉ A CHACUN DE LEURS ENFANTS.

Lorsqu'un pensionnaire de la catégorie de ceux dont nous nous occupons en cet instant a accompli l'âge de 60 ans, (ordonnance du 5 octobre 1844) ou bien encore lorsque des blessures ou des infirmités (*contractées au service de l'Etat* (*)) le mettent hors d'état de travailler (règlement annexé à la loi du 13 mai 1791, articles 3 et 6), il reçoit, indépendamment de sa demi-solde, un supplément mensuel de 6 francs, porté même à 9 francs si sa solde d'activité au service a été supérieure à 81 francs par mois.

En outre, chaque enfant au-dessous de l'âge de 10 ans

(*) Ainsi a-t-il été jugé par décision en date du 9 juin 1851, laquelle prescrit en outre de ne proposer pour la pension dite demi-solde que des marins âgés de 50 ans, lors même qu'avant cet âge ils auraient été mis hors d'état de pourvoir à leur subsistance par suite d'évènements survenus à bord d'un navire du commerce.

Cette décision a encore été confirmée par une dépêche ministérielle adressée au port de Rochefort sous la date du 31 juillet 1850. (Invalides.)

donne droit à son père demi-soldier à un supplément mensuel de 2 francs ou 3 francs, selon que le père a joui, pendant son activité, d'une solde inférieure ou supérieure à 81 francs par mois. (*) Ces suppléments sont payés aux veuves pensionnées, après le décès de leur mari.

NATURE DES SERVICES QUI DONNENT DROIT A LA PENSION.

COMMENT LA PETITE PÊCHE DOIT ÊTRE COMPTÉE DANS LA SUPPUTATION DES SERVICES.

Les services rendus à l'Etat, soit dans les arsenaux, soit à bord des bâtiments armés, soit même dans l'armée de terre et dans la partie active des douanes, (décision ministérielle du 15 novembre 1850), ainsi que le temps passé à bord des navires du commerce affectés aux voyages de long-cours, de grandes pêches ou de cabotage, donnent des droits égaux à la pension dite demi-solde. (**)

Le temps passé à la petite pêche ne compte que pour les trois quarts de sa durée effective (Ordonnance du 29 mai

(*) En dehors des suppléments dont nous venons de parler, et qui sont une amélioration de pension, les ouvriers de l'Inscription Maritime, employés dans les arsenaux, soit en qualité de contre-maîtres, aides ou ouvriers, et réunissant, tant eux que leur père, quarante années de services dans les 5 grands ports militaires, reçoivent, tant qu'ils sont en activité, pour chacun de leurs enfants au-dessous de l'âge de 8 ans, un supplément mensuel de 3 francs. Les propositions d'allocation de ces suppléments sont établies trimestriellement par le commissaire de l'Inscription Maritime; l'état de proposition, appuyé de pièces justificatives des services et des actes de naissance, est soumis à la sanction du Ministre. (Lois des 12 février et 8 juin 1872; dépêche du 28 décembre 1821.) Ce secours, aux termes de la dépêche de 1821, est même continué aux enfants jusqu'à l'âge de 8 ans, si le père meurt étant en activité et sans laisser de droits à la pension à sa veuve ou à ses orphelins.

(**) Compte, comme service effectif, le temps de captivité à l'ennemi pour les individus pris sur les bâtiments de l'Etat ou sur les corsaires. (Ordonnance du 22 janvier 1824.)

1828); néanmoins, 6 ans de services à bord des bâtiments de l'Etat ou dans les corps dépendant de la marine, (*) compris dans les 25 ans de services mixtes, exigés pour la demi-solde, font compter, pour sa durée effective, le temps passé à la petite pêche. (Ordonnance du 9 octobre 1837.)

Quant à la navigation faite dans l'intérieur des fleuves et rivières, et qui ne donne pas lieu à un prélèvement en faveur de la caisse des invalides, elle n'est pas comptée aux marins dans le nombre d'années exigé pour la demi-solde. (Dépêche du 22 pluviôse an XIII.)

Les services qui donnent lieu au paiement d'une prestation en faveur de la caisse des invalides sont, en principe, les seuls qui ouvrent des droits à une rémunération payée des fonds de la dite caisse. (Edit de 1720, article 19, titre VI; circulaire du 12 octobre 1835; annales maritimes, page 797.) (**)

AGE A PARTIR DUQUEL COMPTENT LES SERVICES POUR LES MOUSSES ET POUR LES APPRENTIS.

Pour les mousses, les services comptent à partir de l'âge de 10 ans; c'est en effet à cet âge que les enfants du littoral commencent généralement à naviguer dans les embar-

(*) Le temps de captivité à l'ennemi, pour les individus faits prisonniers sur un bâtiment de l'Etat ou dans un des corps de la marine, compte pour la même valeur. (Circulaire du 24 novembre 1837.)

(**) Il y a exception pour les services rendus dans d'autres départements ministériels, ou lorsqu'après un naufrage, le produit des débris du navire ou du fret des marchandises sauvées ne suffit pas pour payer la prestation acquise sur les salaires des marins de l'équipage. (Voir f° 283.)

cations employées à pêche côtière ou petite pêche. Les apprentis ouvriers employés dans les arsenaux de l'Etat ne peuvent faire compter leurs services qu'à partir de l'âge de 16 ans. (Circulaire du 14 septembre 1832.) (*)

Droits de la veuve d'un marin en jouissance de la pension ou ayant des droits a y prétendre.

Droits des Orphelins.

Les droits des veuves sont déterminés par l'article 7 de la loi du 13 mai 1791 ; celles dont les maris sont morts en jouissance d'une demi-solde ou en possession de droits à l'obtention d'une demi solde, reçoivent la moitié de ce que leur mari avait obtenu ou aurait pu obtenir. Mais il est mis une condition d'âge à l'obtention de cette concession ; il faut que la veuve soit âgée d'au moins 40 ans, à moins qu'elle n'ait à sa charge un ou plusieurs enfants issus de son mariage avec le marin décédé. (Décision royale du 14 mars 1830, notifiée par dépêche du 17 avril même année.) (**)

(*) Il est sans doute bien su que les services sur les chantiers de construction des navires du commerce n'étant l'objet d'aucun prélèvement en faveur de la caisse des invalides, ne donnent aucun droit à une pension ni même à des secours.

(**) On peut remarquer que la loi de 1791 est muette en ce qui concerne l'époque à laquelle a dû être contracté le mariage ; l'âge de 40 ans est la seule condition restrictive mise à l'obtention d'une pension de veuve de demi-soldier. Or, en présence de la loi du 18 avril 1831, qui ne permet d'accorder de pension aux veuves d'officiers que si leur mariage a été contracté deux ans avant la cessation d'activité ou la mise en retraite du mari, le Ministre de la Marine a, par dépêche du 30 juin 1835 (Annales maritimes, page 575), déclaré qu'on ne pouvait se prévaloir de la loi de 1791 pour une pension en faveur des veuves d'officiers qui, régies par la loi de 1831, auraient contracté mariage moins de deux ans avant la cessation d'activité de leur mari et se trouveraient, pour cette cause, privées de pension, si, d'ailleurs, aucun enfant n'était issu de leur mariage.

Ces dispositions ont été confirmées par une dépêche du 9 février 1841 (Annales maritimes, page 280), qui veut que les veuves ne soient traitées que d'après la législation qui était applicable à leur mari.

A défaut de leur mère, les orphelins d'un demi-soldier jouissent d'une indemnité annuelle fixée, pour chacun d'eux, par l'article 9 de la loi de 1791, au tiers de la demi-solde de leur père; cette indemnité est retirée à chacun des enfants au fur et à mesure qu'ils atteignent l'âge de 14 ans accomplis.

L'article 8 du règlement annexé à la loi du 13 mai 1791, permet encore d'accorder au père ainsi qu'à la mère d'un marin décédé en possession de droits à la demi-solde, ou en jouissance de la dite demi-solde, le tiers de ce qu'aurait ou de ce qu'avait obtenu leur fils.

DES FORMES D'ADMISSION A LA DEMI-SOLDE.

COMMENT ET PAR QUI SONT DRESSÉS LES ÉTATS ET MÉMOIRES DE PROPOSITIONS A LA DEMI-SOLDE.

DE LA TRANSMISSION DE CES MÉMOIRES.

FORMALITÉS A REMPLIR PAR L'ADMINISTRATEUR EN CHEF DU SOUS-ARRONDISSEMENT, ET PAR LE CONTRÔLEUR.

Les propositions générales d'admission à la demi-solde ont lieu chaque année dans les divers quartiers de l'Inscription Maritime, à l'époque du 15 novembre, afin que le travail d'ensemble de chaque sous-arrondissement soit parvenu à Paris à la fin de décembre. (Dépêche du 4 septembre 1839.)

Les syndics des gens de mer doivent signaler, d'après leurs matricules, les marins ou ouvriers qui réunissent les conditions exigées pour l'obtention d'une demi-solde; les commissaires de l'Inscription Maritime, sur l'avis des syndics, et d'après les indications consignées sur leurs propres matricules, (*) réunissent toutes les pièces justificatives des services des marins, en consultant les rôles des bâtiments désarmés dans leur quartier, ou en réclamant de leurs collègues et des commissaires aux revues, aux armements et aux travaux, les certificats de la navigation faite sur les navires du commerce, ou des services rendus dans les divers corps de la marine, à bord des bâtiments armés ou dans les arsenaux de la marine. (Circulaire du 15 septembre 1835, Annales maritimes, page 683.)

Ces documents, qui doivent faire l'objet de réclamations journalières de la part des commissaires de l'Inscription Maritime, mettent ces fonctionnaires à même de former, pour chaque marin ou ouvrier, un *mémoire* de proposition présentant toutes les indications comprises dans le modèle annexé à la circulaire du 9 septembre 1834, insérée aux Annales maritimes, f° 625.

Cette même circulaire comprend, en outre :

Un modèle de *mémoire* de proposition pour l'admission à la pension de veuve ;

Un modèle de *mémoire* de proposition pour l'obtention d'une gratification ou d'un secours ;

Un modèle d'*état* de proposition de demi-solde en faveur de marins ou d'ouvriers, ou de pension en faveur de leurs veuves, pères, mères ou orphelins ;

Un modèle d'*état* de proposition de pension en faveur de veuves ou orphelins dont les maris ou pères sont morts en jouissance d'une demi-solde ;

(*) Les apostilles consignées sur les matricules, à l'article de chaque marin, ne peuvent servir que de renseignements pour arriver à la constatation des services. (Circulaire du 14 septembre 1832.)

Un modèle d'*état* de proposition de gratifications ou secours en faveur de marins, ouvriers, ou veuves, orphelins, pères et mères.

Chacune des parties intéressées (marins, ouvriers, veuves, orphelins, pères ou mères, fait l'objet d'un des mémoires de proposition compris dans les modèles indiqués ci-dessus; ces mémoires, formés au moyen des indications recueillies, comme nous l'avons dit, par les commissaires de l'Inscription Maritime, sont accompagnés des pièces justificatives dont la nomenclature détaillée accompagne la circulaire du 15 septembre 1835. (Annales maritimes, page 683.) (*)

Un état de proposition, pour chacune des catégories que nous avons indiquées, présente le résumé des mémoires correspondants, et forme, pour ainsi dire, un bordereau qui accompagne les mémoires de proposition.

Ces divers documents sont adressés, par les commissaires de l'Inscription Maritime, au commissaire-général ou au chef

(*) Une dépêche ministérielle du 4 septembre 1838 a statué, en matière de proposition de pensions, comme il avait été fait antérieurement pour les paiements de décomptes de solde, (circulaires des 7 septembre 1827 et 16 mai 1837), qu'il n'y avait pas lieu d'exiger de jugement déclaratif du décès, mais qu'il suffisait de soumettre à l'approbation du ministre les procès-verbaux de disparition ou autres actes donnant la preuve administrative du décès des marins embarqués.

Quand, en outre, des navires du commerce ou bateaux de pêche sont présumés avoir péri corps et biens, sans qu'il ait été possible de recueillir de renseignements positifs, il faut :

Un certificat du commissaire de l'Inscription Maritime, énonçant que le navire ou bateau est réputé avoir sombré en mer, et qu'il y a eu radiation sur le registre de la douane et sur celui de la marine, avec paiement, s'il y a lieu, par les assureurs, du prix du navire;

Un avis favorable du Commissaire-Général, ou du chef du service de la marine dans les sous-arrondissements;

Un certificat du syndic des gens de mer, constatant que le marin objet de l'enquête n'a ni reparu ni donné de ses nouvelles depuis la dernière sortie du bâtiment. (Circulaire du 23 août 1842, Annales maritimes, page 925.)

du service maritime de l'arrondissement ou du sous-arrondissement dont ils relèvent. Ils sont soumis à l'examen du contrôle et à la vérification du bureau central, et le résultat de cet examen et de cette vérification est consigné dans des colonnes spéciales, sur les états de propositions, dont la transmission a lieu ensuite à Paris, avec les mémoires de proposition et les pièces justificatives.

La direction des invalides est alors appelée à examiner de nouveau le travail de chaque sous-arrondissement, et, après révision par le conseil d'Etat (comité des finances de la guerre et de la marine), le Ministre arrête définitivement les états de proposition, provoque le décret de concession des pensions, expédie les brevets dans les ports et donne les ordres pour le paiement des arrérages. (*)

Nous venons d'indiquer, d'une manière générale, l'époque de la transmission à Paris des propositions établies dans les quartiers et vérifiées dans les chefs-lieux d'arrondissements ou de sous-arrondissements maritimes; mais, indépendamment du travail d'ensemble fait en fin d'année, le minis-

(*) Quant aux propositions de secours, le Ministre statue en dernier ressort sur leur allocation; un fonds est mis annuellement à sa disposition, pour cet objet.

Une circulaire en date du 17 octobre 1837 recommande de ne faire de proposition, pour la même personne, que tous les trois ans, à moins de circonstances tout-à-fait exceptionnelles.

Une autre circulaire, en date du 14 août 1847, rappelle que les secours sont personnels; en cas de mort du titulaire, il n'y a pas lieu à reversibilité, à moins que le Ministre consulté ne fasse une concession en faveur des héritiers, s'il a été constaté, au préalable, que le marin décédé était à la charge des dits héritiers, ou que ces derniers ont eu à payer des frais de maladie ou d'inhumation.

Les secours ne sont saisissables dans aucun cas. (Règlement du 31 octobre 1840, article 113.)

tre ayant autorisé l'établissement de propositions supplémentaires, nous allons indiquer les époques précises de transmission de chaque nature de proposition, prescrites par le ministre dans ses circulaires des 4 septembre 1830 et 21 août 1847.

Ainsi :

Le travail général arrêté dans les quartiers le 15 novemvembre, pour parvenir à Paris avant le 31 décembre, et *comportant arrérages du 1er janvier de l'année suivante,* (excepté pour les veuves des titulaires de demi-soldes, qui sont admises à toucher un rappel à dater du lendemain du décès de leur mari — Ordonnance du 9 octobre 1837, article 2, comprend :

Les propositions de toute naure, tant de demi-soldes, que de pensions et de secours réglés en vertu de la loi du 13 mai 1791, pour les droits ou les besoins qui sont justifiés avant les 15 novembre.

Le travail spécial *avec rappel d'arrérages*, établi vers le 15 mai, pour parvenir à Paris vers le 15 juin, après avoir été revêtu, comme le travail général, de l'avis du port chef-lieu, comprend :

1° Les syndics des gens de mer que leur âge ou leurs infirmités empêchent de rester en activité ; (Circulaire imprimée du 21 août 1847, n° 163); (*)

2° Les ouvriers et autres placés sous le régime de la loi de 1791, qui sont congédiés d'office par suite de licenciement, ou pour cause d'infirmités régulièrement constatées qui ne leur permettent plus de faire un bon service ; (Même circulaire) ; (*)

(*) Aux termes de la circulaire du 21 août 1847, les propositions relatives à ces deux premières catégories peuvent même être faites pendant tout le cours de l'année.

3° Les veuves ou orphelins dont les droits se sont ouverts depuis le 15 novembre de l'année précédente; (Même circulaire);

4° Les pères et mères des marins tués dans les combats;

5° Les demandes de supplément de six ou neuf francs, pour les demi-soldiers qui ont atteint l'âge de 60 ans;

6° Les demandes de supplément de deux ou trois francs, pour les enfants au-dessous de 10 ans; ces secours comptent de la date de la naissance de l'enfant, à moins que, par suite de la négligence des parents, la production de l'acte de naissance n'ait eu lieu que plus de six mois après la naissance. Dans ce dernier cas, le rappel n'a lieu qu'à partir de l'époque de la production de l'acte;

7° Les propositions de secours en faveur du père et de la mère des marins noyés ou qui ont péri par accident sur les bâtiments d'Etat (*), et des veuves ou, à défaut, du père et de la mère des marins tombés à la mer, ou morts victimes d'accidents éprouvés sur les bâtiments du commerce, lorsqu'il est certifié, d'ailleurs, pour le père et la mère, que le marin décédé était réellement leur soutien. (Circulaire du 4 septembre 1839.)

Propositions d'urgence en faveur des veuves des marins morts ou disparus a la mer.

Les dernières propositions que nous avons comprises ci-dessus, dans la 7me catégorie du travail du 15 mai, sembleraient répondre à cette question; mais il est un autre cas (celui du naufrage d'un bâtiment du commerce) où les propositions de secours sont réellement faites par urgence, suivant les prescriptions de la circulaire du 8 novembre 1836.

(*) La veuve, dans ce cas, a droit à une pension d'après la loi du 18 avril 1831.

Le ministre, en effet, après avoir rappelé les termes d'une circulaire du 9 septembre 1834 (*), ajoute que, sur le premier avis d'un sinistre constaté, les commissaires de l'Inscription Maritime des quartiers où résident les familles des marins noyés doivent se faire remettre, par les syndics des gens de mer, ou, à défaut, par les maires, les éléments nécessaires pour la rédaction d'un état en demande de secours; cet état, arrêté sous la seule certification des commissaires de l'Inscription Maritime, fait connaître les noms du marin noyé, ceux de la veuve et des orphelins, s'il en existe au-dessous de l'âge de 16 ans qui ne soient pas embarqués, et, enfin, à défaut de veuve, les noms du père et de la mère, si le marin noyé était leur soutien.

PENSIONS DE RETRAITE.

PENSIONS MILITAIRES POUR ANCIENNETÉ DE SERVICE.

Les pensions militaires ou pensions de retraite, pour ancienneté de service, régies par la loi du 18 avril 1831, spéciale à la marine, et par celle du 11 du même mois, spéciale à la guerre et appliquée aux corps organisés de la marine, diffèrent des pensions dites demi-soldes, en ce qu'elles sont réellement la récompense des services rendus à l'État pendant un certain nombre d'années.

(*) Lorsque des marins ont trouvé la mort dans le naufrage d'un navire du commerce, les ports sont autorisés à faire en tout temps des propositions d'urgence; le ministre désire même que ces propositions soient rapprochées le plus qu'il est possible de l'époque du sinistre qui y donne lieu. (Circulaire du 9 septembre 1834.)

L'allocation pour veuve d'un matelot noyé dans le naufrage d'un navire du commerce est fixée à 50 francs; pour chaque orphelin au-dessous de 16 ans, le taux de l'allocation est fixé à 25 fr., et pour le père et la mère à 50 fr. (Circulaire du 15 janvier 1838.)

DROITS A LA PENSION POUR LES DIFFÉRENTS CORPS DE LA MARINE. (*)

Le droit à la pension est acquis, pour les officiers de marine et pour les marins de touts grades, à 25 ans accomplis de service effectif.

Dans les autres corps de la marine, le même droit est acquis à 30 ans accomplis de service effectif. Toutefois, les individus de ces derniers corps qui ont 6 ans de navigation sur les vaisseaux de l'Etat, ou 9 ans tant de navigation sur les dits vaisseaux que de service dans les colonies (**), ont également droit à la pension après 25 ans de service effectif. (Loi du 18 avril 1831, article 1er.)

AGE A PARTIR DUQUEL PEUVENT COMPTER LES SERVICES OUVRANT DES DROITS A LA PENSION.

C'est à partir de l'âge de 16 ans que commencent à compter, dans la marine, les services ouvrant des droits à la pension de retraite. Toutefois, le service des militaires entrés dans la marine leur est compté pour le temps antérieur à cette admission, d'après les lois qui régissent les pensions de l'armée de terre, (***) en les faisant, en même

(*) Voir, fo 333, l'analyse de la circulaire du 31 mars 1835, qui indique quels sont les individus placés sous l'empire de la loi du 18 avril 1831.

(**) Cette mesure n'est applicable qu'aux individus envoyés d'Europe, et non à ceux qui ont toujours servi aux colonies. (Loi du 18 avril 1831, article premier.)

(***) Les années de service, pour la pension militaire de retraite dans l'armée de terre, se comptent de l'âge où la loi permet de contracter un engagement volontaire. (Loi du 11 avril 1831, article 2.)

Les hommes entrés au service par appel ou engagement ont droit de faire comprendre dans leurs services, pour la retraite, le temps écoulé depuis l'époque de leur mise en route, s'ils sont arrivés au corps dans les délais réglementaires. (Instruction du 20 septembre 1831.)

temps, bénéficier des avantages du service à la mer et aux colonies pour acquérir des droits à la pension après 25 ans de service. (Lois du 18 avril 1831, articles 2 et 3.)

La navigation faite de l'âge de 10 à 16 ans, antérieurement à la promulgation de la loi de 1831, est, à titre de mesure transitoire, comptée comme temps effectif de service (même loi, article 31); dans tous les autres cas, c'est-à-dire postérieurement à la loi de 1831, la navigation faite de l'âge de 10 à 16 ans, tant sur les bâtiments de l'Etat que sur ceux du commerce, n'est comptée que comme bénéfice de campagne, pour sa durée effective. (Même loi, article 7, § 10.)

SERVICES ÉTRANGERS A LA MARINE. (*) TEMPS PASSÉ DANS LES ÉCOLES.

Le temps passé dans un service civil qui donne droit à pension est compté, pour la pension de retraite, pourvu que la durée des services dans le département de la marine soit, au moins, ou de 20 ans en France, ou de 10 ans dans les colonies pour les individus envoyés d'Europe. (Même loi, article 4.) (**)

(*) Pour les services rendus antérieurement à loi de 1831, hors des armées nationales, voyez le Manuel des pensions de l'armée de terre f°s 68 à 72. (Collection du Journal militaire), et le Code de l'officier, de Durat-Lasalle. (3e partie, f° 197.)

(**) Le *service civil* qui donne droit à pension, et qui peut être compté avec les services militaires, est celui qui, directement au compte de l'Etat, a été rétribué sur les fonds généraux du trésor public, par un traitement annuel et fixe déterminé soit par des commissions ou lettres de service, soit par des règlements administratifs.

Sont réputés *services militaires*, pour la pension militaire de retraite, les services qui ont eu lieu dans l'un des grades ou emplois spécifiés aux tarifs des pensions de l'armée de terre ou de l'armée de mer, annexés aux lois des 11 et 18 avril 1831.

(Solutions n°s VI et XII de l'administration de la guerre. — Manuel des pensions, et Code de l'officier, 3e partie, f°s 184 et 185.

Il est compté quatre années de service effectif, à titre d'études préliminaires, aux élèves de l'école polytechnique, au moment où ils entrent dans les corps de la marine; les élèves de la marine comptent aussi, comme service effectif, le temps passé à l'école navale à partir de l'âge de 16 ans. (Même loi, article 5.)

BÉNÉFICES DE CAMPAGNE; COMMENT COMPTÉS.

La loi du 11 avril 1831, sur les pensions de l'armée de terre, étant, aux termes de l'article 23 de la loi du 18 avril 1831, applicable aux troupes de la marine, nous allons indiquer, distinctement, le mode de compter les bénéfices de campagne d'après les prescriptions de chacune des deux lois.

Loi du 18 avril 1831, sur les pensions de l'armée de mer.

Aux termes de l'article 7, les officiers, marins et autres qui ont le temps de service à l'Etat exigé pour la pension d'ancienneté, (25 années effectives ou 30, selon le cas,) sont admis à compter *en sus* les bénéfices de campagne d'après les règles suivantes :

POUR LA TOTALITÉ EN SUS DE SA DURÉE EFFECTIVE, le service qui a été fait :

En temps de guerre maritime, à bord d'un bâtiment de l'Etat;

En temps de guerre, à terre, soit dans les colonies françaises, soit sur d'autres points hors d'Europe pour les individus envoyés d'Europe;

Le temps de captivité pour les individus faits prisonniers sur les bâtiments de l'Etat, ou sur les prises faites par les bâtiments de l'État;

Les voyages de découvertes ordonnés par le gouvernement.

24.

Pour moitié en sus de sa durée effective, le service fait :

En paix maritime à bord d'un bâtiment de l'Etat ; (*)

En temps de paix, à terre, soit dans les colonies françaises, soit sur d'autres points hors d'Europe pour les individus envoyés d'Europe.

Pour sa durée simple (**), le service fait, en temps de guerre, à bord d'un bâtiment armé en course, ainsi que le temps de captivité en cas de prise.

Pour moitié de sa durée effective, le service fait, en guerre comme en paix, sur les bâtiments ordinaires du commerce, y compris les bateaux et les embarcations qui font la petite pêche.

Dans la supputation des bénéfices attachés aux campagnes, on compte pour une année entière la campagne dans laquelle l'officier, marin ou autre a été blessé et mis hors de service.

En tout autre cas, on suppute le temps écoulé à partir de la mise en rade jusqu'à la rentrée dans un port de France, et sur cette période, le mois commencé est compté comme

---

(*) Le conseil d'Etat, dans sa séance du 2 mars 1850, a décidé que le temps à bord du vaisseau-école comptait comme navigation avec bénéfices de campagne (Bulletin officiel de 1850, n° 33, page 289); il doit en être de même du temps sur les stationnaires. (Circulaire du 7 novembre 1850, même bulletin officiel.)

Le temps de traversée, pour les officiers embarqués comme passagers sur les bâtiments de l'Etat ou sur ceux du commerce, et provenant de bâtiments naufragés, ou dont le retour en France a été autorisé pour cause de maladie, doit être considéré aussi comme temps de service à la mer, avec les bénéfices qu'entraîne tout embarquement sur les bâtiments de l'Etat. A plus forte raison, cette disposition est applicable à ceux qui se rendent, *par ordre*, de France aux colonies ou sur tout autre point, pour y remplir un service quelconque. (Circulaire du 23 février 1837. — Annales maritimes, page 220.)

(**) Ainsi que nous l'avons déjà dit, dans tous les cas de navigation soit à l'Etat, soit au commerce, les services rendus de l'âge de 10 à 16 ans, depuis la promulgation de la loi de 1831, sont comptés pour leur durée effective, mais à titre de bénéfice seulement.

fini. Néanmoins, si le retour à la mer s'effectue immédiatement, il ne peut être compté qu'une année de bénéfice pour chaque période de douze mois, plus le mois commencé lors du désarmement.

Le service tant sur les bâtiments armés en course, que sur les navires ordinaires du commerce, n'est compté que du jour du départ du bâtiment pour sa destination ; il ne comprend ni le temps de l'équipement, ni celui de la relâche dans un port de France, toutes les fois que cette relâche a excédé 15 jours. (Loi du 18 avril 1831, article 8.)

Loi du 11 avril 1831, sur les pensions de l'armée de terre.

Aux termes de l'article 7, les militaires qui ont le temps de service à l'Etat exigé pour la pension d'ancienneté (30 ans accomplis de service effectif), sont admis à compter *en sus* les années de campagne d'après les règles suivantes :

POUR LE DOUBLE EN SUS DE SA DURÉE EFFECTIVE, le service fait en temps de guerre, hors d'Europe, pour les militaires envoyés d'Europe.

POUR LA TOTALITÉ EN SUS DE SA DURÉE EFFECTIVE, le service militaire qui a été fait :

Sur le pied de guerre ;

En temps de paix ou de guerre, dans un corps d'armée occupant un teritoire étranger ;

En temps de guerre maritime, à bord des bâtiments armés ;

En temps de paix, hors d'Europe, pour les militaires envoyés d'Europe ;

Le temps de captivité des militaires prisonniers de guerre.

POUR MOITIÉ EN SUS DE SA DURÉE EFFECTIVE, le service fait :

En temps de guerre maritime, sur la côte;

En temps de paix, le service militaire à bord des bâtiments armés.

Dans la supputation des bénéfices attachés aux campagnes, chaque période, dont la durée aura été moindre de 12 mois, sera comptée comme une année accomplie; néanmoins, il ne peut être compté plus d'une année de campagne dans une période de 12 mois. La fraction qui excédera chaque période dont la durée aura été de plus d'une année, sera comptée comme une année entière. (Loi du 11 avril 1831, article 8.)

Fixation de la pension d'ancienneté. Temps de service donnant droit au minimum de la pension pour les différents corps.

Le tarif annexé à chacune des lois des 11 et 18 avril 1831, indique le chiffre de la pension à allouer aux officiers, marins et autres, pour ancienneté de service.

Dans la première colonne de ces tarifs figure le chiffre du minimum acquis par les officiers de la marine, les marins ou *les ouvriers des professions maritimes* (Loi du 24 novembre 1848), après 25 ans de service effectif, et par les individus des autres corps de la marine après 30 ans, à moins qu'ils ne justifient de six années à la mer ou de neuf années aux colonies. (Loi du 18 avril 1831, article 9)

Comment compte chaque année de service effectif ou de campagne en sus du minimum. Comment s'obtient le maximum.

Chaque année de service effectif, au-delà de 25 ou 30

ans, selon le corps, et chaque année de campagne supputée comme nous l'avons dit sous le titre : *Bénéfices de campagne*, ajoutent à la pension un vingtième de la différence du minimum au maximum.

Le maximum de la pension s'obtient donc après 45 ou 50 ans de services effectifs, ou bien lorsqu'après avoir acquis 25 ou 30 ans (selon le corps) de services effectifs, on justifie, en outre, de 20 autres années tant de services effectifs que de campagnes calculées comme il a été dit plus haut.

Position sur laquelle se règle la pension. Conditions imposées pour avoir droit au cinquième en sus de la pension.

La pension de retraite, aux termes de l'article 10 de la loi du 18 avril 1831, se règle sur le grade dont l'officier est titulaire. Si, néanmoins, il demande sa retraite avant d'avoir au moins deux ans d'activité dans ce grade, (*) la pension se règle sur le grade immédiatement inférieur. (**)

L'officier qui a, au contraire, douze ans accomplis d'activité dans le grade sur lequel la pension est réglée (*), reçoit le

---

(*) Il n'est pas nécessaire que les deux années d'activité dans le grade aient été consécutives; il en est de même des douze années exigées pour l'obtention du 5e en sus. (Solution de l'administration de la guerre. — Manuel des pensions, et code de l'officier.)

(**) Les maîtres entretenus mis en retraite entre leur 25e et leur 30e année de service, ont droit à la pension correspondant au grade immédiatement inférieur. Tout maître, contre-maître ou aide, qui termine son temps de service dans une position inférieure, est retraité d'après le temps total de son service, et pour le plus haut grade dans lequel il a fonctionné deux ans au moins. (Loi du 24 novembre 1848, article 5.)

cinquième en sus du chiffre de sa pension, quel qu'en soit le taux, minimum ou maximum. (*) Cette disposition est applicable aux sous-officiers, quartiers-maîtres ou caporaux, ainsi qu'aux gendarmes ayant douze ans de service dans la gendarmerie. (**) Elle est également applicable aux maîtres, contre-maîtres et aides-contre-maîtres de toutes professions employés dans les arsenaux (Loi du 24 novembre 1848.)

Pensions des magistrats et fonctionnaires de l'ordre judiciaire et de l'ordre civil aux colonies.

Comment réglées.

L'article 24 de la loi du 18 avril 1831 dit que les pensions des magistrats et autres fonctionnaires de l'ordre judiciaire, attachés au service des colonies, sont, à parité d'offices, (***) réglées sur les mêmes bases, et fixées au même taux que celles des magistrats employés en France, sauf le bénéfices résultant, comme pour les divers corps de la marine, de l'envoi de France aux colonies.

(*) Ce bénéfice n'est pas accordé aux trésoriers des invalides, aux professeurs d'hydrographie, aux greffiers des tribunaux, et généralement à tous ceux qui ne sont pas assimilés aux militaires par les lois organiques de leurs corps. (Circulaire du 11 août 1845.)

Cependant ceux de ces individus qui, indépendamment de 12 années de grade, justifieraient de six ans de navigation à l'Etat, ou de neuf ans de service aux colonies, pourraient obtenir le bénéfice du 5e en sus. (Circulaire du 18 septembre 1835.)

(**) Les sous-officiers, brigadiers et gendarmes peuvent, aux termes de l'ordonnance du 20 janvier 1841, obtenir la retraite du grade dont ils étaient titulaires dans l'armée. (Voyez cette ordonnance dans le 8e volume de Durat-Lasalle, f° 4.)

(***) La parité d'office entre les magistrats et autres fonctionnaires de l'ordre judiciaire attachés aux colonies, et ceux qui sont employés en France, a été réglée par un arrêté du 28 mars 1849, auquel sont annexés deux tableaux d'assimilation. (Bulletin officiel, page 365.)

La même règle d'assimilation s'applique aux fonctionnaires civils des colonies, autres que ceux qui sont compris dans l'organisation du département de la marine en France, pourvu que ces fonctionnaires soient rétribués sur les deniers publics. (*)

Durat-Lasalle, dans la notice historique et législative qui précède le huitième volume de l'ouvrage qu'il a publié sur le droit et la législation des armées de terre et de mer, dit, au fº 119, que lorsqu'il s'agit de liquider la pension d'un magistrat ou de tout fonctionnaire civil des colonies, on suppute ses années de service d'après les principes posés dans la loi du 18 avril 1831, et, une fois les services comptés et arrêtés, on a recours, pour la fixation de la pension, aux règles qui régissent les pensions de ces mêmes magistrats ou fonctionnaires, ou de ceux qui leur sont assimilés en France.

PENSIONS POUR CAUSE DE BLESSURES OU D'INFIRMITÉS.

CONDITIONS IMPOSÉES POUR QUE LES BLESSURES OU INFIRMITÉS DONNENT DROIT A LA PENSION DE RETRAITE.

Les blessures donnent droit à la pension de retraite, lorsqu'elles sont graves et incurables, et qu'elles proviennent d'évènements de guerre ou d'accidents éprouvés dans un service commandé.

(*) La parité d'office des divers fonctionnaires des colonies qui n'appartiennent pas à l'ordre judiciaire, n'ayant pas été réglée dans les tableaux annexés à l'arrêté du 28 mars 1849, un décret en date du 12 juin 1851 (Bulletin officiel, page 467) a comblé cette lacune.

Les infirmités donnent les mêmes droits, lorsqu'elles sont graves et incurables, et qu'elles sont reconnues provenir des fatigues ou des accidents du service. (Loi du 18 avril 1831, article 12.)

Formes et délais dans lesquels les blessures ou infirmités doivent être justifiées.

Les causes, la nature et les suites des blessures ou infirmités seront justifiées dans les formes et délais qui seront déterminés par un règlement d'administration publique, dit l'article 12, § 3, de la loi du 18 avril 1831.

Ce règlement a en effet paru, sous la date du 26 janvier 1832; nous en donnerons l'analyse sous le titre : *Dispositions générales; formes et délais dans lesquels sont justifiées les causes, la nature et les suites des blessures ou infirmités ouvrant des droits à la pension de retraite.*

Cas dans lesquels les blessures ou infirmités ouvrent un droit immédiat a la pension.

Cas moins graves.

Les blessures ou infirmités, provenant des causes qui ont été énoncées plus haut, ouvrent un droit immédiat à la pension, si elles ont occasionné la cécité, l'amputation ou la perte absolue de l'usage d'un ou de plusieurs membres. (Loi du 18 avril 1831, article 13.)

Dans les cas moins graves, elles ne donnent lieu à la pension que sous les conditions suivantes :

1° Pour l'officier, si elles le mettent hors d'état de rester en activité et lui ôtent la possibilité d'y rentrer ultérieurement ;

2° Pour tout individu au-dessous de rang d'officier, si elles le mettent hors d'état de servir et de pourvoir à sa subsistance. (Même loi, article 14.)

Fixation de la pension.

Cas dans lesquels les blessures ou infirmités donnent droit au minimum de la pension d'ancienneté, quelle que soit la durée des services.

Supputation des campagnes.

La fixation des pensions de retraite, pour cause de blessures ou d'infirmités, est déterminée par les articles 15 à 18 de la loi du 18 avril 1831, et par le tableau annexé à la dite loi.

On y reconnaît trois divisions principales :

Cécité, amputation d'un ou de deux membres, ou perte absolue de l'usage de deux membres. Pour l'un de ces cas on obtient le maximum de la pension du grade dont on est titulaire, quelle que soit la durée des services ;

Blessures ou infirmités graves qui occasionnent la perte absolue de l'usage d'un membre, ou qui y sont équivalentes. Ici on obtient le minimum de la pension du grade, quelle que soit aussi la durée des services, et chaque année de services, y compris les campagnes, ajoute un vingtième de la différence du minimum au maximum ; le maximum est acquis à vingt ans de service, campagnes comprises ;

Blessures ou infirmités moins graves qui mettent dans l'impossibilité de rester au service, avant d'avoir accompli le temps exigé pour le droit à la pension d'ancienneté. Dans ce cas, on obtient le minimum de la pension du grade dont on est titulaire ; mais ce minimum n'est augmenté que pour chaque année de service au-delà de vingt-cinq ou de trente ans, selon le corps, campagnes comprises.

Le maximum n'est donc acquis qu'à quarante-cinq ou cinquante ans de service, campagnes comprises.

La pension, dans les trois catégories que nous venons d'indiquer, se règle sur le grade dont l'officier, marin ou autre est titulaire, et le bénéfice du cinquième est acquis à ceux qui ont douze ans dans leur dernier emploi.

PENSIONS DES VEUVES ET ORPHELINS.

CIRCONSTANCES DANS LESQUELLES LE DÉCÈS DU CHEF DE FAMILLE OUVRE DROIT A PENSION EN FAVEUR DE SA VEUVE OU DE SES ENFANTS.

Ont droit à une pension les veuves ou, à défaut de veuves, les orphelins des officiers, marins ou autres morts dans une des circonstances ci-après indiquées :

1° Tués dans un combat ou ayant péri dans un service commandé ou requis ;

2° Ayant péri sur les bâtiments de l'Etat ou dans les colonies, et dont la mort a été causée, soit par des évènements de guerre, soit par des maladies contagieuses ou endémiques, aux influences desquelles ils ont été soumis par les obligations de leur service ;

3° Morts des suites de blessures reçues, soit dans un combat, soit dans un service commandé ou requis ;

4° Morts en jouissance d'une pension de retraite ou en possession de droits à cette pension. (Loi du 18 avril 1831, article 19.)

CONDITIONS IMPOSÉES A LA VEUVE.

Pour que les bénéfices indiqués dans le *troisième* cas rappelé au titre précédent, soient acquis aux veuves ou aux orphelins, il faut que le mariage soit antérieur aux blessures qui ont amené la mort.

Pour les bénéfices indiqués dans le *quatrième* cas, il faut que le mariage ait été contracté deux ans (*) avant la cessation de l'activité du mari, ou qu'il y ait eu un ou plusieurs enfants issus du mariage antérieur à cette cessation.

Dans tous les cas, le mariage contracté par les officiers ou autres, en activité de service, n'ouvre de droits à la pension, en faveur des veuves et des enfants, qu'autant qu'il a été autorisé dans les formes prescrites par les décrets des 16 juin et 3 août 1808. (Loi du 18 avril 1831, article 19.)

Cas où la veuve perd ses droits a la pension.

Particularité relative aux enfants dans ce cas.

En cas de divorce, de séparation de corps, de perte de ses droits civils ou de disparition, la veuve d'un officier, marin ou autre ne peut prétendre à aucune pension.

Les enfants, s'il y en a, sont considérés comme orphelins. (Même loi, article 20; Instructions du Ministre de la guerre.)

Secours annuel a payer aux enfants pendant leur minorité, après le décès de leur mère.

Reversibilité de ce secours.

Après le décès de la mère ou lorsque, par l'effet des causes indiquées au § précédent, elle se trouve déchue de ses droits, l'enfant ou les enfants mineurs reçoivent,

(*) Voir la note du f° 359, pour les veuves qui ne justifient pas de ces deux ans de mariage.

quel que soit leur nombre, un secours annuel égal à la pension dont la mère était titulaire, ou qu'elle aurait été susceptible d'obtenir.

Au fur et à mesure que chacun des enfants atteint l'âge de vingt-et-un ans accomplis, sa part est reversible sur les autres mineurs ; le secours s'éteint lorsque le plus jeune a lui-même accompli l'âge de la majorité (Même loi, article 21)

Fixation de la pension ; comment établie.

La pension des veuves ou, à défaut de veuves, la pension des orphelins, est fixée, par l'article 22 de la loi du 18 avril 1831, au *quart du maximum* de la pension d'ancienneté affectée au grade dont le père ou mari était titulaire, quelle que fût la durée de son activité dans ce grade.

Pensions des veuves des Amiraux.

Pensions des veuves des marins et autres au-dessous du grade d'officier.

La pension des veuves des amiraux est fixée, par le § 2 de l'article 22 de la loi du 18 avril 1831, à six mille francs. (*)

Celle des veuves des marins ou autres au-dessous du grade d'officier ne peut être moindre de cent francs.

(*) Dans les cas non prévus par la loi de 1831, où il y aurait lieu de récompenser des services éminents ou extraordinaires, les pensions ne pourraient être accordées que par une loi spéciale. (Loi du 18 avril 1831, article 25.)

DISPOSITIONS GÉNÉRALES.

CARACTÈRE DES PENSIONS DE L'ARMÉE DE MER; SUR QUELS FONDS PAYÉES?

Les pensions de l'armée de mer sont, comme celles de l'armée de terre, personnelles et viagères; mais elles diffèrent de ces dernières en ce qu'au lieu d'être inscrites comme dettes de l'Etat au livre des pensions du trésor public, elles sont payables, comme dette de l'Etat aussi, il est vrai, mais sur la caisse spéciale des Invalides de la Marine. (Loi du 18 avril 1831, article 26.)

POURVOI CONTRE LA LIQUIDATION D'UNE PENSION DE RETRAITE. — DÉLAI DANS LEQUEL IL DOIT ÊTRE FORMÉ, SOUS PEINE DE DÉCHÉANCE.

Tout pourvoi contre la liquidation d'une pension de retraite doit être formé, à peine de déchéance, dans les trois mois à partir du jour du premier paiement des arrérages, pourvu qu'avant ce premier paiement les bases de la liquidation aient été notifiées. (Même loi, article 27.)

Durat-Lasalle, au f° 75 de son 8e volume, indique la marche à suivre en cas de pourvoi contre la liquidation d'une pension. Ce pourvoi, y est-il dit, s'exerce en conseil d'Etat par le ministère d'un avocat au conseil.

Mais, indépendamment du recours au conseil d'Etat, qui leur est réservé dans les délais déterminés par la loi de 1831, les parties intéressées peuvent, préalablement, adresser au Ministre, par voie de simple pétition, les demandes de redressement d'erreurs matérielles qu'elles croiraient avoir reconnues.

CAS DANS LEQUEL UNE PENSION DE RETRAITE EST SUSPENDUE.

Le droit à la jouissance ou à l'obtention d'une pension de retraite, dit l'article 28 de la loi du 18 avril 1831, est *suspendu* : (*)

Par la condamnation à une peine afflictive ou infamante, pendant la durée de la peine ;

Par les circonstances qui font perdre la qualité de Français, durant la privation de cette qualité ;

Par la résidence hors du territoire français, sans l'autorisation du chef du pouvoir exécutif, lorsque le titulaire de la pension est Français ou naturalisé Français. (**)

DU CARACTÈRE INCESSIBLE ET INSAISISSABLE DES PENSIONS DE RETRAITE.

EXCEPTIONS ; PROPORTION DES RETENUES A EXERCER.

Les pensions de retraite et leurs arrérages sont incessibles et insaisissables, excepté dans le cas de débet envers l'Etat, ou dans les circonstances prévues par les articles 203 et 205 du code civil. (***)

(*) Application de cette disposition doit être faite aux pensions réglées d'après la loi du 13 mai 1791. (Dépêche du 29 octobre 1839.)

(**) Une ordonnance royale du 11 septembre 1832, notifiée dans les ports par une circulaire du 12 octobre 1832, prescrit les obligations auxquelles sont soumis les pensionnaires de la Marine qui veulent résider ou qui résident en pays étranger.

Une annotation imprimée, qui existe en marge de tous les brevets de pension, fait connaître, aussi, que toute pension qui n'est pas réclamée pendant 3 années consécutives est censée éteinte ; elle ne peut être rétablie postérieurement que sur la justification des motifs de l'absence. (Règlement du 17 juillet 1816, article 135.) La même note marginale indique les délais dans lesquels les héritiers d'un pensionnaire sont tenus d'adresser leurs réclamations.

(***) Voir : 1er volume, f° 262.

Dans ces deux cas, les pensions de retraite sont passibles de retenues qui ne peuvent excéder le cinquième de leur montant pour cause de débet, et le tiers dans les circonstances prévues par les articles précités du code civil, c'est-à-dire pour aliments.

Ce tiers, aux termes de l'article 208 du code civil, est une limite qui ne peut être outrepassée, mais qui peut ne pas être atteinte. Cet article 208 dit en effet : « Les « aliments ne sont accordés que dans la proportion *du* « *besoin* de celui qui les réclame, et de la fortune de celui « qui les doit. » Les tribunaux, en cas de contestation, seraient appelés à prononcer.

CUMUL. (*)

RETENUE A EXERCER SUR LE TRAITEMENT CIVIL DU PENSIONNAIRE OU DE LA VEUVE.

En principe, et conformément aux dispositions de l'article 13 de la loi du 15 mai 1818, et du décret du 13 mars 1848, *toute* pension est déclarée *cumulative* avec un *traitement d'activité* quelconque, lorsque les deux allocations réunies ne s'élèvent pas à plus de 700 francs.

Mais au-delà de cette limite, et d'après les prescriptions du décret du 12 août 1848, les anciens militaires, anciens marins, ouvriers des ports et employés du service actif des douanes,

(*) Sous le titre : *Comptabilité financière et détail des fonds*, que nous verrons dans un autre volume, le programme comprend cette question : *Des diverses sortes de cumul.*

Nous n'avons donc qu'à nous renfermer ici dans ce qui est demandé par la partie du programme que nous traitons en cet instant, et qui est spéciale aux pensions.

jouissant à la fois d'un traitement civil (*) sur les fonds de l'Etat, des départements ou des communes, et d'une pension de retraite ou demi-solde sur les fonds du trésor public ou sur la caisse des invalides de la marine, subissent, sur leur traitement civil, (**) des retenues calculées comme suit :

Pour les pensions de 250 à 299 fr. 5 p. °/° du traitement civil.
Pour les pensions de 300 à 349 fr. 6 p. °/° d°
Pour les pensions de 350 à 399 fr. 7 p. °/° d°

Et ainsi de suite, en augmentant d'un franc le taux de la retenue sur le traitement civil, pour chaque accroissement de 50 francs dans la pension de retraite.

Cette retenue ne peut jamais excéder la moitié du chiffre le plus faible de la pension de retraite ou du traitement civil, et elle est applicable aux emplois dont les titulaires sont rémunérés à l'aide de remises ou de taxations. Toutefois la retenue, dans ce dernier cas, n'est exercée que sur les deux tiers de ces remises ou taxations. (Arrêté du 14 octobre 1848.)

(*) Le traitement des officiers des ports de commerce est considéré comme civil. (Dépêche du 27 septembre 1817, Invalides.)

(**) Quels sont les traitements qui, dans la marine, peuvent être considérés comme civils, et dont les titulaires pourraient, par conséquent, être compris dans le décret du 12 août 1848?

Il résulte des diverses dispositions ministérielles, qu'on ne peut, tout au plus, considérer comme tels que les emplois de bibliothécaires, de syndics des gens de mer, de gardes maritimes, et quelques autres emplois de surveillance dans lesquels des militaires blessés, mais jeunes encore, pourraient faire un bon service. Dans tous les cas, le ministre doit être appelé à statuer avant l'admission dans l'un de ces emplois.

Voyez au reste, sur le cumul: Décret du 13 mars 1848; circulaires des 21 mars et 22 avril 1848 (Bulletin officiel de 1848, 1er semestre, pages 138, 159 et 193;) Décret du 12 août 1848; arrêté du 14 octobre 1848; circulaires des 27 octobre et 16 novembre 1848 (Bulletin officiel de 1848, 2e semestre, pages 390, 391, 388 et 427); circulaires des 28 mars et 24 avril 1849. (Bulletin officiel, 1er semestre 1849, pages 184 et 258); circulaire du 18 août 1849 (Bulletin officiel, 2e semestre, page 510.)

Aux termes de l'article 3 du décret du 12 août 1848, les dispositions du dit décret, relatives aux retenues que nous avons indiquées plus haut, sont applicables aux veuves des pensionnaires compris dans ce décret. (*)

Instruction et justifications.

L'instruction qui doit précéder la transmission des mémoires de proposition à la pension de retraite, pour ancienneté de service, a été réglée par la circulaire ministérielle du 31 décembre 1832, spéciale au département de la marine. (**)

(*) Ces dispositions sont, sans doute, applicables aussi aux veuves de même qu'aux anciens serviteurs qui peuvent, aux termes de la loi de finances du 15 mai 1818, expliquée par une circulaire du 11 septembre 1818 (Annales maritimes, page 471), cumuler deux pensions jusqu'à concurrence de sept cents francs; au-delà de ce terme, la pension la plus récemment allouée doit subir la retenue proportionnelle. (Loi du 14 messidor an III; circulaires des 6 juin et 15 août 1823, Invalides.)

Quant aux orphelins, le conseil d'État, dans sa séance du 3 décembre 1849, a émis l'avis que les secours annuels qui leur sont accordés jusqu'à un âge déterminé, doivent être continués jusqu'à cet âge, alors même que ces orphelins ont été admis comme marins ou soldats dans l'armée active, et qu'ils touchent, à ce titre, la solde et les autres allocations. (Bulletin officiel de 1849, 2e semestre, pages 861 et 862.)

(**) Voir aussi une circulaire ministérielle du 1er juillet 1833, explicative de celle du 31 décembre 1832.

Une instruction en date du 20 septembre 1831, beaucoup plus détaillée que celle du 31 décembre 1832, a été publiée par le ministre de la guerre. Elle indique les pièces à produire à l'appui des mémoires de proposition; telles sont :

Pensions de retraite pour ancienneté de service.

L'état des services, qui doit être justifié par les extraits des contrôles de l'armée ou par les extraits des archives des autres services publics. Au fonctionnaire chargé du contrôle administratif du corps auquel appartient l'individu proposé pour la pension, y est-il dit, est confié le soin de veiller à ce que ces documents soient totalement réunis avant le visa qu'il est appelé à donner sur l'état des services;

L'acte de naissance ou, à défaut, le jugement sur enquête, en exécution de l'article 46 du code civil, est d'une indispensable nécessité; ces pièces ne peuvent être remplacées par un acte de notoriété conforme aux dispositions des articles 70 et 71 du code civil, qu'à raison d'obstacles insur-

Le Ministre, dans cette circulaire, établit une distinction entre les mises en retraite par une décision de son propre mouvement, et celles qui sont provoquées par une demande émanant des ports et transmise par l'intermédiaire des préfets maritimes.

---

montables. *(Les circulaires des 28 août 1829 et 30 mai 1840 du Ministre de la Marine rappellent que tous les actes de l'Etat-Civil destinés à servir à l'obtention de pensions ou secours, sont admis sur papier libre; cette dernière circulaire ajoute que de simples certificats ne pourraient tenir lieu d'actes proprement dits)* ;

L'acte d'individualité explicatif des différences reconnues entre les pièces de l'Etat-Civil et celles de l'Etat militaire. *(Aux termes d'une circulaire du Ministre de la Marine, en date du 31 décembre 1850, Bulletin officiel, page 274, ces actes peuvent être délivrés par le commissaire aux revues, aux armements ou aux travaux, s'il s'agit de la loi de 1831, et par le commissaire de l'Inscription Maritime, s'il s'agit de la loi de 1791; dans le cas où ces administrateurs ne se trouveraient pas suffisamment éclairés sur l'identité de la partie, ils lui demanderaient de rapporter un certificat émanant des autorités qui sont désignées dans le Manuel des pensions de l'armée de terre, page 33, note 1re)* ;

Une déclaration signée de la partie intéressée, constatant que le mémoire de proposition comprend touts ses services (Manuel des pensions de l'armée de terre, page 33, 2e section, 4e §); *si la personne ne sait ou ne peut signer, le chef du service duquel elle relève certifie que la dite déclaration lui a été faite par l'ayant-droit. (Circulaire précitée du Ministre de la Marine, du 31 octobre 1850.)*

PENSIONS DE RETRAITE POUR CAUSE DE BLESSURES OU D'INFIRMITÉS.

Les mêmes pièces que celles qui sont indiquées ci-dessus ;

Les déclarations, procès-verbaux et certificats que nous allons indiquer dans le titre suivant, f° 391.

PENSIONS POUR LES VEUVES.

Indépendamment des pièces justificatives des droits qu'avait le mari à une pension, ou de la production du brevet dont il était titulaire, ou, en cas de mort par suite d'évènements de guerre ou survenue dans un service commandé, des justifications qui seront indiquées dans le titre suivant, f° 396, la veuve doit produire :

Un acte de naissance; un acte de mariage; un acte de décès du mari; un certificat de non-divorce ou de non séparation de corps délivré par le maire, qui certifie aussi que la veuve est en possession de ses droits civils. *(Un modèle de ce certificat est joint à la dépêche déjà citée du 31 octobre 1850; il doit être délivré sur la certification de deux témoins majeurs. Circulaire du 30 avril 1851.)*

SECOURS ANNUELS POUR LES ORPHELINS.

Les mêmes pièces que pour la veuve, sauf les exceptions ci-après :

Dans le premier cas, le port doit procéder sans délai à l'instruction et à la proposition; dans le second cas, (*) le Préfet Maritime, sur la demande faite par la partie intéressée, sur la proposition d'un chef de corps ou de service, ou de sa propre initiative, établit une demande d'admission à la retraite, en indiquant l'âge de la partie proposée et les raisons d'après lesquelles il y aurait lieu de faire cesser son activité. Sur le vu de cette demande, le ministre prononce, s'il y a lieu, la mise en retraite et notifie sa décision; c'est alors qu'il y a lieu de procéder à l'instruction et à la proposition comme il va être dit. (**)

L'acte de naissance de la veuve est remplacé par son acte de décès, ou par un certificat d'incapacité provenant soit du divorce, soit de la séparation de corps, soit de sa disparition, soit de la privation de ses droits civils;

Chaque enfant doit produire, en outre, son acte de naissance, accompagné d'un certificat de vie.

(*) Dans ce cas se trouvent compris les officiers qui ont atteint la limite d'âge déterminée par une décision du ministre de la guerre et appliquée aux corps de troupe de la marine, ainsi qu'aux officiers de vaisseau; savoir :

Vice-amiraux, 68 ans. — Contre-amiraux, 65 ans.
Capitaines de vaisseau et capitaines de frégate 60
Capitaines de corvette (ou chefs de bataillon.) 58
Officiers des grades inférieurs. 55

(**) Les officiers admis à faire valoir leurs droits à la retraite ont, à compter de la date de l'arrêté qui les a admis à faire valoir ces droits :

En France (circulaire du 29 juin 1848) : trois mois;

Aux Antilles, à Cayenne et au Sénégal : six mois;

A l'île de la Réunion, dans l'Inde et dans l'Océanie : neuf mois;

Pour produire les pièces nécessaires à la liquidation de leur pension, laquelle doit courir irrévocablement du jour de l'expiration de ces délais. (Circulaire du 9 avril 1849, Bulletin officiel, page 222.)

Les dispositions ci-dessus sont applicables à touts les agents entretenus admis à faire valoir leurs droits à la retraite. (Circulaire du 27 septembre 1849. Bulletin officiel, 2e semestre, page 634.)

Une circulaire ministérielle, en date du 30 juillet 1836, doit être encore relatée ici; elle a déterminé la position à affecter aux officiers et autres entretenus lorsqu'ils sont appelés à passer de la position d'activité ou de non activité à celle de retraite.

Lorsqu'il s'agit d'officiers ou autres appartenant à un corps organisé militairement, les propositions à la pension sont établies par le conseil d'administration du corps. Il recueille, à cet effet, les pièces constatant les services effectifs et les campagnes du réclamant, et il en forme un état général; il arrête ensuite le mémoire de proposition, y joint l'acte de naissance de la partie, ensemble toutes les pièces à l'appui, et après que le commissaire aux revues et le contrôleur ont vérifié le dit mémoire, remise en est faite à l'inspecteur-général qui l'approuve, s'il juge la proposition fondée, et le fait parvenir au ministre.

Aux termes de cette circulaire, timbrée 1re et 4e directions :

Si l'officier ou autre entretenu est en pleine activité au moment où intervient la décision portant qu'il est admis à faire valoir ses droits à la retraite, l'option lui est laissée, soit de rester dans la même position, soit de se retirer au domicile qu'il aura choisi, et de jouir ainsi de la solde de congé jusqu'au jour de la remise de son brevet de pensionnaire. Cette mesure est applicable aux officiers qui attendent, en congé, aux colonies, la fixation de leur pension; ils reçoivent la demi solde sur le pied d'Europe. (Circulaire du 9 octobre 1840, Bulletin officiel, page 666;)

Si l'officier se trouve en *non-activité*, il continue de toucher la solde qui lui est affectée en vertu de la loi du 19 mai 1834, puis il est fait décompte exact pour l'intervalle compris de la date de l'ordonnance qui a fixé le chiffre de la pension, à la date du jour où son brevet de pensionnaire lui est remis, de telle sorte que si le chiffre de sa pension est supérieur au montant de son traitement de non-activité, il lui est fait rappel de la différence.

La dépêche du 30 juillet 1836 parle aussi des marins de l'Inscription Maritime qui, s'ils sont en activité, sont conservés à la division jusqu'à l'époque de la remise de leur brevet de pensionnaire, et, s'ils sont dans leurs quartiers, sont proposés par les commissaires de l'Inscription Maritime. Voyez aussi une circulaire très-détaillée en date du 14 décembre 1844, relative à la retraite des officiers-mariniers et matelots.

Enfin, une circulaire ministérielle du 27 mars 1848 a prescrit de maintenir sur les casernets des ateliers, avec obligation de continuer à travailler, les ouvriers proposés pour la demi-solde, (et sans aucun doute ceux qui sont proposés pour la pension réglée d'après la loi du 18 avril 1831, conformément aux ordonnances des 5 octobre 1844 et 24 novembre 1848), jusqu'au jour où remise leur est faite de leur brevet de pension.

L'ordonnance du 29 octobre 1846 a encore créé une nouvelle position en faveur de la maistrance provenant de l'Inscription Maritime.

Lorsqu'il s'agit d'officiers ou autres n'appartenant pas à un corps organisé militairement, le Préfet ou le chef du sous-arrondissement maritime, selon le cas, charge le chef de service sous les ordres duquel la partie intéressée se trouve placée, de l'instruction de la demande ; lorsque l'instruction est complète, le conseil d'administration du port arrête le mémoire de proposition qui est transmis ensuite à Paris, avec les pièces à l'appui, soit par le Préfet, soit par le chef du sous-arrondissement maritime.

Ces diverses propositions sont examinées par la direction du ministère de laquelle relève l'individu proposé, de concert avec la direction des Invalides, qui connaît plus particulièrement les ressources à affecter au paiement des pensions annuelles. (Circulaire du 9 janvier 1851,. Bulletin officiel, page 12). Elles sont ensuite soumises à l'examen définitif ou révision du *comité des finances, de la guerre*

Il y est dit :

1° Que les premiers maîtres de manœuvre, de canonnage et de timonnerie ; les capitaines d'armes de 1re et de 2e classes appartenant à l'Inscription Maritime, ainsi que les maîtres des professions maritimes qui, après avoir accompli 20 ans de service effectif, sont renvoyés dans leur quartier, doivent jouir, jusqu'au moment où ils sont appelés de nouveau, ou jusqu'à leur admission à la retraite, du *tiers* (Circulaire du 4 février 1851, Bulletin officiel, page 53) de leur solde d'activité.

Ce temps ainsi passé en congé, avec faculté de se livrer seulement à la petite pêche et au petit cabotage, compte comme temps de service effectif pour la pension de retraite. Le mémoire de proposition des hommes qui accomplissent dans cette position le temps exigé pour la retraite, est établi par le conseil d'administration de la division à laquelle ils appartiennent ;

2° Que les seconds maîtres de toutes professions qui appartiennent à l'Inscription Maritime, et qui ont vingt années de services effectifs, peuvent recevoir l'application des dispositions qui précèdent, sous la condition que ceux qui ont antérieurement contracté un engagement volontaire dans les équipages de ligne, perdent le bénéfice de l'exemption de la levée en temps de paix, consacré par l'article 70 de l'ordonnance du 11 octobre 1836.

et de la marine, du conseil d'Etat. (Loi organique des 15 et 27 janvier et 3 mars 1849; Bulletin officiel, page 109, et Règlement intérieur du 15 juin 1850; Bulletin officiel, page 509.)

Sur l'avis de ce comité, le Ministre statue, et soumet au chef du pouvoir exécutif le décret qui prononce la concession des pensions. Le Ministre expédie dans les ports les brevets (*) dont la remise est immédiatement faite aux parties intéressées. Un récépissé est donné par chaque pensionnaire, et transmis à Paris par la voie hiérarchique; c'est la date de ce récépissé qui détermine l'époque de la jouissance de la pension. (Circulaire du 14 août 1837.)

Quant aux propositions de veuves et d'orphelins, dont le droit dérive de l'ancienneté des services du mari ou du père, elles sont instruites et établies dans la même forme et par les mêmes autorités que s'il s'agissait du mari ou du père lui-même.

A l'égard des veuves et orphelins des officiers ou autres décédés en jouissance d'une pension de retraite d'ancienneté, l'instruction et la proposition appartiennent au conseil d'administration du port dans l'arrondissement duquel la réclamante ou les réclamants sont domiciliés. C'est au commissaire de l'Inscription Maritime que le soin de cette instruction est ordinairement confié.

Si la partie est domiciliée dans un département de l'intérieur, l'initiative appartient au Préfet de ce département, qui reste chargé d'adresser les pièces au Ministre.

(*) En cas de perte d'un brevet, il ne doit en être délivré un autre qu'après que la dite perte a été bien prouvée. (Dépêche du 15 octobre 1824.)

Formes et délais dans lesquels sont justifiées les causes, la nature et les suites des blessures ou infirmités ouvrant des droits a la pension de retraite.

Ainsi que nous l'avons déjà dit f° 376, une ordonnance royale en date du 26 janvier 1832, portant règlement d'administration publique, détermine les formes et les délais dans lesquels sont justifiées les causes, la nature et les suites des blessures ou infirmités ouvrant des droits à la pension de retraite. Nous allons présenter sommairement l'analyse des dispositions de cette ordonnance.

Tout individu qui se trouve dans le cas de faire valoir des droits à la pension de retraite, pour cause de blessures ou d'infirmités, doit faire sa demande avant de quitter le service.

Si les blessures ou infirmités ont occasionné la perte absolue de l'usage d'un membre, le réclamant a un délai d'un an pour faire sa demande, à partir du jour de la cessation d'activité; ce délai est de deux ans, si les blessures ou infirmités ont occasionné l'amputation d'un membre ou la perte totale de la vue.

Il faut, toutefois, dans les deux cas exprimés au paragraphe précédent, que les blessures ou infirmités aient été constatées avant que le réclamant ait quitté le service.

La demande formée pour l'admission à la pension de retraite, pour cause de blessures ou d'infirmités, doit être appuyée d'un certificat du chirurgien-major du bâtiment sur lequel la blessure a été reçue ou l'infirmité contractée, ou d'un certificat des officiers de santé en chef de l'hôpital militaire ou de l'hospice civil dans lequel le dernier traitement a été suivi. Ces certificats constatent la nature et les suites des dites blessures ou infirmités, et déclarent qu'elles paraissent incurables.

Si les blessures ou infirmités n'ont pas été traitées à bord d'un bâtiment de l'Etat ou dans un hospice militaire ou civil, le certificat est délivré par les officiers de santé en chef d'un des hôpitaux militaires ou civils préalablement désignés par le ministre de la marine.

L'administration de la marine fait procéder, immédiatement après la réception de cette demande, à la vérification des droits du réclamant.

Les causes des blessures ou des infirmités sont justifiées, soit par les rapports officiels et autres documents authentiques qui ont constaté le fait des blessures ou l'origine des infirmités, soit par les attestations des autorités maritimes, soit enfin par une information ou enquête prescrite ou dirigée par les mêmes autorités.

Cette justification a lieu :

POUR LE SERVICE DE BORD. (*)

1° Par un rapport détaillé sur la nature de la blessure ou de l'infirmité, fait et signé par l'officier de santé en chef du bâtiment;

(*) Le soin de recueillir les pièces justificatives, en cas de mort, de blessures ou d'infirmités, est, pour le service de bord, confié aux commis d'administration embarqués; ils doivent faire la remise de ces pièces au chef du port de débarquement, qui les transmet au conseil d'administration du corps, si la partie intéressée appartient à un corps organisé, ou au chef du port où la demande de pension doit être instruite, si l'individu n'appartient à aucun corps organisé. (Circulaire du 31 décembre 1832.)

2° Par un certificat de l'officier chargé du détail, visé par le commandant ou, à défaut du commandant, par les deux plus anciens officiers de l'état-major ;

3° Par un extrait du rôle d'équipage, délivré par le commissaire des armements.

Si, le bâtiment étant en relâche ou en station, le malade a été traité dans un hôpital, il est joint aux pièces ci-dessus un certificat des officiers de santé en chef du dit hôpital, remis au malade à sa sortie, et dans lequel sont relatées les circonstances de la maladie et du traitement.

Pour le service a terre.

S'il s'agit de blessures, le rapport, indiquant le jour et le lieu où elles ont été reçues, est fait et signé par l'officier de santé de service appelé pour donner les premiers secours, et par l'officier de santé en chef de l'hôpital dans lequel le blessé a été traité. Il est certifié par le chef de l'atelier ou magasin dans lequel la blessure a été reçue, par le commissaire de l'hôpital, et par le chef de la direction à laquelle le blessé appartient.

S'il s'agit d'infirmités, la justification a lieu :

1° Par un rapport détaillé du conseil de santé du port où se trouve le réclamant, et, dans les ports où il n'y a pas de conseil de santé, par l'officier de santé en chef de la marine ;

2° Par un extrait des campagnes et autres services dûment constatés ;

3° Par un certificat motivé du chef de la direction à laquelle le réclamant appartient, indiquant que les infirmités doivent être attribuées à la nature des services.

Si le malade a été traité dans un hôpital militaire ou dans un hospice civil, les formalités sont remplies par les officiers de santé et le directeur de ces hôpitaux ou hospices.

Les demandes de pension de la nature de celles dont nous nous occupons sont instruites par le conseil d'administration du corps, s'il s'agit d'un individu appartenant à un corps organisé militairement, et par le conseil d'administration du port, s'il s'agit de tout autre individu.

La demande et les pièces à l'appui sont communiquées au commissaire aux revues, aux armements ou aux travaux; s'il les trouve réglementairement établies, il les vise et les transmet au Préfet maritime ou gouverneur colonial, qui désigne deux officiers de santé choisis parmi ceux du corps du réclamant, du service des ports, ou des établissements publics, et chargés d'examiner les blessures ou les infirmités, en présence de l'un des conseils d'administration indiqués au paragraphe précédent, et avec l'assistance du commissaire aux revues, aux armements ou aux travaux.

Le procès-verbal constatant les résultats de cette dernière opération, ainsi que la demande et les pièces à l'appui, est présenté à l'inspecteur-général pour les corps organisés militairement, lors de la plus prochaine inspection, (*) et pour tous les autres réclamants, au Préfet maritime ou au gouverneur de la colonie, selon le cas.

(*) Dans les cas d'urgence, le Préfet maritime ou le Gouverneur de la colonie exerce les fonctions de l'inspecteur-général; il peut déléguer ces fonctions aux chefs maritimes dans les ports secondaires, ou aux commandants militaires dans les colonies.

L'Inspecteur-général, le Préfet maritime ou le Gouverneur colonial, après avoir pris connaissance de toutes les pièces justificatives, fait procéder, en sa présence, par deux officiers de santé en chef pris dans le conseil de santé du port, à une vérification des causes qui motivent la demande.

Le commissaire aux revues, aux armements ou aux travaux assiste aussi à cette vérification ou contre-visite, et donne lecture en séance, comme lors de la première visite, du titre 2 de la loi du 18 avril 1831.

S'il est alors reconnu que la demande d'admission à la pension est fondée, l'Inspecteur-Général, le Préfet maritime ou le Gouverneur colonial fait préparer un mémoire de proposition pour l'admission à la pension, par le chef du service auquel appartient le réclamant, ou par le conseil d'administration de son corps, s'il appartient à un corps organisé militairement.

Le mémoire de proposition, vérifié par le contrôleur et par le commissaire aux revues, s'il s'agit d'un individu appartenant à un corps organisé, est arrêté par le conseil d'administration du port ou par celui du corps auquel appartient le réclamant, selon le cas, et transmis au ministre de la marine par l'Inspecteur-Général, le Préfet maritime ou le Gouverneur colonial, avec toutes les pièces qui ont servi à l'instruction de la demande et les observations auxquelles elles ont donné lieu. (*)

(*) Avant de liquider les pensions de retraite motivées sur des blessures ou infirmités, ou sur les évènements qui en ont été la suite, le ministre de la marine fait communiquer les dossiers à l'Inspecteur-Général du service de santé, qui émet son avis. (Ordonnance du 26 janvier 1832, article 26.)

Dans le cas où le réclamant se trouverait trop éloigné du corps ou du quartier, ou du port auquel il est attaché, pour pouvoir y être renvoyé ou transporté sans inconvénient, sa demande peut, sur un ordre du Préfet maritime dans l'arrondissement duquel il se trouve, ou du Gouverneur colonial, être instruite, pour un officier ou un entretenu, par les soins de l'officier supérieur compétent; pour un marin ou un ouvrier, par le commissaire de l'Inscription Maritime; enfin, pour un individu appartenant à un corps organisé militairement, par le conseil d'administration le plus à proximité.

Les blessures ou infirmités des prisonniers de guerre sont préalablement constatées, s'il est possible, par les officiers militaires et civils et par les officiers de santé du bâtiment auquel ils appartenaient et, à leur défaut, par le commandant et l'administrateur en chef de la prison, et l'officier de santé en chef qui les aura traités.

Lorsque des officiers généraux, Préfets maritimes ou gouverneurs coloniaux sont dans le cas de demander leur admission à la pension de retraite, pour cause de blessures ou d'infirmités, ils se pourvoient directement auprès du ministre de la marine, qui délègue en France un vice-amiral, pour procéder à l'instruction de la demande; dans les colonies, un officier général ou supérieur peut remplacer le vice-amiral.

FORMES ET DÉLAIS DANS LESQUELS SONT JUSTIFIÉES LES CAUSES DE MORT OUVRANT DROIT A LA PENSION DE VEUVE OU D'ORPHELINS.

Si la mort d'un individu a été la suite de blessures reçues

soit dans un combat, soit dans un service commandé ou requis, les causes et la nature des blessures sont justifiées comme il a été dit plus haut pour les blessés eux-mêmes, et les suites de ces blessures sont justifiées par des certificats authentiques d'officiers de santé militaires ou civils, lesquels doivent déclarer que les dites blessures ont occasionné la mort.

Si le décès survient après que le blessé a obtenu guérison ou une année révolue après la blessure, la veuve est déchue de tout droit de réclamation.

Si la mort a été causée par des évènements de guerre, ou par accident résultant des faits du service, ces évènements doivent être constatés dans les formes déjà indiquées, et il est justifié, en outre, que les dits évènements ont été la cause directe et immédiate de la mort. (*)

(*) Une ordonnance royale, en date du 18 janvier 1839, notifiée par une circulaire du 22 du même mois, prescrit les justifications à faire dans le but d'assurer l'exercice du droit à pension, ouvert en faveur des femmes ou des enfants des officiers et marins composant les équipages des bâtiments de la flotte, qui sont réputés avoir sombré en mer.

Il y est dit qu'immédiatement après la clôture de la période durant laquelle l'article 134 de l'ordonnance du 11 octobre 1836 sur les équipages de ligne, permet d'acquitter, sans formalité, le montant des délégations, le Préfet maritime du port où compte le bâtiment fa[illegible] rédiger un procès-verbal relatant les dates de départ, de relâche, de dernière rencontre, et généralement toutes circonstances d'où peut résulter la certitude morale que le bâtiment et son équipage ont péri en mer. A ce procès-verbal est joint un certificat du commissaire aux armements constatant quels étaient, d'après l'expédition du rôle d'équipage déposé entre ses mains, les officiers, marins et autres présents à bord lors du départ. Le tout est soumis au conseil d'administration du port, qui déclare s'il y a lieu de dresser des mémoires de proposition à la pension en faveur des femmes et des enfants des dits officiers et marins.

Voyez aussi les articles 136 et 265 de l'ordonnance du 11 octobre 1836, et la dépêche explicative du 23 janvier 1837, relative aux secours à payer aux femmes et aux enfants, ou, à défaut, aux ascendants des marins présumés disparus.

Les causes de mort par maladies contagieuses ou endémiques sont justifiées :

1° Si le décès a eu lieu à bord d'un bâtiment de l'Etat :

Par un certificat de l'officier en second du bâtiment, visé par le commandant, et attestant qu'à l'époque du décès la maladie régnait à bord, ou que, par l'effet du service, la personne décédée a été soumise à l'influence de la maladie ;

Par un extrait du rôle d'équipage certifié par le commissaire aux armements ;

Par un rapport détaillé de l'officier de santé du bâtiment qui a traité le malade, constatant que cette maladie a causé la mort.

2° Si le décès a eu lieu à terre :

Par un certificat des autorités militaires ou civiles attestant que la maladie régnait dans ce pays, et que la personne décédée a été soumise à l'influence de la dite maladie par le fait du service ;

Par un certificat, dûment légalisé, soit de l'officier de santé en chef de l'hôpital, soit de l'officier de santé militaire ou civil qui a traité la maladie, attestant que le décès a été la suite de la dite maladie.

Dans le cas où il serait impossible de se procurer le certificat des officiers de santé, il y serait suppléé par une information ou enquête prescrite et dirigée par les autorités civiles ou militaires du pays.

Dans tous les cas ci-dessus, il est accordé à la veuve, pour former sa demande, un délai de six mois qui court du jour de la notification du décès du mari au maire de la commune où il résidait.

Les dispositions prescrites pour les justifications à produire par les veuves sont applicables aux orphelins admis, aux termes de la loi du 18 avril 1831, à représenter leur mère.

PENSIONS DE RÉFORME.

Caractère particulier des pensions de réforme.

Les pensions de réforme sont réglées par la loi du 19 mai 1834, ainsi que nous l'avons déjà vu dans le 1er volume. (*) De même que les pensions de retraite, elles sont personnelles et viagères, et payables comme dette de l'Etat, sur la caisse des Invalides de la marine; mais elles diffèrent essentiellement des pensions de retraite, en ce qu'elles ne sont reversibles, ni en totalité, ni en partie, sur les veuves ou les orphelins.

Circonstances dans lesquelles elles s'accordent.

Temps de service exigé pour leur obtention.

Nous avons vu aussi que la réforme était la position de l'officier sans emploi qui, n'étant plus susceptible d'être rappelé à l'activité, n'a pas de droits acquis à la pension de retraite.

Nous avons dit encore que l'officier mis en réforme avant d'avoir accompli le temps de service exigé par la loi du recrutement, n'avait droit à aucun traitement ni viager, ni temporaire; que celui qui avait accompli plus de sept ans de service effectif, mais moins de vingt ans, n'avait droit

(*) Sous le titre: *Etat de l'officier*, il existe dans le 1er volume, du f° 258 au f° 265, des indications suffisamment étendues que je n'ai pas dû reproduire ici, afin d'éviter un double emploi.

qu'à une solde temporaire payée pendant un temps égal à la moitié de la durée de ses services; qu'enfin celui qui avait au moins vingt ans de service effectif avait droit à une pension viagère de réforme.

Fixation de la quotité de la pension.

Du cumul de la pension de réforme avec un traitement civil.

La solde temporaire dont je viens de parler dans le paragraphe précédent, et qui est allouée aux officiers ayant moins de vingt ans de service, est fixée aux deux tiers du minimum de la pension de retraite de leur grade.

La pension de réforme allouée aux officiers qui ont vingt ans au moins de service est également déterminée d'après le minimum de la retraite de son grade, mais à raison d'un trentième pour chaque année de service effectif.

La solde temporaire et même la pension viagère de réforme peuvent se cumuler avec un traitement civil.

Incessible. — Insaisissable.

Cas d'exception. — Quotité de la retenue a exercer.

Les pensions de réforme accordées après vingt ans de service, et payées comme les pensions de retraite sur les fonds de la caisse des invalides, (arrêté du 19 frimaire an XI. — 10 décembre 1802) sont, aussi, incessibles et insaisissables.

Il est fait exception à cette dernière règle dans les cas

de débet envers l'Etat, ou dans les circonstances prévues par les articles 203, 205 et 214 du code civil; (*) dans ces deux cas, les pensions de réforme sont, comme les pensions de retraite, passibles de retenues qui ne peuvent excéder le cinquième pour cause de débet, et le tiers pour aliments.

PENSIONS DES EMPLOYÉS DE L'ADMINISTRATION CENTRALE.

DES DROITS A LA PENSION ; COMMENT ACQUIS.

Un décret du 4 mars 1808 a rendu applicable au département de la marine celui du 2 février 1808, relatif aux pensions des employés du ministère de la guerre, et ce même décret, du 4 mars 1808, rappelle que les pensions et secours à accorder aux employés et aux veuves d'employés du ministère de la marine et des colonies sont payés sur les fonds de la caisse des Invalides, conformément à l'arrêté du 11 ventôse an XII (2 mars 1804).

Aux termes du décret du 2 février 1808, les employés du ministère ont droit à une pension après trente ans de services effectifs, tant dans les autres administrations publiques, civiles ou militaires, qu'au ministère même, pourvu, toutefois, qu'il y ait au moins dix ans dans ce dernier service.

Sont considérés comme ayant les mêmes droits, les employés âgés de soixante ans, justifiant de vingt-cinq ans de services, dont dix ans au moins dans les bureaux du

(*) Voir le 1er Volume, fo 262.

ministère, et que des *infirmités* empêchent de continuer à servir.

Il peut être également accordé une pension aux employés qui comptent moins de trente ans de services effectifs, ou de vingt-cinq ans de service et de soixante ans d'âge, mais qui justifient de dix ans de service dans les bureaux du ministère et qui ne peuvent continuer l'exercice de leurs fonctions par suite d'une *organisation nouvelle de bureaux* ou par la *suppression de leur emploi*.

Fixation de la pension.

La quotité de la pension est déterminée sur une année moyenne du traitement dont les réclamants ont joui pendant les trois dernières années de leur service.

A trente ans de services, ou à vingt-cinq ans de services et soixante ans d'âge, la pension est fixée à la moitié de la moyenne déterminée comme il est dit au paragraphe précédent; elle s'accroît d'un vingtième de cette moitié pour chaque année de service effectif au-delà de trente années, sans qu'elle puisse s'élever au-dessus des deux tiers du traitement moyen des trois dernières années d'activité. Dans tous les cas, elle ne peut excéder la somme de six mille francs pour les chefs de division, de quatre mille francs pour les chefs de bureau, de trois mille francs pour les sous-chefs et de deux mille francs pour les employés.

Pensions proportionnelles.

Dans le cas de cessation des services, par suite *d'organisation nouvelle des bureaux* ou de *suppression d'emploi*, les employés qui comptent moins de 30 ans de service, ou de 25 ans de service et 60 ans d'âge, mais qui justifient de 10 ans au moins de service dans les bureaux du ministère, ont droit à une pension fixée, pour dix années de service effectif, au sixième du traitement moyen des trois dernières années d'activité; cette pension s'accroît d'un soixantième de ce traitement pour chaque année de service effectif au-delà de 10 ans.

Si les employés qui cessent leur service pour les causes indiquées au paragraphe précédent, ont moins de 10 ans de service dans les bureaux du ministère, ils n'ont droit à aucune pension, mais ils reçoivent, sur la décision du ministre, la totalité de la retenue qu'ils ont supportée sans qu'il soit tenu compte des intérêts.

Droits des veuves.

La veuve d'un employé ne peut prétendre à une pension qu'autant que son mari est mort dans l'exercice de son emploi, ou jouissant d'une pension de retraite déterminée comme il vient d'être dit.

Elle doit s'être mariée cinq ans au moins avant la mort de l'employé décédé en activité, ou avant la mise en retraite de l'employé mort en jouissance d'une pension.

Elle doit, enfin, ne pas avoir divorcé.

Quotité de la pension.

Reversibilité sur les enfants.

Cas où les enfants sont considérés comme orphelins a l'exclusion de leur mère.

La pension de la veuve est du quart de la pension de

retraite à laquelle son mari aurait eu droit ou dont il avait la jouissance ; elle peut s'élever à la moitié de la pension, si la veuve est âgée de 50 ans au moment du décès du mari, ou si elle a à sa charge un ou plusieurs enfants au-dessous de l'âge de 18 ans.

Les deux tiers de la pension dont la veuve a joui jusqu'à sa mort sont reversibles, à cette époque, à titre de secours annuel, sur les enfants issus de son mariage avec l'employé décédé ; si l'employé est mort veuf, les orphelins qu'il laisse, quel que soit leur nombre, reçoivent les deux tiers de la pension à laquelle leur mère aurait eu droit si elle eût survécu à son mari.

Enfin, dans le cas d'exclusion de la mère pour cause de divorce ou de séparation, les enfants, à la mort de leur père, sont considérés comme orphelins et pensionnés comme tels.

FIN DU TOME 2me.

TABLE ALPHABÉTIQUE.

FIN DE LA TABLE ALPHABÉTIQUE.

SUPPLÉMENT.

—

PREMIER VOLUME.

Fo 55. *Ajoutez au bas de la page :* Le règlement annoncé par l'article 3 du décret précité a paru sous la date du 5 mars 1851. (Bulletin officiel, page 397.)

76. Rayez les trois dernières lignes, et indiquez que l'instruction du 31 décembre 1847, sur la comptabilité des droits constatés, prononce la suppression de l'envoi de l'état des marchés qui ne s'élèvent pas à une valeur supérieure à 500 francs.

82. Indiquez que la fonderie de Nevers a été fermée à partir du mois d'août 1850.

166. Ligne 2. *Ajoutez :* Ces conditions ont été déterminées dans un règlement en date du 18 juin 1851 (Bulletin officiel, page 470); elles ont été modifiées par une décision du ministre du 14 août 1851, relativement à l'époque des concours qui sera désormais fixée au mois de décembre de chaque année. (Bulletin officiel, page 91.)

178. §. 6. Indiquez qu'un décret, en date du 27 février 1851, détermine particulièrement le mode de recrutement des pharmaciens pour le service des colonies. Une circulaire du 26 mars 1851 a réglé la mise en application de ce décret.

F° 204. Ligne dernière. *Lisez :* A l'exception des Rondiers.

214. Ligne 16. *Ajoutez:* L'uniforme et l'armement des gardes maritimes ont été déterminés par une décision ministérielle du 6 mars 1849. (Bulletin officiel, n° 6, page 125.)

220. § 4. Voyez une décision ministérielle du 27 mars 1851, qui donne plus de latitude pour le choix des premiers commis aux vivres auxiliaires.

223. Ligne 9. Voyez la circulaire ministérielle du 17 février 1851 (Bulletin officiel, page 137), qui rappelle que la partie mobile des petits états-majors doit être supprimée.

253. Ligne 2. *Au lieu de :* Possède trois autres écoles de moindre importance; *lisez:* Possède une école qui lui est spéciale. — Elle est établie à Lorient, etc.

Annulez les 4 derniers paragraphes de cette page, et indiquez que l'école d'artillerie de Brest et celle de Toulon ont été supprimées par décret du Président de la République, en date du 26 novembre 1849.

255. Voyez le décret en date du 7 avril 1851 (Bulletin officiel, n° 11, page 305), qui a statué sur la réorganisation des écoles de maistrance et des écoles d'apprentis.

299. Ligne 7. *Au lieu de :* Jusqu'au 20e; *lisez :* Jusqu'au 30e. (Tableau annexé au décret du 31 août 1849, Bulletin officiel, page 531.)

DEUXIÈME VOLUME.

F° 19. Note. Un décret du 3 mai 1838; *lisez:* un décret du 3 mai 1848.

F° 53. Dernier paragraphe qui finit à la page 54. Indiquez que la loi votée le 22 juillet 1851 a abrogé les dispositions des §§ 1 et 2 de l'article 6 de la loi du 22 avril 1832 qui exemptait de la levée les marins engagés sur un navire baleinier.

60. Paragraphe 5e. *Lisez :* état de la levée permanente.

61. Paragraphe 4e. *Lisez :* notes sur le gendarme détaché dans le quartier.

76. Ligne 8. *Lisez :* dans un court délai appréciable.

79. Paragraphe 8, ligne 5. *Au lieu de :* 2/3 d'étrangers; *lisez :* 1/3 d'étrangers. (Voyez aussi f° 107. § 2, pour l'explication de ce chiffre 1/3.)

84. Note. *Ajoutez :* Dans ce même jugement, il a été déclaré que les amendes exprimées en livres dans la loi devaient être traduites en francs, abstraction faite de la différence de valeur entre ces deux unités.

85. Note. *Ajoutez :* Voyez pour les *bateaux de plaisance*, les circulaires des 12 mars 1850 (Bulletin officiel, 1er semestre, page 209) et 26 juillet 1850. (Même bulletin, 2e semestre, page 39.)

105. Paragraphes 2 et 3. *Ajoutez à chacun de ces paragraphes :* lorsqu'ils ont satisfait à l'examen prescrit par la loi votée le 22 juillet 1851.

140. Paragraphe 3, ligne 3. *Au lieu de :* un congé de 10 jours; *lisez :* un délai de 10 jours.

148. Paragraphe 2, ligne 3. *Au lieu de :* ne quittent jamais; *lisez :* ne quittent presque jamais.

149. Ligne 3. *Au lieu de :* vienne; *lisez :* viennent.

155. *Ajoutez au bas de la note :* Il résulte d'une circulaire du 19 juillet 1851, (Bulletin officiel, page 42,) explicative de celle du 14 juin 1851, que le but de cette dernière a été seulement d'éviter de demander aux capitaines ou aux armateurs le compte des salai-

res; mais que si, dans le cours d'un voyage au cabotage, des marins ont navigué à *tant par mois*, ou moyennant une *somme fixe pour le voyage*, la retenue en faveur de la caisse des invalides doit être de 3 p. $^{0}/_{0}$.

F° 157. Note. Ligne 2. *Au lieu de :* quelquefois aussi, etc.; *lisez :* quelquefois, aussi etc.

161. Paragraphe 3. Indiquez qu'une circulaire ministérielle en date du 22 juillet 1851 (Bulletin officiel, page 49,) fait connaître les modifications qui ont été apportées aux limites entre la pêche fluviale et la pêche maritime, limites déterminées primitivement par l'ordonnance du 10 juillet 1835.

166. Paragraphe 4, ligne 2. Dont une grande partie des dispositions a été traitée; *lisez :* ont été traitées.

179. Paragraphe 4. *Indiquez par une note* que l'application des dispositions de la déclaration du 23 avril 1726 a encore été confirmée par un arrêt de la cour de cassation, en date du 11 juillet 1851. (Bulletin officiel, page 86.)

183. Dernière ligne de la note. *Au lieu de :* année 1837; *lisez :* année 1851. *Ajoutez après la note :* les dispositions de la circulaire du 3 avril 1851 ont été confirmées par une autre circulaire du 22 juillet 1851. (Bulletin officiel, page 49.)

186. Ligne 13. Deux pièces; *lisez :* deux pieds.

198. § 4. Cette contravention a eu pour objet; *lisez :* cette convention, etc.

260. Ligne 20. Du chef du service de; *lisez :* du chef du service du.

295. *Remplacez* les trois premières lignes par la phrase suivante : — Dans le même cas, les frais d'inhumation sont également imputés sur la caisse des inva-

lides de la marine. (Circulaire du ministre de la marine, en date du 18 août 1851.)

F° 361. Après la note, *ajoutez :* Le ministre, dans une circulaire du 13 août 1851, fait connaître que les services rendus dans l'armée de terre doivent être constatés par des extraits des registres-matricules des corps, ou par des certificats du ministère de la guerre. (Bulletin officiel, page 90.)

364. Ligne 13. *Après* article 2, *fermez* la paranthèse ouverte à la 10e ligne.

367. Au bas de la page, après la troisième note, *ajoutez :* contrairement à ce qui est écrit dans l'instruction du Ministre de la guerre, en date du 20 septembre 1831 (Titre 1er, section 2, article 1er, §. 3), M. Vauchelle, dans son cours d'administration (2e volume, f° 613), dit que les services des jeunes soldats *appelés* comptent du 1er Janvier de l'année où ils ont été inscrits sur les contrôles-matricules de l'armée, et ceux des *engagés volontaires* du jour de leur immatriculation. Il ajoute que les militaires qui, après avoir été immatriculés sur les contrôles de l'armée, passent dans la *réserve*, à quelque titre que ce soit, comptent comme service effectif le temps passé dans cette position. (*Malheureusement cette opinion n'est appuyée d'aucune citation d'acte officiel.*)

386. Ligne 8 de la note. 31 décembre 1850; *lisez :* 31 octobre 1850.

GRANDES PÊCHES MARITIMES.

226. *Ajoutez au bas de la note :* Les modifications nécessitées par les décrets publiés tout récemment en exécution de la loi votée le 22 juillet 1851, sont indiquées dans le supplément placé à la fin de ce

volume. *(Ces modifications doivent avoir lieu aux folios ci-après.)*

Pêche de la baleine et du cachalot.

F° 236. Paragraphe 2. *Ajoutez :* ces connaissances ont été déterminées par un décret en date du 22 août 1851. La commission d'examen doit être composée du chef du service de la marine ou du commissaire de l'Inscription Maritime, d'un officier de la marine et d'un examinateur de la marine ou d'un professeur d'hydrographie.

236. Au bas de la note. *Ajoutez:* les conditions imposées pour être admis à jouir de la faculté de prendre des passagers, d'effectuer des transbordements de produits de pêche, ou de compléter un chargement avec des marchandises autres que des produits de pêche ont été déterminées par un décret en date du 20 août 1851.

237. Ligne 17. Une ordonnance du 12 mars 1842; *ajoutez :* dont les dispositions ont été confirmées par l'article 2, du décret du 20 août 1851.

238. Ligne 2. *Au lieu de :* l'ordonnance du 10 août 1841, relative à la pêche du cachalot; *lisez :* le décret du 20 août 1851, commun à la pêche de le baleine et à celle du cachalot.

238. Ligne 8. La pêche du cachalot; *lisez:* la pêche de la baleine et du cachalot. *Supprimez* la note au bas de la page.

238. Ligne dernière, et f° 239, ligne 1re. *Au lieu de:* l'ordonnance du 10 août 1841; *lisez :* le décret du 20 août 1851.

239. *Annulez* le 3me paragraphe qui commence par ces mots : Je vais d'abord etc.; *Substituez-y celui-ci :*

Ainsi, aux termes de l'article 5 du décret du 20 août 1851, le capitaine doit faire mention, sur le journal qu'il est obligé de tenir, de la prise de chaque cachalot et de la quantité d'huile et de matière de tête qui en aura été retirée.

240. Paragraphe 2, ligne 2. *Au lieu de :* les ordonnances de 1836 et de 1841 prescrivent ; *lisez :* le décret du 20 août 1851 prescrit.

241. Paragraphe 3, ligne 4e et suivantes au fo 242. *Au lieu de :* dans le délai de 2 ans, à dater du départ du navire, pour les armements à la pêche de la baleine, et dans le délai de 3 ans pour les armements à la pêche du cachalot ; *lisez :* dans le délai de 3 ans, à dater du départ du navire.

242. Paragraphe 2. *Supprimez* les cinq premières lignes et le commencement de la sixième (c'est-à-dire depuis : l'ordonnance du 10 août 1841, jusqu'à : l'ordonnance du 12 mars 1842) ; *mettez à la place :* Le décret du 20 août 1851 s'occupe, en outre, des pièces à produire pour obtenir la liquidation des primes pour la pêche de la baleine et du cachalot. Un délai, etc.

Pêche de la morue.

Aucun des décrets annoncés n'ayant encore paru pour la mise en application de cette partie de la loi du 22 juillet 1851, les modifications que ces décrets pourront apporter à ce qui existe seront indiquées dans un supplément particulier.

FIN DU SUPPLÉMENT.

www.ingramcontent.com/pod-product-compliance
Ingram Content Group UK Ltd.
Pitfield, Milton Keynes, MK11 3LW, UK
UKHW020126220726
13923UKWH00001B/25